2021年北京市宣传文化
高层次人才培养资助项目

中国道路
国际传播

新时代中外人文交流
理论与实践

郑承军 主　编
陈伟功 副主编

The International Communication of the China's Path

Theory and Practice of
Sino-Foreign Cultural Exchange
in the New Era

北京·旅游教育出版社

图书在版编目（CIP）数据

中国道路国际传播：新时代中外人文交流理论与实践 / 郑承军主编. -- 北京：旅游教育出版社，2024.11. -- ISBN 978-7-5637-4779-5

Ⅰ．G125-53

中国国家版本馆CIP数据核字第2024K61H93号

中国道路国际传播
新时代中外人文交流理论与实践
郑承军　主　编

陈伟功　副主编

责任编辑	陈凤玲
出版单位	旅游教育出版社
地　　址	北京市朝阳区定福庄南里1号
邮　　编	100024
发行电话	（010）65778403　65728372　65767462（传真）
本社网址	www.tepcb.com
E - mail	tepfx@163.com
排版单位	北京旅教文化传播有限公司
印刷单位	唐山玺诚印务有限公司
经销单位	新华书店
开　　本	787毫米×1092毫米　1/16
印　　张	16.75
字　　数	289千字
版　　次	2024年11月第1版
印　　次	2024年11月第1次印刷
定　　价	88.00元

（图书如有装订差错请与发行部联系）

序 PREFACE

方向决定道路，道路决定命运。习近平总书记指出："中国特色社会主义道路是党和人民历经千辛万苦、克服千难万险取得的宝贵成果。"中国特色社会主义道路是推动人民幸福、民族复兴、人类进步、世界大同的康庄大道。新时代新征程上，坚持中国特色社会主义道路，就是坚持道路自信；走好中国特色社会主义道路，也就夯实了全面建成社会主义现代化强国的基础。《中国道路国际传播：新时代中外人文交流理论与实践》一书的编撰，就是力图探索中国道路国际传播的意义、内容、方式和路径，加强人才培养，深化学术研究，服务国家战略，培养国际化人才，彰显中国式现代化的世界意义。

一、背景

一是全球化趋势与跨文化传播的需求。随着全球化的加速及中国国际地位的不断提升，国际社会对中国的发展道路和经验产生了浓厚的兴趣，国家间的交流与互动日益频繁，国际传播成为展示自身发展道路、价值观和文化特色的重要手段。中国作为正在崛起的大国，需要通过国际传播来增进国际社会对中国文化的了解和认同，增强自身的国际影响力和话语权，然而，一些国际舆论也存在着对中国的误解和偏见。因此，通过国际传播来澄清误解、增进理解，成为中国面临的重要任务。

二是建设社会主义现代化国家的时代要求。党的二十大报告明确将"坚持中国特色社会主义道路"作为全面建设社会主义现代化国家必须牢牢把握的五大原则之一，彰显了中国特色社会主义道路在中华民族伟大复兴中的重要地位。在这样的背景下，如何有效地向国际社会传播中国道路、展示中国特色社会主义的优越性和活力，成为一个重要的时代课题。

三是中华文明阐释和区域国别研究的现实需要。建设具有鲜明"新时代中外人文交流"特色的高水平外国语大学，加强中华文明阐释和区域国别研究，培养新时代中外人文交流使者，主动对接服务国家战略和首都发展新需求是北京第二外国语学院 60 年的历史传承。学校拥有较强的语言学科基础、文旅研究特色以及对外汉语教学、中文和传播学研究实力，并长期从事跨文化研究，《中国道路国际传播：新时代中外人文交流理论与实践》的编撰是充分发挥学校教育教学科研优势、彰显专业与学科特色水平、完善课程教学和学术科研建设体系的重要形式。

本书编撰的目标是：帮助学生和读者全面了解中国的发展道路、成就和经验，提升对中国特色社会主义的认识和理解；引导学生和读者关注国际传播领域的最新动态和趋势，提高其在国际传播实践中的创新能力和应变能力；培养学生具备国际视野和跨文化传播能力，使其能够在国际舞台上有效传播中国声音、讲好中国故事。

二、内容

一是中国道路解析。本书尝试从理论研究、实践探索、国际视野、传播策略、人才培养等方面分篇章、分模块、分主题深入探讨当代中国的发展道路，包括经济、政治、文化、社会、生态等多个方面，使读者深入理解中国如何在新时代中国特色社会主义事业中取得了巨大的发展成就，以及这些成就背后的原因、经验及独特性和优势。

二是国际传播理论与跨文化沟通技巧。本书尝试阐发和解读国际传播的有关理论及国际传播的实践案例，包括马克思主义的话语权、中国特色大国外交的海外传播、当代中国出版的"走出去"、中外人文交流的人文精神阐释等，分析在国际传播中的策略和手段，以及如何在国际舞台上发挥影响力的方法论，使读者能够在文明互鉴的前提下理解和尊重不同文化背景下的思维方式和行为习惯，规避国际交流中的误解和冲突，跨越文化差异，实现有效的沟通和交流。

三是实践探索。在政治、经济、反恐、旅游、数字贸易等场景中，展示中国在实践中的创新与突破，探讨中国如何解决发展过程中遇到的挑战和问题，形成具有中国特色的发展模式。

三、特色

一是紧密结合实际，强化价值认同。本书紧密围绕中国的发展道路，深入解析中国的经济、政治、文化和社会等各方面的特色和优势。通过这本书，帮助读者全面了解中国道路的历史渊源、发展逻辑和未来趋势，增强对中国特色社会主义的理解和认同，强化民族自豪感和自信心。

二是理论结合实践，培养综合能力。本书将理论与实践相结合，通过理论解读、案例分析、场景阐释，力图将中国道路国际传播大众化，帮助读者了解跨文化的理论和实践，在实操场景中学习和掌握国际传播的技巧和方法，从而提升实际应用能力，培养创新思维和解决问题的能力。

三是关注最新动态，聚焦跨文化传播。本书关注国际传播领域的最新动态和趋势，包括新媒体技术的发展、国际舆论格局的变化等，帮助读者把握时代发展的脉搏，为国际传播事业做好准备。通过介绍国际传播的基本理论和实践案例，帮助读者了解如何在全球化背景下有效地将中国的经验、文化和价值观传播给全球受众，提升中国在国际舞台上的影响力和话语权。

四是注重国际视野，培养国际化人才。本书专辟人才培养专栏，致力于培养具备国际视野和跨文化传播能力的专业人才。引导学生投身于国际传播事业，包括国际新闻报道、国际文化交流、国际公关等，为中国在国际舞台上的发展贡献力量。

本书还想向社会传达一些理念和信息。

一是完善"中外人文交流"课程体系建设，进一步彰显二外办学特色。本书的编者和作者大部分是二外的教师，通过本书的编写，进一步发挥学校在人才培养、科学研究、社会服务、文化传承与创新、国际交流、学科建设、文旅研究等方面的教育教学优势，完善现有课程体系，培养新时代中外人文交流人才，助力建设具有鲜明"新时代中外人文交流"特色的高水平外国语大学。

二是促进国际交流与理解，培养国际化人才。本书注重跨文化沟通技巧的培养，帮助读者跨越文化差异，实现有效的国际交流。这对促进国际社会对中国道路、中国文化和价值观的理解与认同，增进国际友谊与合作具有重要意义。通过研究和传播中国道路，希冀有助于提升中国在国际舞台上的话语权和影响力，为中国的国际形象塑造和国际地位提升贡献微薄之力。

三是服务国家战略需求，推动构建人类命运共同体。本书还希望通过国际传播推动不同文化间的交流与互鉴，增进相互理解和尊重，使读者能够更好地理解和传播中国的发展道路和经验，让学生以服务国家战略和首都需求为职业生涯规划的价值导向，投身国际组织、参与国际交流项目、开展国际传播等活动，为中国的国际传播事业贡献力量，为国家战略需求提供有力支持，推动构建人类命运共同体，促进全球治理体系的完善，实现共同发展和繁荣。

本书是北京市宣传文化高层次人才培养资助项目的学术成果，受此资助，还专门成立了"中国道路国际传播"工作室，以"中国道路国际传播"为方向，强化理论与实践相结合、科研与教学相融通。除出版这部论文集以外，还完成了一门全英语讲授的慕课"中国道路国际传播"，目前已在"学堂在线"上线；还撰写了系列理论研究和实践探索的学术论文，已公开发表22篇；支持中国社科院赵智奎教授主办的"The theory and practice of common prosperity in the new era"系列英语研讨会,并主办了"新时代中外人文交流英语论坛";联合中国历史唯物主义学会当代世界文化与文明研究专业委员会,举办了多场全国性的学术论坛和研讨会,践行了"以学术为媒、以传播为桥,理论引领、实践探索、共同成长"的初衷。此外,本书还受到北京第二外国语学院博士生导师支持计划经费资助。

学海无涯,切忌浅尝辄止,唯有不懈追求。在探索的海洋中,我们始终保持着对未知的渴望和对真理的追求,不断深化对"中国道路国际传播"这一主题的理解和研究,加强中外人文交流。唯有如此,才能更好地将中国的理论和实践成果传播给世界,让世界了解真实、全面、立体、客观的中国。

是为序。

目录 CONTENTS

序 /I
引言：郑承军教授谈中国式现代化的世界意义 /001

理论研究篇

筑牢马克思主义中国化时代化的哲学根基　　　　　　　　庄文城 /017
重探理论与实践相统一的本质及趋势　　　　　　　　　　庄文城 /020
凝聚起实现民族复兴的思想伟力　　　　　　　　　　郑承军　张　迪 /035
加快推进数字文化治理现代化　　　　　　　　　　　郑承军　王海文 /039
以高水平对外开放推进实现中国式现代化　　　　　　罗立彬　古　瀚 /042

实践探索篇

从"峰会"看世界第一大执政党担当　　　　　　　　　　　石晓虎 /051
坚定全面从严治党的政治自觉　　　　　　　　　　　　　　庄文城 /054
新时代加强党内民主的政治建设研究　　　　　　　　　　　庄文城 /059
论中国式现代化蕴含的民主观及其世界意义　　　　　　　　庄文城 /072
贤能政治："中国模式"的新叙事？　　　　　　　　　　　　齐　冰 /082
Web3.0时代北京"都市反恐"的策略体系构建　　　　　　　　肖　洋 /097
中国公民出境旅游消费行为研究　　　　　　　　　　邹统钎　谢　双 /106

中国式现代化背景下我国数字服务贸易发展研究　　　　　任祎卓　陈兴裕 / 118

国际视野篇

资本主义国家选举政治新变化　　　　　　　　　　　　　　　　石晓虎 / 131
资本主义国家共产党国内统一战线建设新探索　　　　　　　　　石晓虎 / 145
统一俄罗斯党数字政党建设：挑战与转型　　　　　　　　　　　石晓虎 / 157
论拉美西语文献对中国共产党百年社会治理成功经验的研究

　　　　　　　　　　　　　　　　　　　　　　　　陈伟功　任佳琳 / 170

传播策略篇

论马克思主义话语权的发展规律　　　　　　　　　　　　　　　庄文城 / 185
面向海外青年传播中国特色大国外交理论的新路径　　　　　　　石晓虎 / 194
当代中国出版：现代化与"走出去"　　　　　　　　刘东梅　邵华清 / 203
中外人文交流中的中国人文精神阐释　　　　　　　　　　　　　于　淼 / 211

人才培养篇

加快教育强国建设步伐为实现中国式现代化提供有力支撑　　　　郑承军 / 221
中国教育"走出去"　　　　　　　　　　　　　　　　　　　　宋紫珍 / 227
以创新驱动研究生教育改革发展　　　　　　　　　　　　　　　郑承军 / 237
加强和完善思政课实践教学体系的建构　　　　　　　　　　　　庄文城 / 240
"大思政"特色育人格局实践与探索　　　　　　　　巩琳萌　霍彬涛 / 245
论科技创新理念融入思政课的理论内涵　　　　　　　　　　　　陈伟功 / 250

后　记　　　　　　　　　　　　　　　　　　　　　　　　　　　　　/ 260

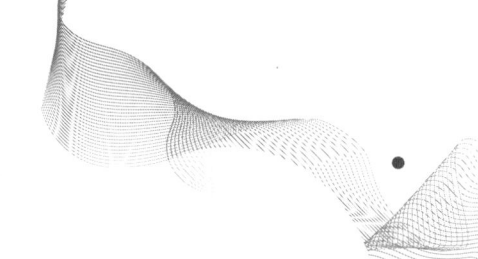

引 言

郑承军教授谈中国式现代化的世界意义[①]

实现国家现代化是世界各国人民共同的理想和追求，中国也不例外。在实现中华民族伟大复兴战略全局中，现代化是中国人民孜孜以求的宏伟梦想和奋斗目标，作为中国最广大人民根本利益的代表，中国共产党将其视为新时代新征程的使命和任务。习近平总书记指出，"中国式现代化是我们党领导全国各族人民在长期探索和实践中历经千辛万苦、付出巨大代价取得的重大成果"[②]。毫无疑问，中国式现代化对中华民族和中国人民来说意义重大，那么，对于其世界意义又该如何理解呢？为了深入认识并准确回答这个问题，《马克思主义研究》专访了北京第二外国语学院副院长郑承军教授。

一、为什么要讲中国式现代化的世界意义

▲（采访者简称▲，下同）：郑老师，您好！非常感谢您接受我们的专访！我们党提出，以中国式现代化推进中华民族伟大复兴，实现国家富强、民族振兴、人民幸福。我们知道，中国式现代化是中国共产党领导的社会主义现代化，是党领导中国人民在长期的探索和实践中开创的现代化道路。请您谈一谈，我们为什么要讲中国式现代化的世界意义？

●（被采访者简称●，下同）：我们当然要讲中国式现代化的世界意义。习近平总书记指出："面对一系列现代化之问，政党作为引领和推动现代化进程的重要力量，有责任作出回答。中国共产党将始终把自身命运同各国人民的命运紧紧联系在一起，努

---

① 本文已发表于《马克思主义研究》2023年第10期，原文题为"中国式现代化的世界意义——访北京第二外国语学院副院长郑承军教授"。
② 习近平.正确理解和大力推进中国式现代化［N］.人民日报，2023-2-8.

力以中国式现代化新成就为世界发展提供新机遇,为人类对现代化道路的探索提供新助力,为人类社会现代化理论和实践创新作出新贡献"[1]。

首先,坚持胸怀天下是习近平新时代中国特色社会主义思想的世界观和方法论之一。党的二十大报告提出,"继续推进实践基础上的理论创新,首先要把握好新时代中国特色社会主义思想的世界观和方法论",要做到"六个必须坚持"。"六个必须坚持"的第六条是"必须坚持胸怀天下"。习近平总书记指出,"中国共产党是为中国人民谋幸福、为中华民族谋复兴的党,也是为人类谋进步、为世界谋大同的党。我们要拓展世界眼光,深刻洞察人类发展进步潮流,积极回应各国人民普遍关切,为解决人类面临的共同问题作出贡献"[2]。这充分体现出中国共产党人的天下情怀和中国的大国担当,体现了深邃的历史眼光、丰富的辩证思维和博大的世界胸怀。

其次,中国共产党是为人类进步事业而奋斗的政党。习近平总书记在党的二十大报告中指出,"我们展现负责任大国担当,积极参与全球治理体系改革和建设,全面开展抗击新冠肺炎疫情国际合作,赢得广泛国际赞誉,我国国际影响力、感召力、塑造力显著提升"[3]。中央政治局委员王毅指出:"中国式现代化道路为人类实现现代化提供了新的选择,创造了人类文明新形态。这条道路不是传统大国崛起的翻版,不是国强必霸的再版,而是造福中国、有利于世界的正道。"[4]

最后,谈世界意义并不是输出革命和价值观。中共中央宣传部2021年发布了《中国共产党的历史使命与行动价值》,时任中央外办副主任刘建超在发布会上说:"中国从不输出自己的意识形态、价值观和发展模式……也支持不同文明、不同制度,甚至不同信仰的一些国家,开展平等、相互尊重的交流互鉴"[5]。中国式现代化证明现代化道路并没有固定模式,适合本国本民族具体情况的才是最好的。中国共产党同各国政党交流互鉴现代化建设经验,共同丰富走向现代化的路径,更好为本国人民和世界各国人民谋幸福。

二、中国式现代化引发国际社会高度关注

▲:中国式现代化在国际上受到高度关注和广泛赞誉。比如,称赞中国式现代化

---

[1] 习近平出席中国共产党与世界政党高层对话会并发表主旨讲话[N].人民日报,2023-3-6.
[2] 习近平.高举中国特色社会主义伟大旗帜 为全面建设社会主义现代化国家而团结奋斗——在中国共产党第二十次全国代表大会上的报告[M].北京:人民出版社,2022:18,21.
[3] 同上,13。
[4] 王毅.全面推进中国特色大国外交[N].人民日报,2022-11-8.
[5] 中共中央宣传部就《中国共产党的历史使命与行动价值》文献有关情况举行发布会.http://cpc.people.com.cn/GB/74838/440967/index.html。

是人类社会发展的一项创举,创造了人类发展史上真正的奇迹;称赞中国实现自身现代化,并通过这些经验帮助其他发展中国家实现现代化。郑老师,请您具体谈一谈这方面的情况。

●:好的。在中华民族伟大复兴战略全局和世界百年未有之大变局相互交织的背景下,中国式现代化给当代中国与世界都带来了新的动能。"中国式现代化可以说是21世纪人类发生的最重大事件之一",不仅要在2035年基本实现社会主义现代化,还要在2049年建成富强民主文明和谐美丽的社会主义现代化强国。"中国式现代化无论是其结果,还是其过程,都会对人类社会发展产生巨大影响。"①

有学者以美国、英国、澳大利亚等15个国家的主流媒体为研究对象,对英、法、德、阿、俄等10种语言的相关报道进行了数据搜集和分析。据不完全统计,2022年10月16日至10月31日,国际媒体以"中国式现代化"为关键词的报道数量达6300篇,平均每天约394篇。从报道的总体态度来看,国际媒体对中国式现代化的报道以正面(39.9%)和中性(59.2%)为主,负面报道占比不到1%。其中,正面报道主要从中国的经济发展、国家治理和中国共产党自身建设等方面肯定了中国式现代化建设取得的成就,肯定中国式现代化建设具有丰富的全球意义。②

▲:对中国式现代化,国际社会关注度较高的主要有哪些方面呢?

●:一是"共同富裕"和"可持续、高质量的发展道路"。美通社和雅虎网发表题为《中国网:什么是"中国现代化道路"?》的报道,文章指出,中国的现代化不仅追求"繁荣",更追求"共同富裕"。改革开放40多年来,中国经济快速增长,中国人民的生活得到根本性改善。经过艰苦奋斗,中国近亿农村贫困人口实现脱贫,历史性地解决了绝对贫困问题,实现了全面建成小康社会的梦想。中共二十大报告明确强调全面推进乡村振兴,强调完善收入分配制度,实施就业优先战略,完善养老、医疗、住房等社会保障体系,到2035年中等收入群体在总人口中所占比例实现大幅增长。中国已将追求全民共同富裕纳入中国式现代化进程。而且,中国式现代化是物质生活和精神生活共同富裕的现代化,是人与自然和谐共生的现代化。中国追求经济实力、科技实力和综合国力显著增强,同时强调推进"美丽中国"建设,加快向绿色发展模式转变,积极稳妥地实现"美丽中国"目标。中国还注重完善和发展全过程人民民主,丰富人民文化生活。中国选择的道路是更加全面、可持续和高质量的发展道路。

二是中国式现代化与既有现代化的不同之处。2022年10月18日俄罗斯卫星通

---

① 辛向阳.中国式现代化对世界发展的重大影响[J].理论与评论,2021,(05).
② 周亭,孙琳,高远欣.报道图景、认知现状及未来策略——国际媒体眼中的中国式现代化及其启示[J].对外传播,2022,(12).

讯社网站发表文章指出，中国式现代化格外引人关注，开辟了马克思主义中国化时代化新境界。参与中共二十大报告对外翻译工作的英文专家肖恩认为，中国式现代化与世界上现有的现代化模式显著不同，意义重大，实现中国式现代化是人类发展的一大步，同时也启示各国应寻找适合自身国情特点、获得人民支持的现代化之路。来自苏丹的叶海亚认为，中国式现代化不同于建立在掠夺、战争和流血基础上的西方现代化，是建立在独立自主、和平道路、国际合作基础之上的现代化，中国式现代化为全人类提供了新选择。报道特别引用外籍语言专家的话称，"中国创造了一种人类文明新形态"①。一些阿拉伯媒体也指出，中国式现代化不同于西方现代化。有报道称："在中国人看来，现代化并不意味着西方化。他们拒绝接受许多西方学者的普遍说法，即认为西方文化是全球文化中最先进的，其他人应该将其作为经济全球化时代的首选或唯一文化。中国的现代化话语具有特殊的中国特色，不能与西方风格的现代化混为一谈。它有助于让中国转变为世界新秩序中的一个行动者，并成为建设比当前美国主导的经济全球化更人道的经济全球化的坚定参与者。今天的中国是一个强大而有凝聚力的国家，并对未来充满信心。"②

三是中国式现代化的长期连续性。英国《晨星报》主编本·查科强调，中国的发展规划不仅详细，而且具有连续性。他认为，中共二十大报告关于社会主义现代化强国、实现第二个百年奋斗目标和以中国式现代化全面推进中华民族伟大复兴的论述，都是中国共产党和中国政府政策具有长期连续性的表现。中国式现代化既是中国共产党在长期探索和实践基础上的推进和拓展，也向世界展示了一种更为优越的发展模式。③

此外，国外媒体对中国共产党面对严峻复杂的国际局势，如何科学回答世界之问、人民之问、时代之问非常感兴趣。2022年11月8日巴勒斯坦马安通讯社《大使阐释：中国式现代化对巴勒斯坦意味着什么？》指出："近年来，逆全球化趋势升级，单边主义和保护主义明显加剧，全球经济复苏乏力，动荡频发。中国式现代化为人类实现现代化提供了新的选择，为解决人类面临的共同问题提供更多更好的中国智慧、中国方案、中国力量。"④另外，当前理论翻译界出现的一个新趋势值得注意：开始从过去的"翻译世界"向"翻译中国"转变。中国式现代化为当今世界提供了新的话语范式和叙

---

① 在华工作外国专家：中国式现代化格外引人关注. https://sputniknews.cn/20221018/1044820651.html。
② ［阿联酋］马苏德·达赫尔. 中阿文化合作前景广阔. https://www.albayan.ae/opinions/articles/2012-03-28-1.1619510。
③ 英国媒体人士表示：中国式现代化展示了一种更优越的发展模式. https://tv.cctv.com/2022/10/25/VIDE0VPV295w16LNe6QkleHK221025.shtml?spm=C28340.PxtGka5hyWPX.EORBCjGqZgig.3。
④ 大使阐释：中国式现代化对巴勒斯坦意味着什么？ https://www.maannews.net/news/2080835.html。

事体系，推动了文明交流互鉴，也增强了中华文明的传播力、影响力，为形成与我国综合国力和国际地位相匹配的国际话语权提供了有利条件，成为加强我国国际传播能力建设的有利契机和载体。

三、如何全面深入理解中国式现代化的世界意义

▲：的确，中国是世界的中国，中国的发展与世界紧密相连。国际社会对中国式现代化高度关注，相关报道也阐述了中国式现代化的世界意义的一些方面，但不够全面，也不够深入。郑老师，我们应如何全面深入理解中国式现代化的世界意义？

●：要全面深入理解中国式现代化的世界意义，我们可以从以下三个方面来分析：一是中国式现代化丰富了人类文明成果，二是中国式现代化拓展了发展中国家的现代化路径，三是中国式现代化丰富和发展了科学社会主义。

▲：首先请您谈谈怎么理解中国式现代化丰富了人类文明成果。

●：好的。西方现代化开启了人类的现代文明，但在其扩张过程中，以"文明—野蛮"二元对立论为逻辑，利用工业文明的先发优势实现发展，并欺凌仍处于传统农业文明的国家。100多年来，在中国共产党的坚强领导下，中国人民找到了适合中华民族的现代文明新道路，创造了人类文明新形态，为人类社会的未来发展开辟了全新图景[1]。第一，中国式现代化创造了人类文明新形态。习近平总书记在学习贯彻党的二十大精神研讨班开班式上指出："中国式现代化，深深植根于中华优秀传统文化，体现科学社会主义的先进本质，借鉴吸收一切人类优秀文明成果，代表人类文明进步的发展方向，展现了不同于西方现代化模式的新图景，是一种全新的人类文明形态。"[2]

一般认为，现代文明的发展始于17至18世纪的欧洲，也就是西方资本主义繁荣发展的时期，因此在西方的现代化话语体系中，现代化被视为资本主义社会的发展过程，成熟的资本主义社会被视为人类文明的最终形态。但是，世界历史的发展进程表明，现代人类文明的发展不一定遵循资本主义发展模式，中国式现代化就打破了"现代化＝西方化"的迷思，呈现出不同于西方的现代化模式，创造了人类文明新形态。中国式现代化理论继承了马克思主义唯物史观，坚持资本主义必然灭亡、社会主义必然胜利的论断，从根本上彰显了社会主义制度的优越性，为人类实现现代化提供了新的选择[3]。

---

[1] 高晓林，周克浩.中国式现代化新道路的建构及其世界意义[J].厦门大学学报（哲学社会科学版），2022，（02）.
[2] 习近平.正确理解和大力推进中国式现代化[N].人民日报，2023-2-8.
[3] 王立胜.中国式现代化理论的世界性维度与人类文明意义[J].人民论坛，2023，（06）.

现代化归根结底是人的现代化，而不仅仅是物的现代化。随着现代化进程的推进，人与世界的关系也随之改变，主要包括三个方面的内容：其一，人与自然的关系，即现代化带来的可持续发展的问题；其二，人与社会的关系，即由资本逻辑造成的人之间的关系颠倒为物之间的关系的"异化"问题；其三，人与自我的关系，即"耻言理想、躲避崇高"的虚无主义的文化危机问题。因此，"对'现代化'的反省，应当是对当代人类实践活动所构成的人与世界关系的全面反省；解决'现代化问题'，应当是对人类文明新形态的寻求"[①]。

"五个文明"协调发展是中国式现代化的理论内涵。习近平总书记明确指出："我们坚持和发展中国特色社会主义，推动物质文明、政治文明、精神文明、社会文明、生态文明协调发展，创造了中国式现代化新道路，创造了人类文明新形态。"[②]"人类社会文明，就是人类认识与改造客观世界和主观世界的进步状态和积极成果"，具体包括"五个文明"。这"五个文明"相辅相成、辩证统一，其中，物质文明是基础，政治文明是保证，精神文明是灵魂，社会文明是条件，生态文明是前提。"这五个文明形成的内在张力和矛盾运动，推动着人类社会整体文明的进步。"[③]

第一，全人类共同价值是中国式现代化的价值追求。习近平总书记在庆祝中国共产党成立100周年大会上指出，"中国共产党将继续同一切爱好和平的国家和人民一道，弘扬和平、发展、公平、正义、民主、自由的全人类共同价值……推动历史车轮向着光明的目标前进"[④]。全人类共同价值凝聚了人类不同文明的价值共识，超越了制度、发展水平差异和意识形态的不同，顺应历史潮流和时代需要，是习近平新时代中国特色社会主义思想的又一重大理论成果[⑤]。

2013年，习近平总书记在莫斯科国际关系学院首次向国际社会提出人类命运共同体理念，其后这一理念不断丰富发展，成为新时代中国特色大国外交的鲜明旗帜。这一理念被写入《中国共产党章程》和《中华人民共和国宪法》，上升为党和国家的意志；在国际上也深入人心，多次被写入联合国等重要国际和地区组织文件，契合各国人民的共同价值和精神追求。

第二，中国式现代化走出了一条文明发展的新型共融之路。中国式现代化从中国国情出发，赶上、开创和引领世界现代化潮流，坚持中国特色社会主义，构建体现社

---

① 孙正聿.马克思与我们[M].北京：中国人民大学出版社，2018：122.
② 习近平.在庆祝中国共产党成立100周年大会上的讲话[M].北京：人民出版社，2021：13-14.
③ 秦宣.中国式现代化是"五个文明"相协调的现代化[N].光明日报，2022-5-27.
④ 习近平.在庆祝中国共产党成立100周年大会上的讲话[M].北京：人民出版社，2021：16.
⑤ 寇清杰.全人类共同价值与马克思主义普遍真理的关系探析[J].思想理论教育导刊，2022，(06).

会主义本质特征、以人民为中心的现代化国家，是坚持和发展中国特色社会主义道路的重大创新。

共性和个性相结合。习近平总书记强调："现代化道路并没有固定模式，适合自己的才是最好的，不能削足适履。"① "中国式现代化道路"蕴含着深刻的辩证关系，是人类文明走向现代化的重要组成部分，因而具有现代化的普遍特征即其共性。然而，现代化总是具体的，具体的现代化特征具有多样性和特殊性。中国式现代化道路之"中国式"的基本逻辑内涵就是要坚持中国特色、符合中国实际，因而必然具有自己的独特特征即其个性。

传统和现代相结合。2023年2月7日，习近平总书记在学习贯彻党的二十大精神研讨班开班式上的重要讲话中提出"中国式现代化，深深植根于中华优秀传统文化"②的重要论断。没有中华文明，就没有中国特色社会主义道路。中国式现代化深深植根于中华优秀传统文化，中华优秀传统文化为中国式现代化的发展奠定了厚重的历史文化根基和现实发展动力。

世界和本土相结合。习近平总书记深刻指出，"一切成功发展振兴的民族，都是找到了适合自己实际的道路的民族"③。开辟中国式现代化道路的过程，是其道路不断拓展的过程，是中华民族伟大复兴不断推进的过程，也是中国走近世界舞台中央的过程。"中国式现代化道路的不断拓展，不仅深刻改变了中国的面貌、中华民族的面貌、中国人民的面貌、中国共产党的面貌，而且深刻揭示了现代化发展的一般规律，系统总结了发展中国家追求现代化的历史经验，为人类文明和进步事业作出了巨大贡献，既具有鲜明的中国价值，也具有普遍的世界意义。"④

第三，中国式现代化塑造了世界文明新格局。随着中国的崛起和中国式现代化的成功，世界文明格局发生了深刻变革。中国秉持文明互鉴、文明共生和合作共赢的原则，为世界文明发展提供了新的视角和选择，塑造了一个多元化、共生发展的世界文明新格局。

以文明互鉴超越了"文明冲突论"。自20世纪90年代以来，"文明冲突论"成为国际政治领域的一种主流观点。而2014年，习近平在联合国教科文组织总部的演讲中指出，"文明是包容的，人类文明因包容才有交流互鉴的动力"，"只要秉持包容精神，

---

① 习近平.加强政党合作　共谋人民幸福——在中国共产党与世界政党领导人峰会上的主旨讲话［M］.北京：人民出版社，2021：8.
② 习近平.正确理解和大力推进中国式现代化［N］.人民日报，2023-2-8.
③ 习近平.在纪念孙中山先生诞辰150周年大会上的讲话［M］.北京：人民出版社，2016：5.
④ 张冠梓.中国式现代化道路的时代特质与世界意义［N］.光明日报，2022-4-13.

就不存在什么'文明冲突',就可以实现文明和谐"①。中国式现代化的成功表明,不同文明之间的交流与合作是完全可能的。中国倡导各国文明在发展中要互相借鉴、互相启发,共同推动人类文明进步。例如,在经济发展方面,中国学习和借鉴了西方市场经济的经验,同时保持了社会主义制度的特点。在文化领域,中国在传承和发扬自身优秀传统文化的基础上,积极吸收外来文化,推动中华文化繁荣发展。中国式现代化的成功,也为全球文化交流提供了新的平台,例如,共建"一带一路"、孔子学院等项目,都是中国推动全球文化交流的重要载体,不仅加强了中国与世界各国的联系,也为各国文化的传播和交流提供了良好的条件。

以文明共生打破了"西方中心论"。"'西方中心论'作为世界文明秩序的一种'想象',是以西方'文明优越'为价值内核、以资本主义扩张为物质基础、以资本逻辑建立全球统治为根本诉求的文明观话语。"②中国式现代化在全球范围内崛起,提出了一种新的发展观,特别是在文明共生方面。这一理念挑战了长期以来主导国际舞台的"西方中心论"。中国倡导各国文明平等对话、共同发展,推动建立一个多元、和谐的世界文明格局。首先,中国坚决反对一切形式的"文明优越论",主张各国文明之间平等对话、平等交流。在国际事务中,中国倡导尊重国家主权、尊重各国发展道路的多样性,反对干涉别国内政,以实现世界各国的共同繁荣。其次,中国坚持各文明平等对待的原则,尊重各国文化和发展道路的多样性。在全球治理中,中国倡导建立多元共生、和谐发展的世界文明格局,反对"文明优越论"和"西方中心论"③。最后,中国强调不同文明之间的互学互鉴,认为各国文明可以相互启发、共同进步。中国在自身发展中,既吸收借鉴了西方文明的先进理念,又传承和发扬了中华优秀传统文化,从而形成了具有中国特色的中国式现代化道路。

以合作共赢取代"零和博弈论"。在经济全球化进程中,国际合作与竞争并存,国家间的相互依存度日益上升。然而,在现实世界中,"零和博弈论"长期以来占据着一定的地位。在经济全球化趋势下,国家、组织和个人之间的联系越来越紧密,国家之间相互联系、相互依存,日益成为命运共同体,不是部分人反对部分人,而是所有人需要所有人。"零和博弈"的思维已经不适合时代发展的趋势。

中国式现代化秉持合作共赢的原则,为国际关系提供了全新的视角与思路。习近平总书记在论及外交政策和国际关系时曾提出摒弃零和博弈,提出了"三个坚持"和

---

① 习近平.出席第三届核安全峰会并访问欧洲四国和联合国教科文组织总部、欧盟总部时的演讲[M].北京:人民出版社,2014:11,12.
② 赵坤,刘同舫.从"文明优越"到"文明共生"——破解"西方中心论"[J].理论视野,2021,(02).
③ 黄云明.习近平人类命运共同体理念的哲学底蕴和伦理意蕴[J].社会科学家,2018,(05).

"三个不搞":坚持合作、不搞对抗,坚持开放、不搞封闭,坚持互利共赢、不搞零和博弈。中国所走的和平发展道路被越来越多的国家看到和认识,中国智慧、中国方案得到越来越广泛的认同①。抛弃零和博弈冷战思维、构建人类命运共同体,逐渐成为大多数国家的共识。

中国式现代化坚持合作共赢的原则,强调在国际事务中寻求各方利益共同点,实现互利共赢。这种原则体现在以下几个方面。在经济合作方面,中国提倡开放合作,参与国际贸易与投资,与各国共享发展成果。例如,中国提出的共建"一带一路",旨在推动亚欧非之间在基础设施建设、贸易投资、人文交流等领域的合作,实现共同发展。在区域合作方面,中国积极参与地区合作组织,如亚洲基础设施投资银行、上海合作组织等,共同推进地区安全、经济、社会等领域的发展。在全球治理方面,中国在全球治理中倡导国际合作,共同应对各种全球性挑战,如气候变化、疫情防控、反恐等。中国主张,在应对这些挑战时,各国共同承担责任,共享发展成果。

▲:郑老师,通过您的阐述,我们从中国式现代化创造了人类文明新形态、走出了一条文明发展的新型共融之路、塑造了世界文明新格局三个方面,对中国式现代化丰富了人类文明成果、为人类文明作出了新贡献有了更深入的理解。那么,怎么理解中国式现代化拓展了发展中国家的现代化路径呢?

●:在经济全球化的背景下,各国都在寻求适合自己的现代化道路。西方现代化模式长期被视为唯一正确的发展模式,然而,随着中国在经济和社会发展方面取得的巨大成功,中国式现代化逐渐成为全球关注的焦点,中国式现代化为发展中国家走向现代化拓展了路径。

首先,中国式现代化超越了西方现代化模式的弊端。西方现代化模式在全球范围内的推广过程中暴露出诸多弊端,这些弊端包括生态环境破坏、社会贫富分化加剧、文化冲突升级等。中国式现代化顺应了可持续发展的全球趋势,注重经济、政治、文化、社会、生态等多方面的协调发展,实现了现代化的全面发展。

中国式现代化突破了西方现代化道路的唯一性。长期以来,西方现代化模式被视为各国实现现代化的唯一道路,许多发展中国家在模仿西方现代化过程中忽视了自身国情和文化特点。然而,中国的成功经验表明,现代化的道路并非只有一条。中国式现代化的成功,突破了西方现代化道路的唯一性,为其他国家提供了新的现代化发展选择。

中国式现代化充分考虑了国家的实际情况,使得发展模式与国情相匹配。西方现

---

① 邓纯东.坚持以中国式现代化全面推进中华民族伟大复兴[N].人民政协报,2022-10-21.

代化模式强调市场竞争和"自由民主",但在许多发展中国家,由于历史、文化、经济等方面的差异,西方模式的简单移植往往导致发展滞后、社会动荡。而中国式现代化坚持与时俱进,将发展战略与国家的实际需求相结合,如通过改革开放、政治稳定、强化国有企业等措施,实现了经济快速发展和社会长期稳定。

中国式现代化在追求现代化的过程中,没有抛弃传统文化,而是在传统与现代之间寻求平衡。这使得中国式现代化在推进现代科技的同时,保持了民族特色和文化底蕴。而西方现代化模式往往忽视了非西方国家的传统文化,导致采用西方现代化模式的国家在现代化进程中出现文化冲突与失衡。中国式现代化的成功表明,各国可以在继承传统的基础上,发展出具有本土特色的现代化道路。

中国式现代化的成功,彰显了社会主义制度的优势。在中国共产党的领导下,中国政府能够统筹规划国家的经济、政治、文化和社会发展,实现各领域的协调发展。与之相对的西方现代化模式,多以资本主义制度为基础,很难实现政府与市场、公共与私有部门之间的有效协调。中国式现代化证明,在社会主义制度下国家可以实现高效率的现代化发展。

其次,中国式现代化消解了西方现代化话语霸权。一个半世纪以来,西方不仅在军事和经济上占据主导地位,还在国际话语体系中掌握霸权。人们理解世界和解释世界的方式长期受到"西方中心主义"的支配和影响。由于西方国家率先走上现代化道路,因而在现代化理论的解释模式上长期掌握话语权。西方国家对现代化话语的把控导致了世界历史解释模式的单一性。尽管现代世界秩序是在以西方为主导的工业文明基础上发展起来的,但这并不意味着各国现代化只能走西方曾经走过的发展道路,更不意味着对现代化发展进程乃至世界历史的解释只能基于西方文明的内在要素。实际上,西方国家的自我中心主义和文化殖民主义长期以来对非西方文明造成了巨大的冲击和影响,虽然其在科技进步、社会变革等方面产生了一些积极作用,但也造成了世界文明既有的多元性发展和多样化表达被长期压抑。因此,对于非西方国家尤其是发展中国家来说,破除西方中心主义的话语体系和意识形态、建构独立自主的现代化理论,成为现代化理论发展乃至世界历史理论解释的当务之急。

进入21世纪以来,中国、俄罗斯、巴西、印度以及南非等国家在国际舞台上的地位日益重要,世界多极化成为不可逆转的趋势,西方的话语霸权也受到了越来越多的挑战[①]。随着中国式现代化的成功,传统的西方现代化模式不再是唯一选择。中国式现代化挑战了西方现代化话语霸权,为全球现代化发展提供了新的视角。习近平总书记

---

① 李怀亮. 人类命运共同体理论与国际软实力格局的重构[J]. 红旗文稿, 2017, (21).

指出:"现代化道路并没有固定模式,适合自己的才是最好的,不能削足适履。"① 中国式现代化的成功有利于推动各国根据自身国情寻求适合的发展道路,共同构建一个多元化、平衡发展的世界。

中国式现代化丰富发展了世界现代化的建设路径。习近平总书记2016年1月在阿拉伯国家联盟总部演讲时指出:"现代化不是单选题。历史条件的多样性,决定了各国选择发展道路的多样性。"② 随着实践深入发展,现代文明发展的丰富内涵日益展示出来,现代化实践的内容和覆盖的范围大大超出了其早期的构造,把现代化固定为一种模式已经完全不符合世界发展的现实。不仅世界各国现代化诉求不断更新变化,而且实现现代化的条件、路径、方式也各不相同,各国的选择不可能千篇一律。值得指出的是,由于迄今为止世界上进入现代化行列的都是实行资本主义制度的国家,而那些掌握话语霸权的国家极力鼓吹"西方中心主义",用它们的制度模板、价值观念、意识形态等政治因素把现代化狭义化、固定化、刻板化,导致"现代化=西方化"的迷思长期束缚着人们的思维。这从理论上说是极其错误的,从实践上说会带来严重危害③。

最后,中国式现代化为发展中国家走向现代化提供了新的路径选择和发展机遇。马克思认为,东方社会可以跨越资本主义"卡夫丁峡谷"而开辟出不同于西方社会的发展道路。中国式现代化道路的开创,使这一理论成为现实,从根本上打破了西方现代化模式的唯一性,并提供了成功范式和全新样本。

独立自主的发展模式。中国式现代化是我们党领导全国各族人民在长期探索和实践中历经千辛万苦、付出巨大代价取得的重大成果。新中国建立起社会主义制度后,党团结带领人民推进现代化建设,一开始就走了与西方现代化完全不同的道路。从20世纪60年代提出"四个现代化"奋斗目标,到改革开放后邓小平提出建设小康社会的战略构想,再到党的二十大提出全面建设社会主义现代化国家、以中国式现代化全面推进中华民族伟大复兴,中国式现代化前进的轨迹凝聚着党和人民创新创造的心血。中国共产党领导的现代化,用短短几十年创造了经济快速发展和社会长期稳定的奇迹。

植根民族特色、扎根本土文化。中国式现代化立足于中华大地,建立在中国国情的基础上,富有中华民族的特色。党的二十大揭示了中国式现代化具有人口规模巨大、全体人民共同富裕、物质文明和精神文明相协调、人与自然和谐共生、走和平发展道路等五大特色,呈现中国式现代化创新创造的面貌。从实践创新看,这些特色集中提

---

① 习近平.加强政党合作 共谋人民幸福——在中国共产党与世界政党领导人峰会上的主旨讲话[M].北京:人民出版社,2021:8.
② 习近平.论坚持推动构建人类命运共同体[M].北京:中央文献出版社,2018:316.
③ 王立胜.中国式现代化理论的世界性维度与人类文明意义[J].人民论坛,2023,(06).

供了四个方面的价值启示：一是彰显领导核心力量对推进中国式现代化的作用，二是切合实际发挥本国社会制度推进现代化的优势，三是确立人的现代化的鲜明目标，四是明确造福全人类的发展理念。中国式现代化体现造福人民的价值取向、寻求全面的发展准则和推动世界发展的时代要求，一方面把党的根本宗旨贯彻于现代化创新实践；另一方面又遵循现代化建设客观规律，体现着普遍意义。

借鉴人类现代化的一切有益成果。中国式现代化既有基于自己国情的中国特色，也有各国现代化的共同特征，是对一切人类现代化优秀成果的集大成。中国式现代化实践创新结出的成果，是对"现代化＝西方化"迷思的拨正，中国式现代化是对西方现代化模式的超越，让世人看到了另一番现代化图景。中国式现代化是党团结带领人民从自己国情出发创新实践的成果，但它不是一个区域概念。中国式现代化创造人类文明新形态，其实践创新价值是对世界作出的重大贡献。

▲：的确，现代化道路并没有固定模式，发展中国家实现现代化要立足本国国情，中国式现代化拓展了发展中国家走向现代化的途径，给世界上那些既希望加快发展又希望保持自身独立性的国家和民族提供了全新选择。下面请您谈谈如何理解中国式现代化丰富和发展了科学社会主义。

●：在近代中国内忧外患时，中国共产党人结合实际，运用马克思主义基本原理解决中国遇到的问题，深刻改变了中华民族的命运和前途。资本主义不是现代化的唯一选项。中国人在实践过程中，形成了具有中国特色和时代特征的现代化理论，其特点一是"中国特色"，二是"社会主义"。回顾历史，科学社会主义从空想到科学、从理论到实践，是顺应时代发展的科学理论，深刻影响中国式现代化的理论构建。但是，中国式现代化理论体系的建立，并不是照本宣科或盲目模仿，也不是照搬马克思、恩格斯、列宁等人的思想或硬套其他社会主义国家的理论，而是立足中国国情，在马克思主义指导下，借鉴国内外现代化理论，在实践基础上进行的理论创新。

首先，中国式现代化彰显了社会主义的强大生机和活力。新中国成立尤其是改革开放以来，中国把科学社会主义基本原则同具体国情有机结合并探索出一条中国式现代化之路，在社会主义发展史上成功开辟出一条经济文化落后国家走向全面繁荣发展的现代化路径，开辟了科学社会主义发展的理论新境界、实践新跑道。不少发展中国家对我国"两大奇迹"的突破性、韧性、标杆性赞叹不已、称道有加。尤其是进入新时代以来，中国在现代化理论和实践上取得新突破、新进展，进一步展现了经济文化落后国家实践科学社会主义不仅是可行的，而且是可持续的，彰显了社会主义的强大生机和活力。

彰显了科学社会主义的价值和立场。中国式现代化的成功实践和理论创造，说明中国走出了一条在坚持实行社会主义制度前提下实现现代化的道路，这是世界现代化史上的伟大创举，彰显了科学社会主义的价值和立场。在社会主义发展史上，苏联共产党曾经创造过现代化建设的卓越成就，但随着其国家解体而终止了前进的步伐。中国式现代化不仅擘画了中华民族伟大复兴的光明前景，而且为世界现代化点燃了希望之光，更是对科学社会主义理论的传承和发扬。中国式现代化理论体系回答了现代化秉持什么样的价值取向、目标宗旨、遵循原则、发展要求、行动逻辑、世界立场等重大问题，形成的鲜明答案提供了关于现代化的新知识。这个重大理论创新成果，使现代化认知从单向思维拓展为多维考量，从平面展示发展到立体呈现，从局部建设延伸至全局铺展，以体系性的理论建构为世人认知现代化提供了一个全新的样本，丰富并发展了科学社会主义理论。

彰显了中国特色社会主义的制度优势和竞争优势。在两种制度的长期较量中，中国式现代化无疑凸显了社会主义的实力和优势。习近平总书记旗帜鲜明地指出："中国特色社会主义，既坚持了科学社会主义基本原则，又根据时代条件赋予其鲜明的中国特色。这就是说，中国特色社会主义是社会主义，不是别的什么主义。"[①]中国式现代化道路遵循共产党执政规律、社会主义建设规律和人类社会发展规律，是中国共产党带领中国人民全面建成社会主义现代化强国的正确道路，不仅极大提高了我国生产力水平，有力促进了中国特色社会主义制度的发展和成熟，而且充分展现了中国的制度优势和治理能力。

近年来，"西方之乱"与"中国之治"形成鲜明对比，中国经济的高质量发展、国家长治久安与部分西方国家形成了鲜明对比。这种共时性对比充分证明了中国式现代化道路的优越性。

其次，中国式现代化拓宽了科学社会主义实践的场域。一是中国式现代化丰富了马克思主义共同体思想。共同体体现了人的社会性，是马克思在讨论人类社会发展时使用的基本概念。马克思的共同体概念包括最初的"自然共同体"、以资本主义国家为代表的"虚幻共同体"，以及作为"自由人联合体"的"真正共同体"。在《德意志意识形态》等著作中，马克思恩格斯着重批判了以资本主义国家为代表的"虚幻共同体"，阐释了实现"真正共同体"的条件与路径[②]。二是中国式现代化开辟了社会主义现代化模式的新选择。中国式现代化建设从历史和现实中汲取经验和教训，把社会主义看成不断完善和发展的过程，创造了一条中国特色社会主义现代化道路。这条道路

---

① 中共中央党史和文献研究院.习近平关于总体国家安全观论述摘编[M].北京：中央文献出版社，2018：20.
② 胡小君.马克思共同体思想诠释[N].中国社会科学报，2020-9-29.

既不搞"全盘西化",也不照搬"苏联模式",而是紧密结合中国具体国情,走出了一条具有中国特色的社会主义现代化道路。

最后,推动了世界历史朝着有利于社会主义的方向转变。中国式现代化对马克思主义作出了重大理论与实践创新,充分展现了科学社会主义的强大生命力与活力,推动我国社会主义现代化事业的发展和全面建成社会主义现代化强国目标的实现。它体现了现代化道路的多样性,打破了只有遵循资本主义现代化模式才能实现现代化的神话,为发展中国家提供了全新的选择,为人类发展贡献了中国智慧,提供了中国方案,展现了人类社会现代化的美好前景。

中国式现代化是对中外现代化经验和教训的总结,是对既有现代化理论、范式的扬弃和超越,既彰显了中国之志和中国之治,又彰显了中国之智和中国之制。它不仅是实现中华民族伟大复兴的人间正道,也是在世界百年未有之大变局之中保持清醒、引领方向和顺应潮流的正确选择。因此,中国式现代化既是民族的,也是世界的。

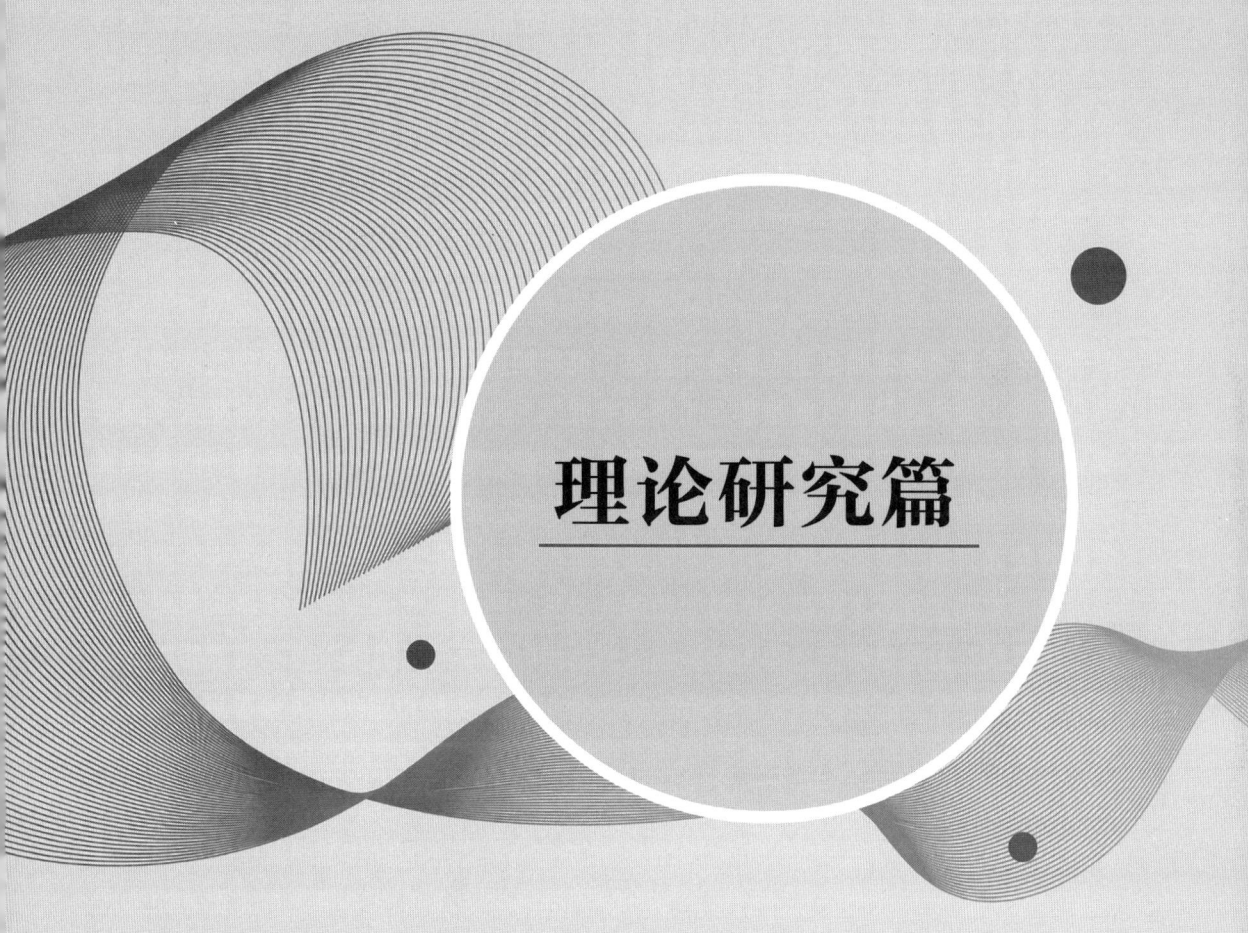

理论研究篇

筑牢马克思主义中国化时代化的哲学根基①

庄文城

马克思主义是我们立党立国、兴党兴国的根本指导思想，不断推进马克思主义中国化时代化是中国共产党人的神圣职责。习近平总书记在党的二十大报告中指出："实践告诉我们，中国共产党为什么能，中国特色社会主义为什么好，归根到底是马克思主义行，是中国化时代化的马克思主义行。"② 习近平总书记的重要论述强调了不断推进马克思主义中国化时代化的重要意义和必然要求。

马克思主义哲学是马克思主义发展的基石和决定其理论属性的依据。只有筑牢马克思主义中国化时代化的哲学根基，始终坚持辩证唯物主义和历史唯物主义的基本原理不动摇，中国化时代化的马克思主义才能根基牢固、稳如泰山；只有运用辩证唯物主义和历史唯物主义，把马克思主义基本原理同中国具体实际和中华优秀传统文化相结合，正确回答重大的时代课题，中国化时代化的马克思主义才能生机勃勃、枝繁叶茂。

中国共产党成立以来的历史表明，马克思主义指引我们不断破浪前行，我们也推动马克思主义不断创新发展，然而过去的成功并不直接意味着未来的辉煌。在不断推进马克思主义中国化时代化的同时，应该重视和警惕可能出现的问题：第一，在传播、阐述和捍卫马克思主义的同时，应该警惕把"传统马克思主义"与"现代马克思主义"对立的情况，割裂马克思主义的连贯性和整体性。第二，在马克思主义领域的研究成果、理论文章、学术会议大发展大繁荣的同时，应该警惕观点模糊、方向不明、是非难分、标准难定的现象。第三，在马克思主义话语不断出新、马克思主义话语体系不断扩容的同时，应该警惕马克思主义的话语权、影响力和感召力是否弱化的情况。第四，在马克思主义学科建设越来越规范，马克思主义理论教育越来越普及的同时，应该警惕现实中对马克思主义的信仰是否更加坚定等。

---

① 本文已发表于《思想政治工作研究》2023年第5期，原文题目为"筑牢马克思主义中国化时代化的哲学根基"。作者：庄文城，北京第二外国语学院马克思主义学院院长、教授。

② 本书编写组.党的二十大报告辅导读本[M].北京：人民出版社，2022：15.

这些推动马克思主义繁荣发展进程中可能出现的新的深层次问题，具有一些共同的理论特征。一是把马克思主义哲学的科学性实证化。马克思主义哲学是普遍的真理，是对客观世界特别是对人类社会本质和规律的正确反映，具有科学性。但是，如果用"去哲学化"的方式把马克思主义哲学解释成实证主义一样的"实证科学"，马克思主义可能退化为"经济宿命论"，人类社会的发展成为纯粹的自然而然和按部就班，人的主观能动性显得软弱无力，给人们造成迷茫、慵懒。特别是在时代变革中就会陷入被动和无所适从，不可能引领新时代的发展。二是把马克思主义哲学的批判性（革命性）抽象化。马克思主义哲学的革命性具有主观与客观相统一的重要特征。革命有其规律性，不能盲目地否定或者夸大。如果把革命理解为"事物发展的客观的、自然而然的过程"，磨掉革命的锋芒，变成"价值中立"的知识体系，成为随波逐流的被动行为，必然会丧失问题意识、丧失理想信念、丧失奋斗目标。同样，如果夸大人的主观意志，夸大革命，不切实际地"否定一切""打倒一切"，必然会脱离实际，给党和人民带来更大的伤害。三是歪曲"实践论"以达到否定"物质本体论"的目的。实践的观点是马克思主义哲学首要的基本观点，坚持物质本体论是马克思主义哲学区别于唯心主义的重要特征。实践的重要性不言而喻，但如果不尊重"物质本体"的客观前提，而一味强调实践，往往会把人们的实践观念引向自发实践，用个人实践否定社会实践，用利己实践否定利他实践，会造成科学的实践不被人们所接受，而错误实践观却融入了人们的日常生活。

可能产生这种现象的原因很多，但在根本上应该与缺乏理论彻底性和实践坚定性密切相关。缺乏马克思主义完整世界观（特别是辩证唯物主义和历史唯物主义）的坚定信仰和实践锻炼，就难以准确把握时代特征的变化，掌握引领时代的本领，以至于在时代发展面前显得力不从心。在现实矛盾和问题面前抓不住根本、认不清问题的本质、提不出解决问题的办法，容易看重了其中一个问题而忽视了与其相互依存的对立面，把握不住客观尺度，在各自的主张中走向极端。

因此，在马克思主义大发展大繁荣的关键时期，更应该筑牢哲学根基，始终坚持辩证唯物主义和历史唯物主义的基本立场、观点和方法，从而保证理论创新与实践创新沿着正确的方向和道路行稳致远。习近平总书记指出："马克思主义理论的科学性和革命性源于辩证唯物主义和历史唯物主义的科学世界观和方法论，为我们认识世界、改造世界提供了强大思想武器，为世界社会主义指明了正确前进方向。"[1] 只有真正懂得并运用历史唯物主义的基本原理和方法，在发展中立足现实，坚持实事求是、一切从

---

[1] 习近平.学习马克思主义基本理论是共产党人的必修课[J].求是，2019，（22）.

实际出发，坚定人民群众的根本立场，才能明确自己前进的方向，树立起时代的意识和眼光；才能面向未来，不满足于现状、永不停息、不懈追求，把目光放在长远，始终保持先进性和革命性的意识，不断开辟新道路、引领新发展。只有懂得并运用辩证唯物主义，把马克思主义科学性与革命性统一起来、阶级性与人民性统一起来、经典性与时代性统一起来、理论与实践统一起来、真理观与价值观统一起来，才能针对不同历史时期的时代主题、主要矛盾、主要任务和面临的挑战，不断制定出新举措、采取新办法，从而总结出新经验、概括出新观点、提炼出新论述，更好地阐释时代特征、精神面貌、主要任务和奋斗目标，解决时代的难题、解答时代的困惑，推动社会历史不断向前发展，才能进一步丰富和发展马克思主义。

可以说，掌握和运用马克思主义哲学是我们工作制胜的"看家本领"，是认清方向和道路、把握客观规律的"望远镜"，也是深刻认识和把握事物本质的"显微镜"，是我们党攻坚克难、永葆先进、引领时代发展，正确认识世界和改造世界的强大思想武器。党的十八大以来，以习近平同志为核心的党中央坚持运用辩证唯物主义和历史唯物主义观察和解决问题，以全新的视野深化对共产党执政规律、社会主义建设规律、人类社会发展规律的认识，增强工作的原则性、系统性、预见性、创造性，提出了一系列重大举措，科学回答了中国之问、世界之问、人民之问、时代之问，在指导新时代伟大实践中丰富和发展了马克思主义，取得一系列重大理论创新成果，集中体现为习近平新时代中国特色社会主义思想，实现了马克思主义中国化时代化新的飞跃，开辟了马克思主义中国化时代化新境界。在当代中国，坚持和发展习近平新时代中国特色社会主义思想，就是真正坚持和运用辩证唯物主义和历史唯物主义，就是真正坚持和发展马克思主义。

重探理论与实践相统一的本质及趋势①

庄文城

人们在理论与实践辩证统一的问题上有较为普遍的共识，但也存在抽象地谈论理论与实践相统一，而不具体、历史地谈论什么样的理论与什么样的实践相统一的问题。这往往会造成科学的理论不被人们的实践所接受，人们或者用错误实践观去抵制科学理论，或者用僵化的教条理论操弄实践，导致科学理论无法得到进一步丰富和发展，造成错误思想成为人们的信仰、错误实践观融入了人们的日常生活。中国特色社会主义进入新时代，更需要在科学把握人类社会发展规律和趋势的前提下，正确理解理论与实践相统一的基本问题，做到正本清源、厘清是非，更好地找准我们进一步前进发展的出发点和落脚点。

习近平在党的二十大报告中指出："实践没有止境，理论创新也没有止境。不断谱写马克思主义中国化时代化新篇章，是当代中国共产党人的庄严历史责任。"② 理论和实践及其关系问题在人类思想史上居于重要地位，不管是中国古代哲学，还是从古希腊哲学到德国古典哲学，都对这一重要问题进行了哲学思考，并相应产生了各种强调理论、理念、思辨、逻辑等优先，追求"永恒"和"必然"的形而上学，即理论哲学或思辨哲学，也产生了各种强调实践、伦理、技术等优先，重在于"行"，追求个人完善和善治的哲学，即实践哲学或道德哲学。尽管各种理论哲学、传统实践哲学和旧唯物主义哲学不是科学的世界观，但许多著名思想家，特别是各个时期维护统治阶级利益的思想家，也都力求理论与实践相统一，如黑格尔的"历史与逻辑相统一"、康德的"实践理性"、中国古代哲学的"知行合一"等。而马克思既对理论哲学进行批判，把理论与现实的关系进行了颠倒，从理论世界回归现实世界；也对传统实践哲学进行批评，从个体实践或部分人实践拓展到社会实践，把追求部分人解放拓展到追求全人

---

① 本文已发表于《中国社会科学院大学学报》2023年第2期，原文题目为"重探理论与实践相统一的本质及趋势"。作者：庄文城，北京第二外国语学院马克思主义学院院长、教授。
② 习近平.高举中国特色社会主义伟大旗帜　为全面建设社会主义现代化国家而团结奋斗：在中国共产党第二十次全国代表大会上的报告［M］.北京：人民出版社，2022：18.

类解放。同时，马克思创立了历史唯物主义，在人类社会历史发展规律和趋势中，具体论述彻底的理论与自觉的实践相统一。马克思指出："批判的武器当然不能代替武器的批判，物质力量只能用物质力量来摧毁；但是理论一经掌握群众，也会变成物质力量。理论只要说服人（adhominem），就能掌握群众；而理论只要彻底，就能说服人（adhominem）。"① 本文针对当前学界讨论的理论与实践相统一的问题，坚持历史唯物主义的基本原理和方法，围绕"什么是理论与实践相统一、怎么实现理论与实践相统一、理论与实践相统一的发展规律和趋势"等进行论述，以更好地理解和把握党的二十大所强调的"继续推进实践基础上的理论创新"。②

一、理论与实践辩证统一是人类社会历史发展的必然趋势

理论与实践相统一作为一种理想的状态，是维护阶级统治和社会稳定的重要前提。但是，谈论理论与实践相统一并不是马克思主义的独特追求，在阶级社会，统治阶级也会极力打造出一套完整的思想理论体系，把统治阶级的意志、实践活动和广大群众所能接受的愿景结合起来，为统治阶级所需要的实践方式进行合理化解释和建构，力求理论与实践的统一。比如经济人假设理论就钟情于探讨资本主义的实践关系，而唯心主义的集大成者——"黑格尔的原则，即理性与现实的统一和自身作为本质与实存的统一的现实"③。因此，怎么正确理解和把握理论与实践的辩证统一关系，值得我们再次进行深入探讨。

（一）理论与实践之间相统一的趋势促进人类社会发展

马克思在《关于费尔巴哈的提纲》中指出："全部社会生活在本质上是实践的。"④ 实践是人们为了满足自身的需要能动地认识世界和改造世界的物质性活动。每个人都有一定的物质和精神生活的需要，为了满足这些需要，人们必须有意识地认识世界和改造世界。认识世界和改造世界的实践活动，必定是与一定的目的、意识和计划密切相关的，才能在实践中取得成效、促进发展。而目的、计划和意识越科学、越系统，越能推动实践向前发展，这种科学化、系统化的意识必然逐渐成为一种理论体系。因此，处在一定社会群体中的个人，他所从事的实践活动必然与受到一定社会意识制约而形成的个体意识密切相关，每个阶级和利益群体所进行的实践活动也必然与这个阶

---

① 马克思恩格斯选集（第1卷）[M].北京：人民出版社，2012：9-10.
② 习近平.高举中国特色社会主义伟大旗帜 为全面建设社会主义现代化国家而团结奋斗：在中国共产党第二十次全国代表大会上的报告[M].北京：人民出版社，2022：18.
③ [德]卡尔·洛维特.从黑格尔到尼采：19世纪思维中的革命性决裂[M].李秋零，译.上海：三联书店，2006：125.
④ 马克思恩格斯选集（第1卷）[M].北京：人民出版社，2012：135.

级和群体的意识（理论体系）密切相关。人们的意识（理论）越正确，越能适应实践发展的需要，就越能够推动实践活动取得成效，促进社会进步发展；反之，如果以理论为中心，或者只讲实践漠视理论，则理论难免与实践相背离，成为前进的障碍。当理论与实践相脱离的时候，为了促进发展，人们必然要对理论问题和实践问题进行反思，厘清到底是理论的错误，还是实践的盲目，并进行必要的变革和调适，促进实践创新和理论创新，从而推动理论和实践再一次相统一。因此，从根本上讲，是理论与实践相统一的趋势促进人类社会不断地向前发展。

（二）理论与实践之间相统一是一种什么样的"统一"

随着人类社会不断变化发展，现实中一个接着一个的问题和矛盾，以及诸多偶然性和不可抗因素的干扰，确实也难以让人感受到理论与实践的完美统一。这也是今天有人嘲笑理论、忽视理论学习而成为实用主义者（实证主义者），或者以理论为本本怀疑我们今天所进行的伟大实践而成了理论中心主义者的重要原因。有一些西方学者甚至认为理论和实践存在固有的冲突，不可能真正实现统一，如英国学者佩里·安德森说："对任何可能的历史学来说，在知识和行动、理论和实践之间，总会有一种固有的分裂。"[①] 虽然这种观点我们并不认可，但是他们提出的问题是我们需要面对的挑战。这种挑战至少有以下三个方面。一是过去与未来的矛盾问题。理论是对过去的总结，而实践是要开创未来。二是理想与现实的矛盾问题。理论一般具有系统性和理想性，而实践是具体的、现实的。三是少数与多数的矛盾问题。理论一般只有少数人能够掌握，而实践是多数人的实践。如果这些问题能够解决，从而把理论和实践相统一，那么应该是一种什么样的"统一"？如果把"统一"理解为完全一致，这貌似很美好，却脱离了实际：或者用理论操弄行动，即用领导者意志操纵群众行动；或者用行动支配理论，即理论沦为某些盲目行动的辩护工具。因此，要打破这种认识误区，必须遵循理论与实践的本性：一是实践具有根本性，理论来源于实践，在实践中不断地丰富和发展，并且需要接受实践的检验；二是理论具有相对独立性，它从过去的实践中总结概括出本质和发展规律，为进一步的实践指引方向、开辟道路。因此，科学的理论与自觉的实践是相互作用、相互促进的，不能把它们简单"合二为一"。它们应该是有对立的统一、是有"内在紧张"的统一、是运动变化发展中的统一，在旗帜、立场、道路、使命、方向和情怀等方面具有一致性，从根本上讲就是辩证统一。

---

① [英]佩里·安德森.西方马克思主义探讨[M].高铦，文贯中，魏章玲，译.北京：人民出版社，1981：136.

（三）理论与实践之间的辩证统一是怎么实现的

这个问题可能比我们想象的要复杂，而且往往思考是一回事，在实践中又是另一回事。甚至在许多伟大的历史人物那里，也避免不了在理论与实践相统一的问题上犯错误。而指责他人理论与实践不一致的人，也并不一定就是理论与实践相统一者。甚至在同一问题上，主张完全相反的人，都认为自己才是理论与实践相统一者。我们至少可以从以下三个方面把握二者相统一的基本原则。

其一，要坚持历史唯物主义，从人类社会历史发展的总体趋势上把握二者之间的统一。理论与实践如果是违背历史发展规律的统一或者是停滞不前的统一，这种"统一"的结局必然是理论与实践的分裂。只有主动适应人类社会历史发展的规律，着眼于人类社会主要矛盾，根据生产力与生产关系、经济基础与上层建筑辩证统一原理，运用历史分析方法、阶级分析方法、社会基本矛盾分析方法、群众路线分析方法等，结合不同历史时期的时代特征、民族特征、具体的国情社情民情，寻找理论与实践的结合点，提出推动人类社会不断向前发展的举措，在前进中不断寻找新的出路，理论与实践才能始终保持统一的趋势，人类社会历史发展才能有生机和活力。同时，是否坚持历史唯物主义，也是衡量理论与实践是否相统一的标准。

其二，要坚持唯物辩证法，在运动、变化和发展中把握二者之间的统一。要克服两种错误的观点：一是用实证主义的方法把握理论与实践的关系，这会导致二者之间的关系凝固化、教条化，从而弱化实践的活力和理论的生命力；二是用唯心主义的方法，即使用唯心主义的最高成就——黑格尔的唯心主义辩证法把握理论与实践的关系，"把实践矛盾还原为概念的内在规定性，以概念的自我发展展示历史的内容，以逻辑包容历史。尽管黑格尔预设了历史的终结，让逻辑站在历史的制高点上'回溯'（'反思'）历史，用'向后看'的方式面对已经成为现实因而也是较为单一的历史，但历史还是不可遏制地'溢出'其概念体系并最终导致了黑格尔哲学的解体"。[①] 突破现存、走向未来是实践的本性。实践有强度上的区别，但不可能是静止的，而是绝对运动变化发展与相对静止的统一。这决定了人们必须在运动变化发展中把握二者之间的统一，实践客观上在不断变化发展，理论也要不断出新。理论与实践处于不断地运动变化发展中，因此，二者在运动中相互结合的环节上必然会有"缝隙""缺位"或者"跳跃"，引起理论和实践的"紧张感"和"危机感"。应在消除"紧张感"、化解"危机感"中为理论与实践之间磨合、纠错和调适机制预留空间，推动实践创新和理论创新，促进二者在"紧张感"和"危机感"中不断走向统一。

---

① 侯惠勤.试论马克思主义理论的"内在紧张"[J].中国社会科学, 2007, 3: 55.

其三，只有先进性与革命性相统一的阶级及其政党才能成为理论与实践相统一的践行者和推动者。实践是指向未来的，理论也只有揭示未来发展的规律和趋势，二者才能保持相统一的趋势，而面向未来推动人类社会历史发展的只有先进性与革命性相统一的阶级及其政党。马克思说："一切固定的僵化的关系以及与之相适应的素被尊崇的观念和见解都被消除了，一切新形成的关系等不到固定下来就陈旧了。"[①]落后的、腐朽的阶级及其政党固守其狭隘的既得利益，面向未来的勇气是有限的，最多也只是在不打破现存利益格局和体制的前提下进行必要改良。而这种改良不是为了推动人类社会历史发展，不是为了全人类解放，而是为了更好地维护自身狭隘的既得利益。也许有的阶级及其政党曾经是革命的、先进的代表，但当他们占据统治地位后，为了维护自身利益，会丧失其先进性。这样的先进性是有限的、不彻底的，奴隶主阶级、地主阶级如此，资产阶级也是如此。只有当一个阶级认识自身就意味着认识整个社会，当一个阶级要维护自己的权利就必须维护整个人类的权利时，理论的革命功能和实践的革命功能才能实现，理论和实践才能统一。无产阶级只有解放了全人类才能最终解放自己，代表了人类社会历史发展的未来，只有无产阶级才是最先进、革命最彻底的阶级。只有接受先进性与革命性相统一的理论体系的指导，其阶级意识被唤醒，立足现实、面向未来、勇于创新、勇于实践，无产阶级及其政党才能够始终成为理论与实践相统一的组织者、推动者和践行者。

（四）理论与实践相统一过程中理论属性和实践属性的变化与人类社会历史发展进程的关系

随着生产工具不断改进和生产力不断发展，人们与生产工具的结合方式不断变化发展，人们的社会实践活动及其在实践活动中所结成的人与人之间的关系也在不断演变，这促进了社会关系的变化发展和人类社会制度的更替。可以说，社会制度的变化，是人与人之间实践关系变化所引起的。实践关系的变化与实践方式的变化密切相关，实践方式的变化是由生产工具的改进和发展所决定的，而生产工具的改进和发展正是生产力发展的体现。不同社会历史时期的区别，不在于有没有"实践"、需不需要"实践"，而在于"实践关系"。随着生产力的发展，人们的实践关系在不断变化发展，理论的属性也在不断变化发展，理论属性与实践属性的变化趋势与人类社会历史发展的趋势是相一致的。

其一，生产力的发展引起人们实践关系的变化。随着生产力的不断发展，人与人之间的实践关系也不断地出现新的变化。根据不同社会的基本特征，笔者认为人类实

---

① 马克思恩格斯文集（第2卷）[M]. 北京：人民出版社，2009：34.

践关系经历了朴素的盲目实践关系（原始社会初期）—朴素的自觉实践关系（原始社会中后期）—没有人身自由的实践关系（奴隶社会）—人身依附的实践关系（封建社会）—摆脱人身依附的自由主义的实践关系（资本主义社会）—每个人自由而全面发展的自觉的实践关系（社会主义社会和共产主义社会）的发展过程。在原始社会，人们的劳动是为整个部落或者氏族的共同利益而劳动；在奴隶社会，奴隶完全为奴隶主的私人利益而劳动；在封建社会，农民劳动的前提是租种地主的土地，他们既要为自己也要为地主劳动；在资本主义社会，人们为自己的私人利益而劳动；而在社会主义社会和共产主义社会，人们自觉为集体、为大家劳动，特别是到了共产主义社会，劳动成为人们生活的第一需要，是为人类社会谋福利的劳动。

其二，实践关系的变化决定了理论属性的演变。为了适应生产力发展的需要，适应人类实践关系不断变化发展的实际，理论也在不断地演变。在人类社会历史领域，唯心主义和唯物主义是哲学的两个基本派别，也是两种根本对立的世界观。首先，从总体上看，唯心主义占据了人类社会历史发展的大部分时期，而马克思创立历史唯物主义至今也不过170多年，历史唯物主义登上政治历史舞台，在实践中引领人类社会历史发展至今还不到110年（以1917年俄国十月革命为标志）。其次，从发展趋势上看，随着生产力的不断发展，人们认识自然、改造自然的能力不断提高，自然也逐渐从自在自然向人化自然转变，自然界逐渐被赋予了人类文明的特征，并为人类生产生活服务，人们也从对自然界神秘力量的崇拜中逐渐认识到了自然的本质及其规律。这样的变化引起了人们思想领域的变化发展，从原来相信神和上帝创造历史，到逐渐地把这种力量赋予个别杰出英雄人物，到认为每个人都是自己的英雄，再到主张不是神和上帝、不是个别英雄人物，也不是独立的个人创造历史，而是人民群众（群体中的自我）创造历史。可以说，在人类社会历史发展进程中，随着实践关系的变化发展，理论属性也在不断变化发展。

（五）什么样的理论属性与什么样的实践属性才能保持相统一的趋势

衡量理论与实践是否统一，关键应看是否能够促进生产力不断向前发展、是否能够满足人民群众的愿望、是否有利于促进社会稳定发展。人类社会历史是逐步从落后走向发达、从低级社会形态走向高级社会形态、从愚昧走向科学、从必然王国走向自由王国的发展进程。这一发展过程是理论属性和实践关系不断变化发展的过程，也是不断革命化和科学化的过程。可以说，科学性与革命性相统一的理论属性和实践属性是确保理论与实践相统一的根本特征和要求，而这种统一应该是一个相比较的过程，是新的实践关系比旧的实践关系更具有科学性和革命性、新的理论体系比旧的理论体系更具有科学性和革命性的历史过程。比如，自由主义理论体系本质上是唯心主义学说，它并不是科学的、革命的理论体系，但是相对于宗教神学，虽然它们都是唯心主义学说，其科学性与革命性向前迈进了一步。自由主义理论学说所宣扬的经济人假设、资源稀缺假设、保护个人产权假设、利润最大化原理、供求原理和等价交换原理等，与资本主义为个人谋利益的自由主义实践关系相适应，尽管这种适应性和统一性是暂时的、阶段性的，甚至是欺骗性的。

随着人类社会不断发展，必然会实现具有科学性、革命性、先进性与崇高性的理论体系与人们的自觉实践（为人类社会谋福利的实践活动）相统一，但这种统一不是绝对的统一，而是朝着绝对统一方向发展的相对统一。这也是人类社会进入共产主义社会所追求的理论与实践相统一，马克思指出："在共产主义社会高级阶段，在迫使个人奴隶般地服从分工的情形已经消失，从而脑力劳动和体力劳动的对立也随之消失之后；在劳动已经不仅仅是谋生的手段，而且本身成了生活的第一需要之后；在随着个人的全面发展，他们的生产力也增长起来，而集体财富的一切源泉都充分涌流之后，——只有在那个时候，才能完全超出资产阶级权利的狭隘眼界，社会才能在自己的旗帜上写上：各尽所能，按需分配！"① 那时，劳动（实践）成为人们生活的第一需要（而不仅仅是谋生的手段），成为一种自觉地为人类社会发展、为每个人自由而全面发展而进行的劳动。而马克思主义正是与这种实践关系相一致的理论体系，是引领人们朝着共产主义实践关系方向发展的科学理论。

二、唯心主义与旧唯物主义在理论与实践相统一问题上的局限性

唯心主义与旧唯物主义学说纷繁复杂，我们难以对它们一一进行分析，这里我们选择以黑格尔哲学和费尔巴哈哲学为例，阐释它们在理论与实践相统一问题上的局限性。这是因为这两个学说代表了唯心主义和旧唯物主义的最高成就，批判它们的不足、继承其合理因素，也是马克思创立历史唯物主义的关键前提。

（一）黑格尔辩证法在理性与现实的统一中找不到面向未来的出路

为什么说黑格尔的辩证法代表了唯心主义学说的最高成就？用恩格斯的话来说，就是为什么"这种近代德国哲学在黑格尔的体系中完成了"。② 克朗纳对德国古典哲学的一个经典性概括充分体现了黑格尔哲学的成就："在康德的场合中，思想回转而反于自身，以于自身中（即自我中）发现世界之基础。在费希特的场合，思想于自我之基础之上发现上帝。于谢林的场合中，思想倾向于略过自我而于世界之中直接地寻找上

---

① 马克思恩格斯选集（第3卷）[M].北京：人民出版社，2012：364-365.
② 同上，398。

帝……在黑格尔的场合中，思想终于要透过绝对的或神性的自我去建造这世界或这种种世界。"① 黑格尔哲学改进了康德哲学的不足，终结了近代西方哲学以主体性为最高原则的内在化发展路向，恢复了哲学与时代精神之间的本质联系，重建了主观性与客观性的统一，使哲学获得了全新的自我理解，为哲学在马克思那里转入全新道路奠定了理论基础。这主要包括两个方面：一是革命的批判的辩证法，二是理性与现实同一的原则。

但是，黑格尔的辩证法为什么找不到进一步发展的出路？因为黑格尔辩证法是以理论为中心的逻辑辩证法，用"回溯历史"的方式阐释历史与逻辑之间的统一。因此，在理性与现实的问题上，理性必然要屈从于已经成为事实的历史，用概念辩证法包容历史，这是理论对现存世界的妥协，把现实矛盾概括为逻辑的内在规定性，用逻辑解释历史、包容历史，甚至是玩弄历史。如果是这样，理论就只能成为观赏性的艺术品，用马克思的话说，只能成为"解释世界"的方式，② 以至于理论只能就"白天"发生的事情，在"晚上"好好帮忙解释一番。但是，历史不可能停留，而是不断向前发展的，这也是人们需要科学理论的根本原因。而黑格尔哲学在解释历史的同时无力面向未来，不能成为人们"改造世界"、开辟新道路的根本思想武器。可以说，黑格尔辩证法的立足点在理论自身，用概念辩证法去面对历史，把全部历史现象纳入其理性逻辑的范畴。因此，黑格尔辩证法跳不出唯心主义的围墙，也就是马克思所说的，"辩证法在黑格尔手中神秘化了"。③

（二）费尔巴哈的哲学思想没有提出代表人类发展方向的实践观

虽然费尔巴哈是不彻底的唯物主义者，但他的哲学思想代表了旧唯物主义哲学的最高成就，也是马克思批判和继承黑格尔辩证法从而创立辩证唯物主义和历史唯物主义的过渡环节。马克思创立辩证唯物主义是沿着费尔巴哈批判黑格尔的方向继续向前走的，完成了费尔巴哈没有完成或者完成不彻底的任务。马克思、恩格斯对费尔巴哈的评价是很高的，他们说："我们这些意见正是针对费尔巴哈的，因为只有他才至少向前迈进了一步，只有他的著作才可以认真地加以研究。"④ 而恩格斯在《路德维希·费尔巴哈与德国古典哲学的终结》中阐明了费尔巴哈不仅"终结"了德国古典哲学，也为这一哲学的转型指明了"出路"。费尔巴哈至少在以下四个方面具有突出的贡献。一是建立了人本唯物主义哲学体系，解决了哲学的基本问题和研究对象。马克思说，"诚

---

① ［德］里夏德·克朗纳.论康德与黑格尔［M］.关子尹，编译.上海：同济大学出版社，2004：19.
② 马克思恩格斯选集（第1卷）［M］.北京：人民出版社，2012：136.
③ 马克思恩格斯选集（第2卷）［M］.北京：人民出版社，2012：94.
④ 马克思恩格斯选集（第1卷）［M］.北京：人民出版社，2012：143.

然，费尔巴哈与'纯粹的'唯物主义者相比有很大的优点：他承认人也是'感性对象'"。①也就是说，费尔巴哈研究唯物主义没有忽视人，把人这一主体纳入唯物主义的视野。二是对唯物主义认识论的创立具有重大贡献。坚持了唯物主义反映论和可知论，强调了感性和理性在认识中的作用，指出了实践在认识中的作用，尽管他所说的实践是日常生活实践（为市民谋利的实践，具有功利性），不同于马克思的社会实践（为人类社会谋利的实践，具有普遍性）。三是为马克思唯物主义的创立提供了"基本内核"。坚持物质第一性、精神第二性的基本原理，把黑格尔辩证法颠倒过来，恢复唯物主义的权威，坚持可知论、反对康德的不可知论，坚持反映论、反对先验论。四是对宗教神学和唯心主义的批判达到了新的水平。深刻揭露了宗教神学与唯心主义的"血缘关系"，指出了"黑格尔哲学是神学最后的避难所和最后的理性支柱"。②

因此，我们不能轻率地认为费尔巴哈不懂实践。他说，"唯心主义的根本错误在于：它只是从理论的角度提出并解决关于客观性和主观性的问题、世界的现实性或非现实性的问题"③，指出了唯心主义者只是从理论的角度而没有从实践的角度去阐释客观性与主观性、现实性与非现实性的问题。这说明费尔巴哈也看到了实践在现实生活中的作用，看到了实践对认识的作用。今天我们许多人在批判费尔巴哈不懂实践的同时，却掉进了费尔巴哈所蔑视的庸俗的实践中，比如崇尚金钱名利的实践观、追求个人利益最大化的实践观、沉迷于日常生活的实践观、为了不犯错而不作为的实践观等。正因为费尔巴哈看到了日常生活中实践的功利性，认为如果简单地用功利性的实践去检验真理性的理论，那不仅不能检验理论，反而是对理论的一种伤害，这才造成费尔巴哈在理论与实践问题上更加看重理论的真理性。

而费尔巴哈在处理这一问题上的不足，表现为他在看到实践的功利性的同时止步不前，或者说是在实践观的问题上屈从于现存社会，屈从于当权的资产阶级政权，无法将真理性的认识运用于实践观改造，提出为广大人民群众谋福利的、代表人类社会前进方向的社会实践观。在这一点上，费尔巴哈与黑格尔的本质是一样的，马克思在《关于费尔巴哈的提纲》中写道："费尔巴哈想要研究跟思想客体确实不同的感性客体，但是他没有把人的活动本身理解为对象性的（gegenständliche）活动。"④人们不能自由选择生产力和生产关系，因此，"对象性的感性活动"是不以人的意志为转移的，是一种普遍性的、需要人们通过真理性的认识才能理解并自觉进行的活动。费尔巴哈无法

---

① 马克思恩格斯选集（第1卷）[M].北京：人民出版社，2012：157.
② 费尔巴哈哲学著作选集（上卷）[M].上海：三联书店，1959：115.
③ 同上，526。
④ 马克思恩格斯选集（第1卷）[M].北京：人民出版社，2012：137.

将真理性的理论（唯物主义）运用于对实践的认识，提出一种改造现存世界的新实践观。而实践是人的实践，是人类社会历史发展的动力，这就决定了费尔巴哈无法将唯物主义运用于人类社会历史领域。他在自然（主要是"自在自然"）领域是唯物主义者，而在人类社会历史（主要是"人化自然"）领域则成为唯心主义者。这也决定了他在唯物主义的道路上只走了一半，只能成为一个不彻底的唯物主义者，或者半截子的唯物主义者。诚如马克思、恩格斯所说："当费尔巴哈是一个唯物主义者的时候，历史在他的视野之外；当他去探讨历史的时候，他不是一个唯物主义者。在他那里，唯物主义和历史是彼此完全脱离的。"① 而费尔巴哈的悲剧，至今仍是困扰许多人的"理论怪圈"，这是资本主义向社会主义过渡过程中客观存在的时代问题，解决这一问题的出路在于坚持彻底的理论（马克思主义基本原理）与自觉的实践（具体实际）相结合。

三、理论彻底性与实践自觉性相统一是马克思主义的重要特征

马克思批判了黑格尔唯心主义哲学无法立足现实、面向未来，吸收了辩证法的"合理内核"，批判了费尔巴哈哲学的形而上学性，吸收了唯物主义的"基本内核"，把唯物主义和辩证法有效结合起来，以物质世界特别是人类社会为对象，以揭示其中的本质和规律为核心，以改造旧世界、建设新世界为根本目的，创造了新唯物主义。与过去一切旧学说相比，它不仅是理论与实践相统一，而且是彻底的理论与自觉的实践相统一。

（一）马克思主义是彻底的理论体系

马克思主义的产生是人类思想史上最伟大、最深刻的变革，它是彻底的唯物主义，它的彻底性在于它是唯物论和辩证法的有机结合，是历史唯物主义和历史辩证法的有机结合。列宁认为，"马克思的哲学是完备的哲学唯物主义"，"马克思的历史唯物主义是科学思想中的最大成果"。② 马克思主义的彻底性主要表现在科学性与革命性相统一、严密性与完整性相统一。

从广度上看，马克思主义是完备的、没有任何死角的唯物主义哲学。这一理论体系以自然科学和社会科学的最高成就为基础，描绘了整个物质世界的科学图景，涵盖了自然界、人类社会和人类思维的所有领域，并把它们有机地联系在一起，促进了唯物主义自然观、社会历史观和人生观的有机统一，促进了个体与类、个人与社会的有机统一。

---

① 马克思恩格斯文集（第1卷）[M]. 北京：人民出版社，2009：530.
② 列宁选集（第2卷）[M]. 北京：人民出版社，2012：311.

从深度上看，马克思主义抓住了事物的根本，抓住了物质世界的本质和规律，为人们解答了世界的本质是什么、世界是怎样存在的、如何正确认识世界、如何正确改造世界这些根本性问题，合理解释了原因与结果、偶然与必然、特殊与普遍、现象与本质、内容与形式、现实与可能之间的关系。

从过程上看，马克思主义使过去以理论为中心的运动变化和发展向现实和实践的运动变化和发展回归，从人们的实践活动过程中总结过去的经验和规律，立足现实、面向未来，不断地开辟新道路，合理解释了理想与现实、传统与现代、解释世界与改造世界之间的关系。

从主体上看，马克思主义不是代表个别人或少数人的狭隘利益，而是代表无产阶级和广大人民群众的根本利益。它的立足点不是代表部分人利益的市民社会，而是代表全人类利益的"人类社会或者社会的人类"，强调无产阶级只有首先解放全人类才能解放自己，为了实现每个人自由而全面的发展，从而实现了人民性与阶级性、党的领导与人民当家作主、民主与集中的有机统一。

（二）马克思主义实践观强调自觉的无产阶级实践

与马克思主义实践观不同的有思辨（唯心主义）的实践观和直观（费尔巴哈式）的实践观。思辨的实践观把实践纳入思辨的范畴，主张实践为思辨服务，甚至因个人需要用思辨裁剪实践，从而造成两种后果：一是美化实践，用思辨哲学对已成事实的实践进行修整美化，目的是从过去寻找理性与现实的统一，从而取悦统治阶级；二是夸大实践的自觉性，把预想的人类社会未来的实践纳入思辨范畴进行描绘和设计，这就夸大了理论的作用，夸大了主观能动性的作用，贬低了客观规律的制约性，排斥经验和日常生活，脱离群众、脱离现实，是一种盲目的革命创造。直观的实践观把每个人日常生活中所从事的实践活动视为实践总体，没有看到这些具体的实践形式背后共同的、普遍的实践，没有看到每个不同个体的具体实践中有一个共同的"指挥棒"，没有看到每个人的实践都不是可以随意选择的背后因素，而把实践视为人们自发的、自利的、个人的行为，这种实践的唯一追求就是个人利益最大化，这样的实践观是利己主义和个人主义的实践观。

而马克思把实践的直接现实性和普遍性有机地结合起来，认为实践是对客观存在的事物进行改造的活动，制约实践活动的不是人的意志，而是客观的物质条件，这将其实践观与一切唯心的实践观区别开来。同时，马克思没有停留在实践的直接现实性上，他还深刻认识到具体实践形式背后共同的、普遍的实践形式，在个别实践中看到人类共同的实践，揭示了人类实践的趋势。马克思的实践观关注的是人类社会实践，是共同的、普遍的实践，这种实践"内含着对于理论的需求，因而是自觉的，以崇高的理想追求为目标的；内含着现实普遍利益即人民大众利益的价值导向，因而是革命的，批判的；内含着把个人有限性投入无限的人类解放事业并从中获得生命永恒价值的人生导向，因而是积极的、向上的"。①

那么，谁能够代表人类实践的未来，既反映实践的直接现实性又体现实践的普遍性？马克思、恩格斯等经典作家和无产阶级领导者深入分析了地主阶级、资产阶级、小资产阶级、农民阶级、知识分子等不同阶级和利益群体的特点，厘清了革命阶级和人类利益的关系，认为只有革命阶级本身的要求和权利真正成了社会本身的要求和权利，它才能和整个社会密切联系在一起，才能成为社会普遍利益的代表。而众多的阶级和利益群体或许曾经是革命阶级，但是只有无产阶级的革命才是最彻底的，因此只有无产阶级才能够长久地代表全人类的普遍利益。因为无产阶级没有任何生产资料，只有首先解放全人类才能够解放自己。

因此，只有立足无产阶级利益的实践，才能代表人类社会的未来，才能把个人的实践与人类社会实践紧密结合起来，才能在琐碎的、零散的、具体的日常生活实践中找到共同的奋斗目标，找到凝聚力量、汇聚共识的核心灵魂，既反映实践的直接现实性又体现实践的普遍性。可以说，把实践引入哲学并非马克思首创，他的独特贡献在于发现了无产阶级实践是推动人类社会继续前进的社会实践形式。当然，人类社会实践的形式是多种多样、丰富多彩的，我们不能放任代表狭隘的个人利益的实践挤压无产阶级的实践，也不能用泛政治化的运动把无产阶级的革命实践单一化、绝对化，弱化无产阶级革命实践的生机和活力。

四、马克思主义与无产阶级的自觉实践统一于共产主义运动

马克思主义是彻底的理论体系，自觉的无产阶级实践是人类社会实践的最高形式，二者因人类社会发展到一定阶段的相互需要而产生，因前进中的对立和统一而不断丰富和发展。它们统一于共产主义运动，从而共同推动人类社会不断向前发展，促进全人类的解放，实现共产主义的崇高社会理想。邓小平曾深刻指出："列宁之所以是一个真正的伟大的马克思主义者，就在于他不是从书本里，而是从实际、逻辑、哲学思想、共产主义理想上找到革命道路，在一个落后的国家干成了十月社会主义革命。"②

---

① 侯惠勤. 侯惠勤自选集［M］. 北京：学习出版社，2012：217.
② 十月革命作为共产主义运动的一种形式，它的成功来自实践（实际）、方法（逻辑）、理论（哲学思想）、理想（共产主义）的相互统一，而不是"书本"。这也说明了理论的彻底性与实践的自觉性是衡量一个马克思主义者的重要标准。

（一）彻底的理论和自觉的实践是人类社会发展到一定阶段的产物

我们经常说实践是理论的来源，这句话无疑是对的，但如果简单地用先后顺序理解为先有实践再有理论，那无疑是片面的。二者应该是在相互需要、相互结合的过程中产生和发展的。从时间上说，彻底的理论与自觉的实践是同一个时代的产物。在马克思和恩格斯生活的时代，资本主义生产方式已经有了相当的发展，资本主义生产方式带来了社会化大生产的迅速发展，同时，带来了社会两极分化和周期性的经济危机，造成资产阶级和无产阶级之间的矛盾日益尖锐和工人运动的兴起。无产阶级在反抗资产阶级的压迫和剥削的斗争中，逐步走向自觉，迫切需要科学理论的指导。面对这一新的时代课题，资产阶级思想家们基于其阶级立场竭力为资本主义现状做辩护，企图把这种现象合理化，因而依靠他们不可能解决社会尖锐的矛盾。时代课题和工人运动的召唤，使马克思和恩格斯这两位年轻的思想家成为新唯物主义的创立者。可以说，马克思主义的产生和无产阶级的自觉实践是资本主义发展到一定阶段因相互需要而产生的，是同一时代背景的产物。

（二）彻底的理论唤醒和推动无产阶级的自觉实践

纯粹直观的、自发的、个人的实践是为了实现个人利益的最大化[①]，可以凭个人经验、自由主义理论和物竞天择的理论指导实践。这种实践要么是简单重复的活动，要么是财富的积累与贫富差距的扩大并存。而无产阶级的革命实践是广大人民群众自觉地投身社会实践，自觉地把个人实践与人类社会实践相统一，与人类社会发展的大局和趋势相一致，是推动社会历史向前发展、不断开创历史新篇章的实践。这是自觉的、革命的、科学的实践活动，必须有彻底的、革命的理论作为指导才能唤醒无产阶级的自觉意识。恩格斯指出，"一个民族要想站在科学的最高峰，就一刻也不能没有理论思维"[②]，而列宁进一步指出，"没有革命的理论，就不会有革命的运动"。[③] 这里，列宁在"理论"和"运动"前面都加了"革命"，说明了无产阶级革命实践只能以先进的（彻底的、革命的）理论为指导。彻底的理论一经产生便具有科学性和超前性，从而具有指导性。我们在强调实践是检验真理的同时，还要强调科学理论对自觉实践的推动和指导作用。这种指导作用至少体现在以下四个方面。一是奠定现实基础。马克思主义与一切唯心主义和抽象玄学的根本区别就在于它的物质统一性和现实性，实事求是、一切从实际出发、具体问题具体分析、理论联系实际，在具体实践中检验和发展真理，这可以为人们自觉开辟新道路奠定现实基础。二是指明前进方向。马克思主义始终站

---

① 邓小平文选（第3卷）[M]．北京：人民出版社，1993：292．
② 马克思恩格斯选集（第3卷）[M]．北京：人民出版社，2012：875．
③ 列宁选集（第1卷）[M]．北京：人民出版社，2012：311．

在历史制高点,不满足于现状,坚定自己前进的根据和立足点,明确自己前进的方向,面向未来、永不停息、永不懈怠。正因为如此,马克思主义拥有了赢得民心、凝聚人心、永续前进的力量源泉。三是提供思想武器。辩证法是最完备、最深刻、最无片面性的关于发展的学说,能够准确把握时代主题,正确面对各种矛盾和挑战,并根据不同历史时期的时代主题提出不同应对之道,解决社会的难题、解答人们的困惑,推动社会历史不断地向前发展。四是找到开辟新道路的依靠力量。彻底的理论具有科学性、革命性和实践性,科学越是大公无私,就越符合无产阶级的利益,无产阶级也具有坚定的革命性和实践性,因此彻底的理论天然是无产阶级的理论。马克思指出,"哲学把无产阶级当做自己的物质武器,同样,无产阶级也把哲学当做自己的精神武器","德国人的解放就是人的解放。这个解放的头脑是哲学,它的心脏是无产阶级"。① 如果轻视理论,把理论从实践中排挤出去,就必然会否定规律、否定先进性、否定先进政党的作用,从而引发实用主义的自发性膨胀,导致实践走向庸俗和堕落。

(三) 无产阶级的自觉实践检验、丰富和发展理论

马克思主义是博大精深的理论体系,但它不可能穷尽一切真理,它的彻底性主要体现在揭示了物质世界的本质及发展规律,为人们认识问题、解决问题提供思想指南。应运用马克思主义把握不同时期的时代主题、主要矛盾、主要任务和主要挑战,制定出新举措、采取新办法,总结出新经验、概括出新观点、提炼出新论述,从而不断丰富和发展马克思主义,而不是把马克思主义的理论彻底性看作解决今天和未来实践问题的现成答案。马克思主义的创始人始终都是以这种科学的态度对待自己亲自创立的理论体系的,恩格斯反复强调马克思主义不是僵死的教条,而是发展着的理论、行动的指南、研究的方法。列宁指出:"马克思主义者必须考虑生动的实际生活,必须考虑现实的确切事实,而不应当抱住昨天的理论不放,因为这种理论和任何理论一样,至多只能指出基本的、一般的东西,只能大体上概括实际生活中的复杂情况。"② 毛泽东也指出:"马克思主义者不是算命先生,未来的发展和变化,只应该也只能说出个大的方向,不应该也不可能机械地规定时日。"③ 只有把马克思主义与具体实际相结合,才能推动马克思主义不断向前发展,并永葆强大的生命力。这里我们也要强调,马克思主义基本原理与不同国家的实际相结合所得出的答案并不相同,甚至完全相反。比如,马克思、恩格斯针对自由资本主义时期发达的西欧国家提出了"同时胜利论",列宁针对帝国主义时期落后的俄国提出"一国首先取得胜利论";俄国的革命道路是"城市包围

---

① 马克思恩格斯选集(第1卷)[M].北京:人民出版社,2012:16.
② 列宁选集(第3卷)[M].北京:人民出版社,2012:26-27.
③ 毛泽东选集(第1卷)[M].北京:人民出版社,1991:106.

农村",而中国的革命道路是"农村包围城市"。这是运用马克思主义基本原理根据当时的具体情况得出的具体结论,它不是否定而是进一步检验、丰富和发展了马克思主义理论。

总之,彻底的理论与自觉的实践是人类社会发展到一定历史阶段的产物。没有彻底的理论作为指导,实践就会因自发性的膨胀而走向庸俗堕落;而理论即使再彻底,如果离开自觉实践的检验、丰富和发展,也会变成僵化的教条主义学说。只要我们勇于结合新的实践不断推进理论创新、善于用新的理论指导新的实践,就一定能够让马克思主义在中国大地上展现出更强大、更有说服力的真理力量。

凝聚起实现民族复兴的思想伟力①

郑承军　张　迪

今天，我们比历史上任何时期都更接近、更有信心和能力实现中华民族伟大复兴的目标。时代的蓝图已经绘就，需要我们奋力践行。文化作为一个国家的根和脉，总是在润物细无声地提供着奋斗的不竭动力。纵观人类文明的发展，任何一个国家的强盛，背后总是以文化的兴盛作为支撑。因此，贯彻落实习近平文化思想，守护好中华民族的精神家园有着深远的意义。

2023年10月7日至8日，全国宣传思想文化工作会议在北京召开，会议在以往的基础上增加了"文化"二字，并首次提出了习近平文化思想。这充分说明，在实现中华民族伟大复兴的关键历史时期，文化工作至关重要。守护好我们的精神家园，凝聚起磅礴的思想伟力，将对各项事业的突破与发展起着强劲的支撑作用。中华民族历经数千年，精神家园中拥有丰富养料，不断给我们的灵魂予以滋养。

一、体用贯通践行马克思主义理论

进入近代以来，中华民族遭受了种种磨难，无数仁人志士在黑暗中寻求救国救民的方案。1917年，十月革命的一声炮响，给中国送来了马克思主义。以李大钊先生为代表的先进知识分子，首先看到了俄国十月革命所信奉的马克思主义理论在中国的适用性，进而对该学说进行研究、宣传。从此，马克思主义理论开始在中国大地生根发芽，中国共产党的成立更是将这一科学理论真正运用于实践，指引着中国的革命、建设和改革进程。

马克思主义理论引入中国不过百余年，但其对中国产生的影响却极为广泛而深远。马克思主义以唯物史观和剩余价值学说为基础，揭示了人类社会发展一般规律。作为认识世界和改造世界的思想理论武器，马克思主义自创立之初就明确了自身的人民立

---

① 本文已发表于2023年10月24日《深圳特区报》，原文题目为"凝聚起实现民族复兴的思想伟力"。作者：郑承军，北京第二外国语学院副院长、教授；张迪，北京第二外国语学院马克思主义学院讲师。

场，人民立场的树立为中国共产党领导中国革命、建设和改革提供了根本遵循。以最大多数群众的利益为出发点，反过来也必将收获人民群众的支持和信任。

1925年，郭沫若先生写了一篇小品文，题目为《马克思进文庙》。在这篇文章中，郭沫若充分发挥浪漫的想象力，描绘了理论巨匠马克思进入文庙，和千年思想家孔子对话的场景。两人的对话精彩纷呈，讨论了马克思主义理论和中国传统文化的相通性。作为一种外来样态的思想学说，马克思主义理论在某些方面和中国传统文化有着异曲同工之妙。比如，马克思所设想的共产主义社会和中国古代先贤设想的大同社会，都体现着人们对于自由、平等、和谐社会的向往。还比如，马克思所主张的辩证法和《周易》《道德经》所体现的事物对立统一的规律不谋而合。这些都说明马克思主义学说在中国落地生根的可能性。

马克思主义理论经过和中国实际相结合，已经成为中国特色社会主义文化中不可分割的重要组成部分。坚持马克思主义的理论、立场和观点，理应成为我们推进文化工作的最基本遵循。马克思主义在中国，是一种科学的理论学说，也是一种改造现实世界的思想武器，更是我们进行社会主义建设的思想动力。实现中华民族伟大复兴，继续学习和践行马克思主义成为题中应有之义。发展性和开放性是马克思主义的鲜明特点，习近平总书记指出："一部马克思主义发展史就是马克思、恩格斯以及他们的后继者们不断根据时代、实践、认识发展而发展的历史，是不断吸收人类历史上一切优秀思想文化成果丰富自己的历史。"这就需要我们结合时代特征，不断将马克思主义理论学说运用于现实问题的解决当中，体用贯通，继续绽放马克思主义的理论光辉，为中华民族伟大复兴的实现提供动力来源。

二、守正创新传承中华优秀传统文化

中国作为四大文明古国，肥沃的土壤孕育出繁盛的文化根脉。数千年的悠悠岁月中，传统文化的光芒一直在绽放。一个民族如果对自己的过去不甚了解，那么也无法更好地走向未来。文化作为民族的精神和灵魂，更需要我们走进、认识、传承。

纵观人类历史发展长河，曾经出现过灿烂文明的古国基本上都日渐衰微，然而中国历经几千年发展，至今依然在蓬勃发展，文明也一直没有中断，这充分说明传统文化旺盛的内在生命力。中华优秀传统文化有着丰富的内涵，这是确保其长久延续的重要保障。无论是"天人合一""万物并育"这样看待人与自然的思想观念，还是"民为邦本""为政以德"这样治国理政的理论学说，抑或"修齐治平""兴亡有责"这样处理家国关系的原则标准，都构成了中华民族的基本精神特征。

中华优秀传统文化在漫长的发展过程中，怀着开放包容的态度海纳百川、兼收并蓄，最终形成了多元文化并存的格局，不同要素的文化并非相互孤立、格格不入，而是相互交融，汇聚成属于中华民族的共同文化。如果一种文明样态封闭守旧，即使一开始再繁盛，最终也会变为一潭死水，毫无生命力可言。中华文明的开放和包容恰恰显示出其自信的底气，也是其一直绽放光辉的重要原因。

苟日新，日日新，又日新，文化需要不断创新，从外界汲取养分，才能始终保持感召力和吸引力。中华优秀传统文化正是具备创新的特质，才能一直源远流长，延续至今。而要使其继续绽放新机，则需要我们守正创新，将优秀传统文化和新的时代特点相结合，助力中华民族伟大复兴。党的十八大以来，我们不断加强对外开放，提出共建"一带一路"，构建不同文明交流的平台，文化的传播与交融日益频繁，不同文化之间友好交流、求同存异，各美其美，美美与共。

在2023年6月召开的文化传承发展座谈会上，习近平总书记强调："如果没有中华五千年文明，哪里有什么中国特色？如果不是中国特色，哪有我们今天这么成功的中国特色社会主义道路？"实现中华民族伟大复兴，尤其需要深入认识中华优秀传统文化，在守正创新中继承民族的根和魂。

三、一以贯之坚持党领导文化事业发展

中国共产党作为中国特色社会主义事业的领导者，一直非常重视文化的建设。尤其是党的十八大以来，以习近平同志为核心的党中央，把宣传思想文化工作放在重要位置，在丰富的实践基础上形成了习近平文化思想，文化事业取得了显著成效。

党的十八大以来，聚焦新时代文化工作，以习近平同志为核心的党中央提出一系列创新理论，提出坚定文化自信，并将其作为"四个自信"重要内容之一；把坚持社会主义核心价值体系纳入新时代坚持和发展中国特色社会主义的基本方略；明确宣传思想文化工作的使命任务为"举旗帜、聚民心、育新人、兴文化、展形象"；强调坚持把马克思主义基本原理同中国具体实际相结合、同中华优秀传统文化相结合；强调宣传思想文化工作面临新形势新任务，必须有新气象新作为，具体提出了"七个着力"的要求。

这些思想理论创新既有着对文化工作的宏观统筹，又包含对文化工作的具体指导，成为新时代推进中国特色社会主义文化建设的根本遵循。

近年来，在党的领导下，我国文化事业取得全方位进展。党牢牢掌握意识形态领导权，凝聚社会各阶层共识，守住文化主阵地；大力保护文化遗产，建立公共文化服务体系，建设新时代文明实践中心，满足老百姓在家门口的文化需求；讲好中国故事，加强文化对外传播和交流，亚洲文明对话大会、冬奥会、亚运会的举办，向全球展现

新时代中国的自信与包容；舞蹈节目《唐宫夜宴》《只此青绿》，电视节目《典籍里的中国》《中国诗词大会》《经典咏流传》等获得观众点赞，故宫、敦煌的文创产品，非遗项目的体验受到游客的肯定与喜爱，古老的优秀传统文化绽放独特光彩。

习近平总书记曾这样动情地说过："今天，我们踏着来自历史的河流，受着一方百姓的期许，理应负起使命，至诚奉献，让我们的文化绵延不绝，让我们的创造生生不息。"这些饱含深情的话语让人为之动容，也充分映射出以习近平同志为核心的党中央对待文化工作的使命和担当。在实现民族复兴伟业的关键历史时期，文化的作用更加凸显。新时代，唯有一以贯之地坚持党对文化事业的发展，文化工作方能展现新气象和新作为。

今天，我们比历史上任何时期都更接近、更有信心和能力实现中华民族伟大复兴的目标。时代的蓝图已经绘就，需要我们奋力践行，文化作为一个国家的根和脉，总是在润物细无声地提供着奋斗的不竭动力。纵观人类文明的发展，任何一个国家的强盛，背后总是以文化的兴盛作为支撑。因此，贯彻落实习近平文化思想，守护好中华民族的精神家园有着深远的意义。

加快推进数字文化治理现代化[①]

郑承军　王海文

党的二十大报告指出：中国式现代化是物质文明和精神文明相协调的现代化。面对数字科技、文化数字化以及数字文化经济的浪潮，以高质量发展加快推进我国数字文化治理现代化无疑是重要的战略选择。

数字文化治理现代化正面临秩序变革、体系重塑和动力转化的新形势。以大数据、云计算、物联网、区块链、人工智能为代表的数字技术加速创新应用，全球新技术秩序与国际文化秩序、经济秩序的变革相互交织，世界各国文化发展面临前所未有的机遇与挑战。数字技术深度融入文化资源的开发、转化、创新过程中，有力推动产品服务的高效供给和供需对接，促进各类文化主体加速数字化转型和互联互通，在构建文化生态体系以及全球文化价值链的进程中，重塑文化要素、资源、主体、供求、市场等各种体系，使文化治理体系架构的连通性、参与性、平等性、共享性、协同性等大大加强，为其迈向更高水平、加快推进现代化进程开辟了广阔空间。

数字文化治理现代化正面临理念变化、对象拓展、方式创新的新压力。随着服务经济兴起，生产与消费的一体两面性以及双向互动性特征更加突出，人人参与治理成为趋势和可能。与此同时，数字出版、数字影视、数字音乐、数字娱乐、数字文化会展等新业态、新模式大量涌现，数字文化平台强大的集聚、交易、交流等功能紧密连接起遍布世界的文化企业和消费个体，孕育出数量巨大的文化消费、创意、创业群体，并延展了其中的社会关系，空前拓展了文化治理的对象，也促使文化治理方式必须创新发展、高质量发展以适应需要。

数字文化治理现代化正面临传承创新、安全保障、风险防范的新挑战。文化治理要面对文化思潮、价值观念变迁以及消费心理和行为方式变化，更要促进文化的传承创新和发展。面对变革中的矛盾与冲突，文化信息快速传播与发散，文化产品和服务

[①] 本文已发表于2023年5月4日《光明日报》，原文题目为"加快推进数字文化治理现代化"。作者：郑承军，北京第二外国语学院副院长、教授；王海文，北京第二外国语学院经济学院院长、教授。

爆发式增长与高速迭代,知识产权保护与数据安全、文化安全,以及文化市场开放等,都迫切要求文化治理紧跟数字时代步伐,在传承创新中实现文化高质量发展。

2022年5月,中共中央、国务院印发《关于推进实施国家文化数字化战略的意见》,明确到"十四五"时期末,基本建成文化数字化基础设施和服务平台,形成线上线下融合互动、立体覆盖的文化服务供给体系。随着中华文化全景呈现,中华文化数字化成果全民共享,数字文化治理现代化必将伴随国家文化数字化战略的推进呈现新面貌,发挥更大作用。我国要立足新时代和具体国情,锚定总体战略目标,以高质量发展为主线,推进数字文化治理现代化。

一、全力推动数字文化治理现代化

要坚持和加强党的领导,牢固树立"以人民为中心"的发展思想,以社会主义核心价值观为统领,深入贯彻新发展理念,在高质量发展中强化社会主义文化强国建设的文化治理基础,全力推动数字文化治理现代化。新时代数字文化治理更要充分发挥党总揽全局、协调各方的领导核心作用,确保数字文化治理的中国特色社会主义前进方向。从破解人民日益增长的美好生活需要和不平衡不充分的发展之间的矛盾出发,既要充分发挥数字技术的作用,又要避免技术超越人的发展。要将社会主义核心价值观建设作为文化治理工作的价值核心和灵魂,始终将社会效益放在首位。推动数字文化治理向基层和个体转移,促进自治型文化治理架构的形成和城乡文化治理一体化发展。将新发展理念贯穿于社会主义文化治理始终,适应人口结构、文化消费行为、文化市场等变化,大力强化我国数字文化治理的人民性、平等性、协同性、共享性和开放性,夯实数字文化治理现代化的人民内涵和群众基础。

二、构建中国特色数字文化治理体系

要始终坚定"四个自信",紧紧围绕数字中国、社会主义文化强国、乡村振兴等国家发展重大战略,构建适应数字时代和高质量发展要求的中国特色数字文化治理体系。数字时代,我国文化治理要有"四个自信"的强大底气,在积极推动理论研究和实践创新同时,自觉将文化治理与国家重大战略和发展目标对接。加强在中国特色社会主义先行示范区、自由贸易试验区、服务贸易创新试点、国家文化出口基地等进行文化治理创新探索,构建创新网络区域节点。此外,要在数字基础设施建设和制度完善方面下功夫,促进文化要素、资源、产品和服务自由流动,形成统一市场。积极推动文化生态体系构建,发挥重点骨干企业、文化头部企业、平台企业、社会组织的治理节点作用,培育更多中小微文化企业,形成以文化产业链和价值链为主线的数字文化治理体系，促进治理体系内部、战略体系与治理体系之间的高效协同互动。

三、推动数字文化治理布局

要以高质量发展为首要任务，坚持供给侧结构性改革，推动文化供给和需求高效对接，促进文化事业、文化产业、非物质文化遗产传承与保护、文化贸易、文化投资、文化交流协同发展，推动立足本国、辐射国际、服务"双循环"的数字文化治理布局。要加大数字技术在文化治理领域的广泛深度应用，推动中华优秀传统文化创造性转化和创新性发展，全面提升我国数字文化治理能力和治理水平。

四、积极推动国际认证

要紧抓数字时代文化领域标准、规则制定及推广机遇，加强国际交流，积极推动国际认证。加大数据开放共享和知识产权保护，做好数据产权确认，推动数据跨境安全有序流动，提升我国文化安全保障能力和文化治理的国际影响力。坚持人才强国战略，培育交叉复合型、战略型人才，使人才培育培养以及新消费群体、社会阶层的形成贯穿于数字文化治理全过程，推动以面向人的全面发展为目标的文化治理。

以高水平对外开放推进实现中国式现代化

罗立彬　古　瀚①

中国式现代化对未来十多年的经济增长提出了明确的目标要求，需要充分发挥潜能。从理论和经验两个角度看，对外开放在中国经济高速增长中都发挥了关键作用，凸显了其在过去四十多年对中国经济发展的重要贡献。随着中国经济由高速增长向高质量发展阶段转变，巨大的国内市场规模和经济总量也正在替代低成本生产要素，成为新发展阶段的新优势；而与此同时，中国仍是一个中等收入经济体。这种"人均中等、总量巨大"的独特国情意味着中国经济潜力和引力兼具，成为中国经济增长最为独一无二的优势特征，而要充分发挥这一优势，就必须推进高水平对外开放。

一、实现中国式现代化需要推进经济向潜在增长率靠近

党的二十大提出了中国式现代化的宏伟发展目标，提出："从现在起，中国共产党的中心任务就是团结带领全国各族人民全面建成社会主义现代化强国、实现第二个百年奋斗目标，以中国式现代化全面推进中华民族伟大复兴。"也明确指出，"从二〇二〇年到二〇三五年基本实现社会主义现代化"，还提出到二〇三五年我国发展的总体目标，包括"人均国内生产总值迈上新的大台阶，达到中等发达国家水平"②。

根据世界银行的分类，2023年高收入经济体的门槛水平人均GNI要达到1.38万美元。而2023年我国人均GNI大概是1.28万美元，若希望在12年之后的2035年，人均GNI达到2.5万美元③，按照美元计算的年均增长率就要达到6%左右。这并不是一

---

① 作者：罗立彬，北京第二外国语学院经济学院副院长、教授；古瀚，北京第二外国语学院经济学院2023级国际贸易学硕士研究生。
② 习近平：高举中国特色社会主义伟大旗帜　为全面建设社会主义现代化国家而团结奋斗——在中国共产党第二十次全国代表大会上的报告。
③ 关于中等发达国家水平的人均国内生产总值水平有不同的观点，本文采用的是江小涓的研究成果，认为中等发达国家人均国内生产总值的门槛是2.5万美元，参见江小涓.保持合理增长是当前紧迫任务更是长期奋斗目标[N].浙江日报，2023-2-20（6）.

个很容易就实现的目标①。虽然在1978年改革开放之后的40多年中，中国经济的年均增长率达到了令人叹为观止的9.5%，为世界平均水平的3倍，但是中国经济在2012年之后就已经开始增速放缓了。如果按照美元计算，2001年到2022年间，中国GDP年均增长率为13.46%，但是增速随时间推移而总体呈下降趋势，2012年到2022年间，年均增速为7.91%，远远低于2012年之前12年间18.5%的年均增长率②。2023年，中国经济增长率为5.25%，要实现未来12年保持年均增长6%，必须全力以赴实现潜在增长率，同时还要期望人民币汇率有一定水平的升值，只有这样才能够实现"人均国内生产总值达到中等发达国家水平"的中国式现代化目标。这种情况下，需要坚持高水平对外开放。

二、对外开放促进经济增长是中国的历史经验

改革开放40多年，中国经济经历了年均9.5%的GDP增长率，这是人类历史上绝无仅有的高速增长的4个10年，也是同期世界经济增长率的3倍。中国的经济增长也为全人类脱贫做出了举足轻重的贡献，70%的世界贫困人口脱贫发生在中国。对外开放是实现这一经济增长奇迹的重要原因。

1. 全球化加速发展的外部环境及中国的快速融入

中国经济快速增长首先可以归功于外部环境——经济全球化加速推进。从1970年到2021年，全球贸易增速远远超过GDP增速，使前者占后者的比重从12.9%迅速提高到29.1%。虽然传统意义上说，服务被认为是不可贸易的，但是全球服务额占全球GDP的比重也从1975年的6.03%提高到2021年的11.8%。当然，中国的改革开放也是全球化加速推进的重要推动力。1980年，中国人均GDP为194.8美元，只有美国的1/65，世界平均水平的1/13，中国15—64岁人口为5.85亿，占世界总量的22.4%，是美国的3.9倍。这种情况下，中国的对外开放为全球制造业成本降低带来了前所未有的潜力，也为全世界提供了一个在后来30多年中低成本劳动力接近"无限供给"的"世界工厂"③。

2. 改革开放推进中国经济高速增长符合理论预期

众多经典国际贸易理论就可以给出"对外开放会促进中国经济快速增长"的理论

---

① 按美元计算经济增长率包含两个部分，一部分是按人民币计算的经济增长率，另一部分是人民币汇率变化。根据相关研究，未来12年中国这一年均增长率达到6%难度不小，参见刘世锦．读懂"十四五"：开局之年，中国经济将如何踏上新征程［M］．北京：中信出版社，2021．

② 本文涉及较多数据及其计算，如不加特殊说明，数据来源均为世界银行数据库。

③ 罗立彬．推动形成全面开放新格局的必然选择与战略方向［J］．国家治理，2018，（27）．

预测，其中最具解释力的应当是赫克歇尔－俄林提出的"要素禀赋理论"。这一理论的主要思想是：在技术水平相同的情况下，不同国家对同一种产品生产的成本差异，是源于各国不同生产要素的相对丰裕度差异，以及不同产品的要素相对密集度要求差异。比如，当一国的劳动力要素相对他国更加丰裕，那么该国劳动力相对价格就低于他国，因此该国生产劳动密集型产品时的成本就低于他国，于是就具备劳动密集型产品的出口优势。而当国际贸易使得贸易双方国内价格均等化时，贸易双方的消费者剩余和生产者剩余之和都实现了增长，从而实现"双赢"局面。

在改革开放之初，中国具备极为丰裕的劳动力要素。1980年，中国的劳动力、固定资本形成额（代表资本）、研究投入（代表技术水平）、耕地面积（代表土地）占全球比重分别是23%、1.81%、0.5%和9.17%。其中的劳动力占比远远高于其他生产要素占比。这种极为不均衡的生产要素禀赋结构使得中国一旦对外开放，就可以依托极为丰裕的劳动力，承接来自全球范围内的劳动密集型生产，大量出口，并实现经济快速增长。1978年到2022年，中国国际贸易年均增速高达18.93%，是同期中国GDP增速（9.11%）的2倍，国际贸易成为中国经济增长的重要引擎。这种增速的差异也带动中国的贸易依存度迅速攀升。2006年，中国的贸易依存度接近70%，是美国和日本等经济大国贸易依存度的2倍以上，而且超过了世界平均水平，这对一个经济大国来说，是绝无仅有的。国际贸易对于中国经济的带动作用，也达到了顶峰。

3. 改革开放带来中国经济增长奇迹

对外开放之后40多年当中，中国保持了超乎寻常的年均9.5%的增长高速度，人均GDP在2022年追上了世界平均水平，中国具备全球最大的制造业部门，占全球工业增加值的30.45%，为世界减贫事业作出了70%的贡献。中国对外开放为全球制造业成本降低带来前所未有的潜力，也为全世界提供了一个在后来近30多年中低成本劳动力接近"无限供给"的"世界工厂"，从1978年到2005年长达28年当中，中国制造业劳动力成本都处于2000美元以下。中国人民致富意愿强烈、勤劳肯干的工作品质在全世界享有盛名。2009年12月，美国《时代》杂志将"勤劳坚韧"的"中国普通工人"作为年度人物，称其是"带领世界走向经济复苏的首要功臣"。到了今天，中国已经成为世界上唯一拥有联合国产业分类中全部工业门类的国家，制造业增加值稳居世界第一位，是名副其实的"世界工厂"。

三、新发展阶段、新优势与高水平对外开放的重要意义

（一）中国经济社会发展由高速增长阶段转向高质量发展的新发展阶段

有多种原因会导致中国经济增长速度发生变化。一是劳动力总数增长明显放缓。

从1990年到2006年间，中国的劳动力总数呈高速增长，这一阶段年均增长率达到1.21%，但是2006年之后增长开始显著放缓，到2016年开始首次出现负增长，2020年降到最低点之后，2021年和2022年又出现反弹。总体来看，2006年之后，中国的劳动力总数几乎没有变化，16年间只从7.74亿增长到7.81亿，年均增长率为0.07%。二是储蓄率下降。中国的总储蓄占国民总收入的比重在2001年到2010年间以年均接近2个百分点的速度迅速提升，但是在2010年达到最高值51.55%之后开始呈现下降趋势，年均下降0.7个百分点，到2019年已经降到43.9%。三是服务业增加值开始占据主要比重。中国服务业增加值比重从1980年之后基本呈现持续上涨趋势，2012年达到45.46%，成为最大的经济部门。2015年首次超过50%，占据经济总量的一半，2020年则达到了54.46%的最高水平，服务业占主体地位的经济，有可能会带来结构性减速问题。四是城市化带来了全要素生产率提升空间的下降。我国的城镇人口占比已经超过了世界平均水平。五是改革开放带来的技术引进空间缩小。改革开放以后的多年里，外商直接投资是技术引进的重要载体，早期由于国内外技术差距较大，外商投资带来的技术可以较快提升国内技术水平，但是随着中国经济的快速增长，国内外技术差距在缩小，因此外商直接投资带来的技术提升速度也在放慢。从数据来看，外商直接投资流入量也在走向平稳，2009年之前外商直接投资额一直保持高速增长，但是2010年之后就开始上下波动，并未出现大幅度上升。其占国内固定资本形成总额的比重也在下降。事实上，从2013年以后，中国的经济增长率就逐渐下降，结束了之前的高速增长。

（二）优势转换与对外开放的重要性

新发展阶段的到来伴随着潜在经济增速的变化，同时中国式现代化建设又对经济增长提出了较高的要求。为了推进高质量发展，顺利实现中国式现代化建设的目标，我们必须充分挖掘国情新优势，并找到充分发挥国情新优势的路径。

1. 优势转换：低成本劳动力到大规模国内市场

上文提到，改革开放以来，中国以要素禀赋参与国际分工，经济得以高速增长。改革开放之初，中国的生产要素禀赋结构非常不均衡，劳动力丰裕、其他生产要素稀缺。比如，1980年中国劳动力占全球比重约为23%，可资本占世界比重只有1%，研发支出仅占0.5%。这种不均衡的生产要素禀赋，使得中国在改革开放之后，迅速形成在劳动密集型产业方面的比较优势，并快速融入全球分工，逐渐成为"世界工厂"，也实现了高速增长的中国经济奇迹。

经过多年经济增长，中国的要素禀赋结构发生了较大变化。2022年，中国劳动力、资本和研发占世界比重分别为22.96%、28%和16%，与几十年前相比，以低成本生产要素为基础的比较优势已经较难成为中国参与国际经济竞争的原因。中国目前已经不再是典型的劳动力丰裕型经济体，开始呈现出资本丰裕型经济体的特征，这一定程度上削弱了中国在制造业领域的传统优势。

但是与此同时，中国逐渐形成了一个新的优势，即巨大的国内市场规模。自从2010年中国经济总量超过日本之后，中国就一直稳居全球第二大经济体的位置。到2022年，中国经济总量已经接近18万亿美元，具备了一个巨大的国内市场规模。

巨大的国内市场为中国经济发展带来多重优势。首先，国内大市场能够支撑大型企业相互竞争，从而同时收获规模经济效应和竞争效应，这有利于提升经济增长效率，这是小市场无法实现的优势。目前，中国各大行业领域都有多个头部企业激烈竞争，为消费者提供低价高质多样化的产品。其次，巨大的市场规模可以帮助中国缓解"分工细化"和"规模经济"之间的矛盾，加速形成"报酬递增的分工效应"。对于规模小的经济体，如果分工细化，细化后的分工角色就可能面临市场规模不足的限制，无法收获规模经济效应带来的收益递增或成本递减。若要在国内获得较大的市场规模，分工就可能很难做到细化，从而也无法收获"干中学"或"专业化"带来的"效率提升"及"生产可能性扩张效应"等。而规模巨大的经济体则更有可能同时收获"分工细化"和"规模经济"的好处：即使分工做到很细，那些所谓"小众"的产品和服务也可以在国内获得较大的市场规模，市场主体既更可能发挥自己的专长和比较优势，又可以收获规模经济效应带来的成本下降。近年来，随着我国经济社会的发展，很多新型工种和职业涌现出来。2022年9月完成修订的新版《国家职业分类大典》和2015年版大典相比净增了158个新职业，总职业数达到1639个，这都可以看作是分工细化之后的结果。随着我国人口红利逐渐向人力资本红利转变，以及服务业占经济总量比重的日益提升，无论是从宏观层面看经济增长的动力源泉，还是从微观层面看市场主体的成长，可能都将更多地依靠人力资本发挥的作用。在这种情况下，未来市场规模巨大所带来的"分工细化与规模经济相容"的优势，将变得日益重要。

2. 对外开放成为利用"人均中等，总量巨大"独特国情优势的必要条件

巨大的国内市场不仅意味着绝对市场规模巨大，还意味着相对市场规模巨大，即占全球经济总量比重高。近20年来，中国经济占全球经济比重在迅速提升，而这也意味着世界其他地方的比重在下降，比如2005年到2021年中国经济占全球比重从4.81%逐年增加到18.45%，而发达经济体比重在下降，如美国从27.57%降到23.93%，欧盟从30.39%降到17.78%，日本从10.01%降到5.14%。

相对市场规模巨大带来的优势在于，中国可以成为全球优质要素的"引力场"。而

与此同时，中国还具备另一个重要的国情特征，即属于中等收入经济体①。这就使得中国成为一个同时具备"人均中等，总量巨大"两个重要国情特征的经济体。中国之所以同时具备上述两大重要国情特征，是因为中国具备巨大的人口规模，因此"人均中等，总量巨大"是中国独一无二的国情特征与优势。

"人均中等"意味着和高收入经济体相比，中国经济增长仍具备潜力；"总量巨大"则意味着和其他中等收入经济体相比，中国具备巨大的引力。因此，中国有潜力利用巨大的国内市场来吸引全球优势资源进入，来开拓中国作为中等收入经济体的经济发展潜力。而要充分实现这种"引力与潜力兼备"的独特国情优势，坚持高水平对外开放是必要条件。

四、结论

为实现中国式现代化对于人均国内生产总值达到中等发达国家水平的要求，中国必须充分挖掘并利用国情优势，实现经济发展质的有效提升和量的合理增长，而对外开放是中国过去实现经济高速增长的宝贵经验。随着中国人均收入水平逐步提升、要素禀赋结构日渐均衡，中国在高速增长阶段所具备的低成本生产要素优势开始弱化，但是同时也形成了一个新的国情优势，即巨大的国内市场规模。更为重要的是，中国是全世界唯一一个在中等收入阶段就成为大规模经济体的国家，即中国具备"人均中等，总量巨大"的独一无二的国情特征，既具备高收入国家所不具备的发展潜力，又具备其他中等收入经济体所不具备的引力，成为全球优质资源的巨大"引力场"。这使得中国有能力吸引全球优质资源进入，来开拓中国经济增长的潜力，而要充分发挥这一潜能，对外开放是必要条件。党的二十大报告也对高水平对外开放作出了明确部署，指出要"依托我国超大规模市场优势，以国内大循环吸引全球资源要素，增强国内国际两个市场两种资源联动效应，提升贸易投资合作质量和水平"②。

---

① 2022年中国人均GNI（国民总收入）为1.28万美元，距离世界银行规定的高收入经济体门槛1.38万美元，仍有1000美元的差距。
② 习近平：高举中国特色社会主义伟大旗帜　为全面建设社会主义现代化国家而团结奋斗——在中国共产党第二十次全国代表大会上的报告。

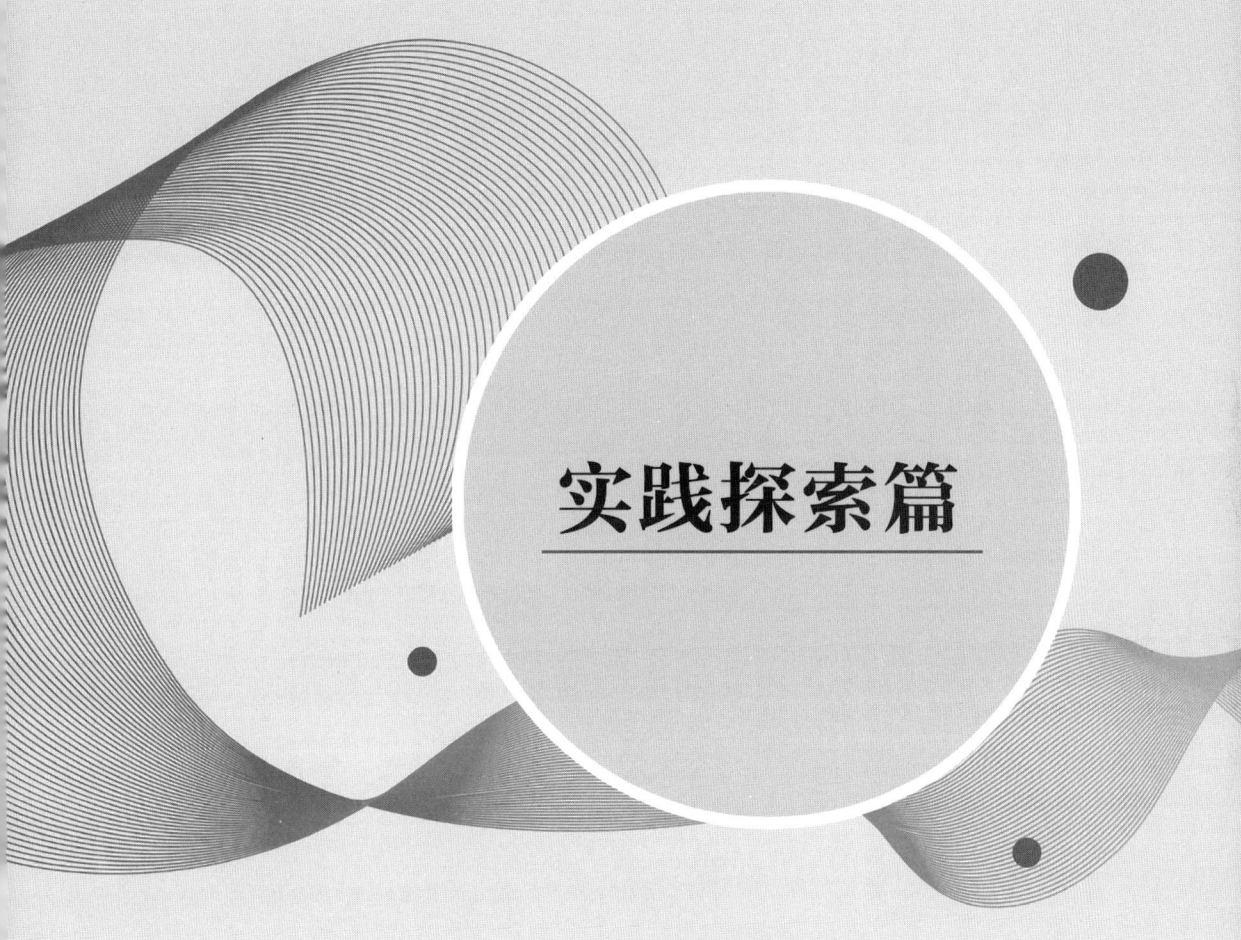

实践探索篇

从"峰会"看世界第一大执政党担当①

石晓虎

自 2021 年 7 月 1 日成功举办中国共产党成立 100 周年庆祝大会之后,中国共产党又办了一件举世瞩目的大事。2021 年 7 月 6 日,以"为人民谋幸福:政党的责任"为主题的中国共产党与世界政党领导人峰会(简称"峰会")隆重召开,来自 160 多个国家的 500 多位政党和政治组织等领导人,以及逾万名政党及各界代表通过线上线下相结合方式共襄盛举,习近平总书记出席会议并作主旨讲话。

与会外国政党认为,峰会的召开恰逢其时,习近平总书记的重要讲话展现了大格局、大胸怀、大气魄,极具引领和启发意义。这深刻体现了中国共产党的世界情怀、现实担当以及国际贡献,凸显了中国共产党为人民谋幸福、为民族谋复兴、为世界谋大同的国际形象。

一、始终捍卫国际正义事业

中国共产党自成立以来,始终弘扬中华文明精神,坚定捍卫国际正义,为人类进步事业而奋斗。抗日战争时期,中国共产党就呼吁构建世界反法西斯统一战线。中华人民共和国成立后,中国共产党积极支持和声援亚非拉国家反帝反殖以及争取民族独立运动;坚定反对霸权主义和强权政治,推动国际秩序向更加公正合理的方向发展。百年未有之大变局下,此次峰会着眼于人民幸福和人类进步,中国共产党邀请世界各国政党共商发展大计、共话政治文明大道。正如习近平总书记在讲话中号召的,"今天,人类社会再次面临何去何从的历史当口,选择就在我们手中,责任就在我们肩上。"讲话激发了与会外国政党领导人和代表的广泛共鸣与思考,他们普遍称赞中国共产党站在历史正确的一边、站在人类进步的一边,中国共产党在人类面临严峻危机的历史性关头举起了前进的火炬。南非执政党非洲人国民大会主席、总统拉马福萨在峰

---

① 本文已发表于《当代世界》2021 年第 7 期,原文题目为"从'峰会'看世界第一大执政党担当"。作者:石晓虎,北京第二外国语学院政党外交学院教授。

会发言中表示,无论是在我们争取民族解放时期,还是国家建设时期,中国共产党始终坚定给予我们支持,与我们并肩奋斗。

二、不断开辟世界社会主义发展新境界

自空想社会主义产生以来,世界社会主义已走过500多年发展历程。中国共产党成立后历经艰辛探索,创造性地将马克思列宁主义与中国实际相结合,成功开创了一条中国特色社会主义道路。这不仅从根本上改变了中国发展进程,而且极大地促进了世界社会主义发展,激发了世界社会主义力量的信心。中国共产党不仅积极主动探索本国发展道路,而且公开反对西方国家武断干预发展中国家探索自身发展道路的行径。习近平总书记指出:"现代化道路并没有固定模式,适合自己的才是最好的,不能削足适履。每个国家自主探索符合本国国情的现代化道路的努力都应该受到尊重。"

中国共产党对中国式现代化道路的成功探索,鼓舞了后发国家对自身道路的思考和探索。它们普遍强调,发展道路不能照搬照抄,需要基于本国历史和国情探索本土化的内生性发展道路。塞尔维亚前进党主席、总统武契奇在峰会发言中表示,中国共产党在建设国家过程中激发出的伟大创造力为世界各国带来了启迪和希望。

三、勇毅担负无产阶级政党历史使命

从1847年世界上第一个无产阶级政党——共产主义者同盟诞生开始,世界各地无产阶级政党陆续诞生并发挥了重要历史作用,推动了人类社会的进步发展。中国共产党一经成立,就胸怀世界、心系人类,承担了应有的国际责任。在不同历史时期,中国共产党始终坚持忧患意识和底线思维,直面国际风险和挑战,统筹各种力量成功加以应对。作为领导着14亿多人口大国、具有重大国际影响力的世界第一大执政党,中国共产党还积极发挥引领作用,努力向外界传递信心和力量,推动国际团结合作应对各类风险与挑战。习近平总书记着眼破解"四大赤字",提出构建人类命运共同体理念,并基于全球疫情防控形势及时提出构建人类卫生健康共同体等主张。峰会上,习近平总书记庄严承诺:"中国共产党将同各国政党一道,通过政党间协商合作促进国家间协调合作,在全球治理中更好发挥政党应有的作用。"

"志合者,不以山海为远。"一些国际有识之士强调,较之国外某些资产阶级政治力量搞小集团政治,推行以邻为壑、转嫁矛盾、制造对抗的做法,乃至谋求人为将世界分为不同体系的险恶用心,倡导包容、开放、对话、合作的中国共产党更值得尊重和信赖。可以说,此次峰会很好地搭建起了中国共产党和世界政党深化交流合作、凝聚共识、汇聚力量的政治平台,努力围绕人类前途命运等重大议题达成更大共识、聚

集更多力量，朝着构建人类命运共同体的方向不断前行。津巴布韦非洲民族联盟－爱国阵线主席兼第一书记、总统姆南加古瓦在峰会发言中表示，此次峰会在如何实现国家富强、民族振兴、人民幸福以及增进全人类福祉方面，为各国政党提供了交流互鉴平台。

四、全力领航中华民族伟大复兴

百年征程初心不改。观察百年中国发展变化以及中华民族伟大复兴需要坚持大历史观。习近平总书记强调："一百年来，中国共产党团结带领中国人民进行的一切奋斗、一切牺牲、一切创造，归结起来就是一个主题：实现中华民族伟大复兴。"当前，中国共产党成功实现了第一个百年奋斗目标，开启了全面建设社会主义现代化国家新征程，并向着实现第二个百年奋斗目标奋进。外国政党普遍认为中国共产党心系人民，正在沿着正确的发展道路前进，必将引领中国再创辉煌。

中国人民与世界各国人民命运与共。习近平总书记强调："中国共产党将团结带领中国人民全面深化改革和扩大开放，为世界各国共同发展繁荣作出新贡献。"中华民族伟大复兴必将给世界注入更大的正能量，带来更大的确定性。外国政党普遍表示，中国发展得越好，世界就会发展得越好；中国发展得越快，就越有能力帮助发展中国家不断缩小南北国家之间的贫富差距并陆续实现现代化。

坚定全面从严治党的政治自觉①

庄文城

坚持党要管党、全面从严治党是我们党历经千锤百炼而朝气蓬勃的重要原因，是党百年奋斗为什么能够成功的宝贵经验，是未来怎样才能继续成功的根本所在。走好新时代赶考路，必须始终把党的政治建设摆在首位，一以贯之推进伟大的自我革命，始终坚持民主集中制原则，用铁的纪律维护党的团结统一，坚持和完善全面从严治党制度，确保党不变质、不变色、不变味，把党建设得更加坚强有力，始终成为坚强领导核心。

习近平总书记指出："勇于自我革命是中国共产党区别于其他政党的显著标志。我们党历经千锤百炼而朝气蓬勃，一个很重要的原因就是我们始终坚持党要管党、全面从严治党。"②党的十八大以来，以习近平同志为核心的党中央坚持"打铁必须自身硬"，把全面从严治党纳入"四个全面"战略布局，不断开创党的建设新局面，把我们党对管党治党的认识提高到了新的水平。党的十九届六中全会通过的《中共中央关于党的百年奋斗重大成就和历史经验的决议》（以下简称《决议》）深刻揭示了"过去我们为什么能够成功、未来我们怎样才能继续成功"，系统回答了"建设什么样的长期执政的马克思主义政党、怎样建设长期执政的马克思主义政党"这一重大时代课题。勇于自我革命、全面从严治党就是贯穿其中的宝贵经验和鲜明特征。

一、全面从严治党是党的百年奋斗历程的经验总结

管党治党是党的优良传统。新民主主义革命时期，我们党就已经认识到管党治党的重要性，明确提出党的建设是夺取中国革命胜利的一大法宝，是一项"伟大的工程"，并设立管党治党的专门机构，建立规章制度。中华人民共和国成立后，我们党始终保持"赶考"的清醒，继续秉持严肃党纪、从严治党的优良传统，开展整党整风运

---

① 本文已发表于《前线》2022年第2期，原文题目为"坚定全面从严治党的政治自觉"。作者：庄文城，北京第二外国语学院马克思主义学院院长、教授。

② 习近平.在庆祝中国共产党成立100周年大会上的讲话[N].人民日报，2021-7-2：（02）.

动,继续保持谦虚谨慎、艰苦奋斗的优良作风,保持党的先进性和纯洁性。1963年1月,党中央在《组织工作会议纪要》中明确提出了"党要管党"①的概念和原则。改革开放以后,全党重新确立了实事求是的思想路线,更加自觉地加强党的自身建设,提升自我纠错、自我净化的能力。

一以贯之推进党要管党、从严治党。从1987年党的十三大到2012年党的十八大,党的六次全国代表大会都一以贯之强调了"党要管党、从严治党"的方针。党的十三大提出了从严治党的要求,党的十四大把坚持从严治党写进了党章。党的十五大提出"要坚持党要管党的原则,把从严治党的方针贯彻到党的建设的各项工作中去,坚决改变党内存在的纪律松弛和软弱涣散的现象"。党的十六大提出加强和改进党的建设,"一定要坚持党要管党、从严治党的方针"。②党的十七届四中全会则把"坚持党要管党、从严治党,提高管党治党水平"③作为党执政以后加强自身建设的一条基本经验。

驰而不息推动全面从严治党向纵深发展。党的十八大以来,以习近平同志为核心的党中央采取一系列举措大力推进全面从严治党,使党的面貌焕然一新,解决了许多长期想解决而没有解决的难题,办成了许多过去想办而没有办成的大事。党的十九大把"党要管党、全面从严治党"④方针写进了新修订的党章,并明确提出,全面从严治党永远在路上,要坚持问题导向,保持战略定力,推动全面从严治党向纵深发展。党的十九大以来,全面从严治党取得了新的重大成果。全面从严治党的政治引领和政治保障作用充分发挥,管党治党宽松软状况得到根本扭转,党在革命性锻造中更加坚强。

二、全面从严治党是铸就党的百年辉煌的重要保证

办好中国的事情关键在党。习近平总书记指出:"打铁必须自身硬。办好中国的事情,关键在党,关键在坚持党要管党、全面从严治党。"⑤鸦片战争以后,中国逐渐成为半殖民地半封建社会,民族内忧外患、灾难深重,国家四分五裂、人心涣散,人民饥寒交迫、民不聊生。中国不同阶级的政治力量和仁人志士,积极探寻民族复兴之路,但是农民阶级的局限性、资产阶级的软弱性和妥协性决定了他们均无法组织起有效力量,团结带领中国人民实现中华民族复兴的伟业。在国家和民族陷入黑暗境地之时,在人民对中国出路感到无助和渺茫之际,1921年中国共产党应运而生。从此,中国人

---

① 建国以来重要文献选编(第十六册)[M].北京:中央文献出版社,1997:79.
② 十六大以来重要文献选编(上)[M].北京:中央文献出版社,2011:38.
③ 十七大以来重要文献选编(中)[M].北京:中央文献出版社,2011:144.
④ 中国共产党第十九次全国代表大会文件汇编[M].北京:人民出版社,2017:106.
⑤ 习近平.在庆祝改革开放40周年大会上的讲话[M].北京:人民出版社,2018:31.

民谋求民族独立、人民解放和国家富强、人民幸福的斗争就有了主心骨,中国共产党团结带领全国各族人民进行了伟大斗争、开创了伟大事业、取得了伟大成就,让久经磨难的中华民族迎来了从站起来、富起来到强起来的伟大飞跃,铸就了举世瞩目、彪炳史册的中国奇迹和党的百年辉煌。

中国共产党之所以能承担起这一历史使命,能够从成立初期只有50多名党员的小党发展成为拥有9500多万名党员、领导着14亿多人口大国、具有重大国际影响力的世界第一大执政党,重要原因就是党的领导坚强有力。全面从严治党的意义就在于,通过积极探索自身建设规律,始终坚守党的初心和使命,确保党在历史发展进程中始终走在时代前列,在应对各种风险和挑战的历史进程中始终成为中国人民的主心骨,在中国革命、建设、改革和复兴的历史进程中始终成为坚强领导核心。一百年来,我们党始终坚持全面从严治党,不管是在革命战争年代、社会主义建设时期,还是改革开放新时期,从思想上、政治上、组织上、作风上、制度上全面从严治党,用铁的纪律治理各种不正之风和腐败现象,一次次拿起"手术刀"来革除自身病症,不断增强自我净化、自我完善、自我革新、自我提高能力,确保党的肌体健康、生命旺盛。

大力推进全面从严治党是党的十八大以来全面加强党的建设的鲜明主题。通过接续开展党的群众路线教育实践活动、"三严三实"专题教育、"两学一做"学习教育、"不忘初心、牢记使命"主题教育、党史学习教育等,我们党将严明政治纪律和政治规矩的一系列要求和实践成果转化为纪律条文,出台了管党治党系列党内法规条例,旗帜鲜明地树立起管党治党强党的自觉意识。正是因为坚定不移推进全面从严治党,我们党才有效遏制了贪污腐败现象和不正之风蔓延,消除了党和国家内部存在的严重隐患,党内政治生活气象更新,党内政治生态明显好转,党群关系明显改善,逐渐澄清了对党的领导的模糊认知,党的创造力、凝聚力、战斗力显著增强。党的团结和集中统一得到进一步增强,党的面貌、形象和威信得到极大提升,党的执政基础和群众基础得到了进一步巩固。党的十八大以来管党治党强党的一系列举措,充分说明了办好中国的事情,关键在党;管党治党强党,就要大力推进全面从严治党。

实践证明,坚持党要管党、全面从严治党,是新时代进行具有许多新的历史特点伟大斗争、开启全面建设社会主义现代化国家新征程、推进中国特色社会主义伟大事业、实现中华民族伟大复兴的重要保证,也是我们党紧跟时代发展步伐、永葆先进性和纯洁性的必然要求。

三、从百年奋斗历程中汲取全面从严治党的智慧和力量

回溯党的百年奋斗历程,如果没有全面从严治党,就不可能有党的坚强领导,就

不可能有党和国家今天这样的伟大发展成就。《决议》提出的"十个明确"中,将"明确全面从严治党的战略方针"作为习近平新时代中国特色社会主义思想的重要内容,充分凸显了全面从严治党战略思想和创新理念的重要地位和作用。

必须始终把党的政治建设摆在首位。在党的历史上,党的政治建设始终占据极端重要的地位,始终保持鲜明政治品格,形成了政治建设的传统和优势,积累了党的政治建设的宝贵经验。1929年古田会议上,毛泽东明确提出了政治建军的原则。社会主义建设时期,强调"政治工作是一切经济工作的生命线"。[①]改革开放新时期,邓小平反复强调要善于从政治上观察和处理问题,提出"到什么时候都得讲政治"。[②]党的十八大以来,面对党内存在的突出问题,党表明要全面从严治党,必须注重政治上的要求,必须严明政治纪律。党的十九大明确提出政治建设在党的建设总体布局中的首要地位和统领作用,这是新时代全面从严治党的现实要求。

必须一以贯之推进伟大自我革命。勇于自我批评、自我革命是马克思主义政党成熟强大的内在动力,是区别于其他政党的根本标志,是推动伟大事业不断发展的制胜法宝。中国共产党一百年来的奋斗历程充分证明:中国共产党能够带领人民进行伟大社会革命,也能够进行伟大自我革命。通过自我革命找到跳出"其兴也勃焉、其亡也忽焉"的历史周期率,既有力回应了那种认为"一党执政无法解决自身问题"的所谓悖论,又创造性回答了马克思主义政党在长期执政条件下始终不变质、永远保持先进性和纯洁性的重大课题。党的十八大以来,以习近平同志为核心的党中央,以刀刃向内、壮士断腕的勇气和决心推进全面从严治党,以自我革命的勇气和魄力开创了我们党百年历史上前所未有的管党治党新局面。

必须始终坚持民主集中制原则。坚持民主集中制是中国共产党的优良传统。新民主主义革命时期,早在党的二大上,我们党制定的《关于共产党的组织章程决议案》就强调:"凡一个革命的党,若是缺少严密的集权的有纪律的组织与训练,那就只有革命的愿望便不能够有力量去做革命的运动。"1935年1月召开的遵义会议,按照民主集中制原则解决了党和红军当时最为紧迫的问题,挽救了党、挽救了红军、挽救了中国革命,成为中国共产党从幼年走向成熟的伟大转折。党的十一届三中全会的召开,也是坚持民主集中制的典范,重新确立了党的实事求是的思想路线,恢复了正确的组织路线和组织原则,作出了实行改革开放的伟大决策。党的十八大以来,以习近平同志为核心的党中央坚持民主集中制,坚决维护党中央权威和集中统一领导,这是全面从

[①] 毛泽东文集(第六卷)[M].北京:人民出版社,1996:449.
[②] 邓小平文选(第三卷)[M].北京:人民出版社,1993:166.

严治党的关键所在、重中之重。

必须用铁的纪律维护党的团结统一。没有铁的纪律,就没有党的团结统一,党的凝聚力和战斗力就会大大削弱,党的领导能力和执政能力就会大大削弱。一百年来,中国共产党始终把纪律挺在前面,从诞生之日起就制定了党的纪律,突出强调党的保密纪律。我们党在二大制定的党章中就将"纪律"单独列为一章,突出体现了对"纪律"的重视。党的五大选举产生中央监察委员会,采取强有力的举措明确革命纪律。毛泽东在党的六届六中全会报告中,强调"纪律是执行路线的保证,没有纪律,党就无法率领群众与军队进行胜利的斗争"。改革开放以后,党恢复并选举产生了中央纪律检查委员会,出台了《关于党内政治生活的若干准则》。从党的十三大到现在,我们党反复强调从严治党,必须严肃执行党的纪律、加强监督。大力推进全面从严治党,全面加强党的领导和党的建设,坚决改变管党治党宽松软状况,成为党的十八大以来党和国家工作的一个突出亮点,推动了党和国家事业发生历史性变革。

必须坚持和完善全面从严治党制度。全面从严治党推进到哪一步,党内法规制度建设就要跟进到哪一步。从党的历史上看,我们党历来重视法规建设。1938年,毛泽东在党的六届六中全会上就提出"党内法规"概念,强调"须制定一种较详细的党内法规,以统一各级领导机关的行动"。改革开放新时期,邓小平强调"没有党规党法,国法就很难保障"。这些都深刻揭示了党内法规的地位作用以及党规与国法的关系。党的十八大以来,我们党不断完善党内法规体系,形成了以党章为遵循、以责任为导向的"制度群",推动管党治党从宽松软走向严紧硬,制度的"笼子"越扎越紧。党的十九届四中全会,把全面从严治党制度作为党的领导制度的重要组成部分,纳入中国特色社会主义制度和国家治理体系,并进行全面部署,为推动全面从严治党向纵深发展提供了基本遵循。

新时代加强党内民主的政治建设研究①

庄文城

党内民主是党的生命,是改善和加强党的领导的一项战略性举措。但是,如果党内民主受西式民主的影响,把讲政治与讲民主对立起来,主张用民主淡化政治,用党内民主淡化党的政治特性,必然造成极端民主在党内滋生,出现否定、弱化政治的不良现象。而政治建设为统领全面加强党的各方面建设,是新时代加强党的建设的根本要求。如果没有政治建设这个"灵魂",党的各项建设就容易迷失方向、效果不彰。因此,应该将政治建设熔铸成党内民主建设与创新的核心灵魂,贯穿于新时代发展党内民主理论、引领党内民主实践的全过程。要加强新时代党内民主建设与实践的政治引领,坚定党内民主建设与实践的政治立场,明确党内民主建设与实践的政治方向,强化党内民主建设与实践的政治领导。要筑牢新时代党内民主体制与机制的政治灵魂,坚持民主与集中辩证统一,坚持保障党员民主权利与坚持"四个服从"相结合,坚持维护党中央权威性、一致性与调动地方积极性、主动性相结合,坚持党委集体领导与党委成员个人分工负责相结合,坚持党内权力运行与权力监督相结合,坚持少数服从多数与尊重少数人意见相结合。要强化新时代党内民主意识及其培育的政治自觉,正确认知党内民主观的政治属性,正确认知党内民主意识与核心意识、权威意识的内在关系,正确认知党内民主意识与党员的主体意识、责任意识的关系,正确认知党内民主意识与党员干部政治素养、政德修养的关系。

中国共产党是先进的政治组织,讲政治是中国共产党矢志不渝的政治本色和一以贯之的实践遵循。但是,如果受西式民主的影响,把讲政治与讲民主对立起来,主张用民主淡化政治,用党内民主淡化党的政治特性,必然造成极端民主在党内滋生,出现否定、弱化政治的不良现象。毛泽东曾深刻指出,政治是统帅、是灵魂,"政治工作是一切经济工作的生命线"②。习近平总书记也明确指出,"我们党作为马克思主义政党,

---

① 本文已发表于《广西社会科学》2023年第5期,原文题目为"新时代加强党内民主的政治建设研究"。作者:庄文城,北京第二外国语学院马克思主义学院院长、教授。
② 毛泽东文集(第六卷)[M]. 北京:人民出版社,2009:449.

必须旗帜鲜明讲政治"①。如果没有政治建设这个"灵魂",党的各项建设就容易迷失方向、效果不彰。党内民主是党的生命,是改善和加强党的领导的一项战略性举措。应该把政治建设熔铸成党内民主建设和创新的核心灵魂,贯穿于党内民主建设的全过程。这应该也是党的十八大以来,党内民主制度体系不断健全,推动党员权利保障工作取得重要成效的重要原因。2020年12月25日,中共中央修订并印发的《中国共产党党员权利保障条例》就明确强调:"党员权利保障坚持以马克思列宁主义、毛泽东思想、邓小平理论、'三个代表'重要思想、科学发展观、习近平新时代中国特色社会主义思想为指导,增强'四个意识'、坚定'四个自信'、做到'两个维护',不忘初心、牢记使命,坚定不移全面从严治党,推动各级党组织落实和保障党员权利。"②从政治高度进一步明确了加强新时代党内民主的根本要求,也说明了加强党内民主的政治建设是一项重要的时代关切。

一、加强新时代党内民主建设与实践的政治引领

推进党内民主是把党建设得更加坚强有力的必然要求,同时,我们也需要警惕,如果党内民主缺乏政治引领,在根本问题上与党的性质、宗旨、初心和使命不一致,党内民主反而会成为弱化党的领导、动摇党的执政地位的推手。党的二十大报告强调:"确保全党在政治立场、政治方向、政治原则、政治道路上同党中央保持高度一致,确保党的团结统一。"③因此,新时代党内民主建设和实践要以加强政治引领为统揽,把政治建设熔铸成发展党内民主建设与实践的首要遵循,贯穿于新时代发展党内民主理论、引领新时代党内民主实践的全过程,以更好地为新时代党内民主立标定向、培根铸魂。

(一)坚定党内民主建设与实践的政治立场

坚定政治立场推进党内民主是马克思主义政党的本质要求。政党作为阶级斗争的产物,是特定阶级利益的集中代表者为实现所代表的阶级的共同利益和政治追求而组织起来的政治组织。推进党内民主必定要为实现政党的目标和使命服务,决定了党内民主必定具有鲜明的政治立场和阶级属性。中国共产党作为马克思主义政党,是无产阶级的先锋队。而无产阶级作为先进生产力的实现者,因其没有生产资料,以及对实现生产资料共有的自觉追求,决定了无产阶级是广大人民群众的重要组成及先进核心。无产阶级只有首先解放全人类、实现共产主义的崇高理想,才能最终解放自己。因此,

---

① 习近平在省部级主要领导干部学习贯彻十八届六中全会精神专题研讨班开班式上发表重要讲话强调 以解决突出问题为突破口和主抓手 推动党的十八届六中全会精神落到实处[N].人民日报,2017-02-14(01).
② 中国共产党党员权利保障条例[M].北京:法律出版社,2021:3.
③ 本书编写组.党的二十大报告辅导读本[M].北京:人民出版社,2022:58,59.

马克思主义政党没有自己的特殊利益,而是把实现全人类的解放作为自己的崇高使命和奋斗目标,是党性、阶级性与人民性三者有机统一的先进政党。党员作为党的主体,具有为实现党的目标而奋斗的权利和义务。中国共产党推进党内民主,不是为了迎合西方"普世民主",更不是为了争夺个人利益和局部利益,而是为了更好地与党的性质、宗旨、初心相一致,与党中央及其制定的基本路线、方针、政策相一致,与广大人民群众的根本利益相一致。

在推进党内民主建设与实践中要认清错误的政治立场。推进党内民主要营造畅所欲言的良好氛围,确保让广大党员更好地参与到党内民主选举、民主决策、民主管理和民主监督的相关事务和实践之中。但是,广泛发扬党内民主,并不代表党员可以毫无立场地、随意地甚至是恶意地发表言论,"不得随意扩散传播、网络散布,不得扩大和歪曲事实,更不得捏造事实、诬告陷害"①。特别是要坚决抵制两种倾向的政治立场:一是资产阶级的政治立场。如果站在党和广大人民群众相对立的立场上,以个人为中心、以资本为中心,民主的形式再好,也不可能实现真正的党内民主。二是超阶级的政治立场。这样的立场很有迷惑性,看似代表每个人的利益,但是在存在阶级对立的社会,如果把自己立于超阶级的立场上,这实际上是视阶级矛盾和问题于不顾,本质也是代表资产阶级利益的政治立场。

明确政治立场是新时代党内民主建设与实践的根本前提。《中国共产党党员权利保障条例》在强调尊重党员主体地位、保障党员权利的同时,也明确规定了党员的政治属性及其立场,指出不允许任何党员享有特权,党员应当增强党的观念和主体意识②,"在讨论党的基本理论、基本路线、基本方略的过程中,应当自觉同党中央保持高度一致"③。中国共产党在长期奋斗中,始终站在广大人民群众的根本立场上,把广大人民群众的根本利益作为根本的立脚点和出发点,全心全意为人民服务。党的十九大报告把人民至上的价值理念和全心全意为人民服务的根本宗旨,概括为中国共产党人的初心和使命,提出"为中国人民谋幸福,为中华民族谋复兴",并且把"以人民为中心的发展思想"贯彻到党的基本方略的各个方面。发展党内民主作为党的事业发展的重要组成,只有首先坚定以人民为中心的政治立场,明确"我是谁、为了谁、依靠谁",才能明确发展党内民主的方向和道路,才能提出具有针对性、实效性、前瞻性的意见和方案,才能凝聚起全党的力量和共识。这是党内民主制度的优越性和先进性的前提,是保持全党集中统一,凝聚全党智慧和力量,增强全党的凝聚力、战斗力和创造力,更

---

① 中国共产党党员权利保障条例[M].北京:法律出版社,2021:4.
② 同上。
③ 同上,6。

好肩负起新时代党的历史使命和责任,更好满足人民群众向往美好生活的根本要求。

(二)明确党内民主建设与实践的政治方向

政治方向是党生存发展第一位的问题,事关党的前途命运和事业兴衰成败。党内民主的发展方向由党的性质所决定,要与党的历史使命和奋斗目标相一致,遵循共产党的执政规律、社会主义建设规律和人类社会发展规律。旗帜就是方向。毛泽东指出:"主义譬如一面旗子,旗子立起来了,大家才有所指望,才知所趋赴。"[①] 马克思主义是指引无产阶级和全人类解放的科学理论体系,是我们认识世界和改造世界的根本指导思想。中国共产党始终把马克思主义写在自己的旗帜上,把马克思主义基本原理与我国的具体实际相结合,为新时代党内民主建设和实践指引了正确的前进方向。习近平新时代中国特色社会主义思想是当代中国马克思主义、21 世纪马克思主义,是中华文化和中国精神的时代精华,它从新的历史方位、战略高度、时代视野、发展远见、人类福祉等方面,提出了新时代推进"四个伟大"历史使命,为新时代加强党内民主建设与实践指明了发展方向和现实依据。

要以更好推进党的伟大斗争为方向。新时代,党和国家取得的历史性成就是进行伟大斗争取得的,加强新时代党内民主建设与实践,要以更好推进党的伟大斗争为方向,不能让党内民主成为花拳绣腿,中看不中用,也不能敷衍了事,掩盖问题和矛盾,而是要通过党内民主反对党内腐朽堕落、贪污腐败、团团伙伙等不良现象;反对一切否定、歪曲、削弱党的领导和社会主义制度的言行;反对一切破坏党内民主、损害群众利益的行为;反对一切形式主义、官僚主义、享乐主义的不良作风。永葆党员干部的先进性、纯洁性,永葆党的凝聚力和战斗力,更好团结带领人民有效应对重大挑战、抵御重大风险、克服重大阻力、解决重大矛盾。

要以更好建设党的伟大工程为方向。实现伟大梦想,必须建设伟大工程。加强新时代党内民主建设与实践,要始终把改善和加强党的领导,推进党的建设新的伟大工程作为重要目标。要把发展党内民主贯穿到党的建设新的伟大工程之中,通过发展党内民主,改善和加强思想建党和制度治党,提高全党的政治理论水平;增强党的执政能力建设和先进性建设,全面提高管党治党水平,保证党始终走在时代前列;助力党始终保持立党为公、执政为民,保持同人民群众的血肉联系。确保党始终保持一种只争朝夕、永不言弃的奋斗精神,保有一种凝心聚力、同心同德的奋斗力量,保持一种大公无私、公而忘私的奋斗追求。

---

① 中共中央文献研究室,中共湖南省委《毛泽东早期文稿》编辑组.毛泽东早期文稿(1912.6—1920.11)[M].长沙:湖南出版社,1990:554.

要以更好推进党的伟大事业为方向。实现伟大梦想，必须推进伟大事业。中国特色社会主义伟大事业是党和人民历尽千辛万苦、付出巨大代价取得的根本成就。党内民主坚持得好则党强事业兴，坚持不好则党散事业衰。加强新时代党内民主建设和实践，要高举中国特色社会主义伟大旗帜，通过发展党内民主推动人民民主，发展中国特色民主政治，让广大人民群众更直接感受到中国特色社会主义的优越性和先进性，更深刻理解走中国特色社会主义道路的必然性和正确性。更自觉地增强政治意识、大局意识、核心意识、看齐意识，更加坚定中国特色社会主义道路自信、理论自信、制度自信和文化自信，更加自觉地融入中国特色社会主义的伟大事业中，凝聚全党全国人民的力量和智慧推进伟大事业。

要以更好地实现伟大梦想为方向。实现中华民族伟大复兴凝聚了近代以来一代代中华儿女的不懈探索和美好愿景。实现更符合新时代发展要求的党内民主，既是满足人们对美好生活向往的需要，也是对党领导中华民族实现伟大复兴的要求和考验。从党的性质上讲，不为人民民主而奋斗，就不是真正的共产党；从党的发展历程看，没有民主就没有共产党，就没有共产党的发展壮大。中华民族伟大复兴是人民的期待，是顺应人类社会发展规律和社会主义发展规律的前进趋势。不顺应历史进步潮流主动推动党内民主建设以带动人民民主的发展，就谈不上是真正代表工人阶级和广大人民群众根本利益的先进政党；不坚定走自己的党内民主发展道路，就不可能凝聚全民族的精神意志，汇聚广大人民群众的智慧力量，成为始终担负起中华民族伟大复兴历史重任的马克思主义政党。

（三）强化党内民主建设与实践的政治领导

党政军民学、东西南北中，党是领导一切的。中国共产党的领导地位不是自封的，而是由党的性质所决定的，是历史和人民的选择，是我国宪法明确规定的。党的十八大以来，以习近平同志为核心的党中央继承和发展了党的领导的成功经验，把坚持和加强党的全面领导作为做好党和国家各项工作的根本保证，充分发挥党总揽全局、协调各方的领导核心作用，从根本上扭转了党的领导弱化的状况，使党的领导得到了全面的加强，党对一切工作的领导的局面已经形成，党和国家的面貌发生了根本性的转变。加强党内民主建设是为了改善和巩固党的领导地位，同样，党内民主作为关系党前途命运的政治实践，也需要党的坚强领导。《中国共产党党员权利保障条例》明确规定："党委（党组）必须落实全面从严治党主体责任，加强对党员权利保障工作的领导，严格执行党员权利保障方面的党内法规和制度措施"[①]。

---

① 中国共产党党员权利保障条例[M].北京：法律出版社，2021：15.

加强政治领导才能更充分发挥党内民主制度的优越性。既坚持党内民主，又坚持党的集中统一，是中国共产党的一个强大制度优势。党内民主如果脱离了党的坚强领导，就容易迷失方向，容易形成本位主义、官僚主义、形式主义的不良风气，党内民主的优势就难以发挥。因此，党的坚强领导是保证党内民主、推动人民民主的核心问题。只有强化党内民主的政治领导，才能为广大党员履行党员权利和义务提供坚强的政治保障，保障广大党员的主体地位，更好地整合全党力量，统一全党的意志，团结带领全党全军全国各族人民凝聚起磅礴伟力，确保党内民主建设沿着党和国家事业发展的大局、沿着广大人民群众对美好生活的向往、沿着全面建设社会主义现代化强国的正确道路，有计划、有步骤地发展，从而真正实现最广泛、最真实、最管用的党内民主。同时，也只有强化党内民主的政治领导，才能着眼于全党、全国和广大人民事业发展的大局，建立更加整体、更加全面、更加协调、更加辩证的党内民主发展新格局。

加强党的政治领导才能更有力推进党内民主。党内民主的形式再好、制度再多，如果执行不力，搞台上一套台下一套，党内民主的优势和作用就难以充分发挥。加强党的政治领导，才能更好地发挥以上率下、自上而下的领导作用，为推进新时代党内建设与实践提供坚强政治保障；才能切实开展批评和自我批评的民主生活会，更好发挥民主集中制的作用；才能强有力地推进全面深化改革，推进党和国家机构的改革，为更好发挥党内民主的体制机制提供内在动力；才能切实发挥党内民主监督的力量，确保从下到上的监督与从上到下的监督相结合，纪律监察委员会监督、国家监察委员会监督、人大监督、政协监督、人民团体监督、网络监督等全面覆盖、强而有力；才能切实贯彻和落实党内监督条例、党内法规、党务公开等制度体系，切实提高党内民主的质量和水平，增强党内民主的实效性。

二、筑牢新时代党内民主体制与机制的政治灵魂

"民主化和现代化一样，也要一步一步地前进。"[①] 党内民主体制机制建设需要随着时代的发展和党情国情的实际不断完善。新时代，党内民主体制机制建设要坚持以习近平新时代中国特色社会主义思想为指导，围绕党的中心任务，遵循党的建设规律，把党的政治精髓融入党内民主制度和机制建设之中，为进一步完善党内民主体制机制建设奠定根本的政治前提、注入根本的政治灵魂，为党内民主建设提供根本政治保障，确保党不断焕发强大生机和活力，维护党的团结统一，确保党的领导坚强有力。

---

① 邓小平文选（第二卷）[M].北京：人民出版社，1994：168.

（一）坚持民主与集中辩证统一，民主和集中都要讲政治

加强党内民主的政治建设，根本在于坚持好民主集中制。"在我们国家，如果不充分发扬人民民主和党内民主，不充分实行无产阶级的民主制，就不可能有真正的无产阶级的集中制。没有高度的民主，不可能有高度的集中"[①]。民主集中制是辩证唯物主义和历史唯物主义在党的组织建设上的直接体现，是马克思主义认识论在党内政治生活中的生动实践。民主和集中是同一矛盾的两个方面，二者是对立统一的辩证关系，相互作用、相互影响。民主是集中的基础和源泉，集中是民主的体现和归宿。只有有广泛的民主才能有更好的集中，只有有正确的民主才能有正确的集中；同样集中也为民主指引了方向，只有以正确的集中为指引，才能提升民主的质量和水平。相反，如果民主集中制失灵，就难以统一思想、统一意志、凝聚力量。这必然会逐渐弱化党的政治性，使党员偏离正确的政治立场和方向，并弱化党的领导，导致政治运行机制失效，难以集中有效力量对违反党内民主的政治行为和损害人民利益的行为进行坚决有力的斗争，难以推进党内民主与时代发展相适应的健康发展。因此，在把二者统一起来的同时，要旗帜鲜明地讲政治。如果只讲民主不讲政治，就会迷失政治立场、政治方向和政治原则，堕落为超阶级的民主或者以个人为中心的民主，本质是资本主义的民主观；如果只讲集中不讲政治，同样会因迷失政治立场、政治方向和政治原则，为少数人的利益或者个别人的利益而集中，这本质上不是真正的集中。因此，在坚持民主与集中二者辩证统一的同时，要把讲政治摆在首位，高度重视民主的政治属性和集中的政治属性。

（二）坚持保障党员民主权利与坚持"四个服从"相结合

《中国共产党章程》明确规定，要尊重党员主体地位，保障党员民主权利。党员主体地位，是指广大党员在党内当家作主，对党的活动和党的事业起最终的决定作用。党员的民主权利，就是党章和党内法规所赋予的党员在党内事务和活动中应该享有的权利，是党员主体地位得以维护和主体作用得以发挥的基本保障。突出党员主体地位、保障党员民主权利，才能体现马克思主义政党的本质规定性，健全和活跃党内生活，保持党的先进性和纯洁性，增强党的创造力、凝聚力和战斗力。习近平总书记指出："没有广大党员、干部的积极性和执行力，再好的政策措施也会落空。"[②] 因此，要结合新时代的要求，积极探索和完善有效措施，保障党章赋予党员的基本权利，认真贯彻执行保障党员权利的各项制度，增强党员的主体意识和责任意识，切实营造保障党员

---

① 毛泽东著作选读（下册）[M].北京：人民出版社，1986：822.
② 中共中央宣传部.习近平总书记系列重要讲话读本（2016年版）[M].北京：学习出版社，人民出版社，2016：124.

民主权利的环境和氛围。同时，党员必须认真履行党章所规定的党员义务，按照民主集中制的原则，坚持"四个服从"：党员个人服从党组织，少数服从多数，下级组织服从上级组织，全党各个组织和全体党员服从党的全国代表大会和中央委员会。"四个服从"是党的民主集中制原则的重要内容，是发扬党内民主的基础，能否自觉践行"四个服从"，是检验每一位共产党员"党性意识"的重要标准，是全党更加紧密地在政治上、思想上、行动上向党中央看齐、靠拢，保持全党团结一致、行动一致的必然要求。

（三）坚持维护党中央权威性、一致性与调动地方积极性、主动性相结合

在党的基本路线、方针、政策、奋斗目标以及关系全党全局的重大问题上，全党必须与党中央决策部署保持高度一致，坚决维护党中央权威和集中统一领导。否定党中央领导核心的权威和党的集中统一领导，"要么不知道什么叫革命，要么只不过是口头革命派"[1]。树立党中央的权威和党的领导核心是一个成熟马克思主义政党的必然要求，也是党的事业成功的必然要求。新时代，全党要牢固树立"四个意识"、坚定"四个自信"、坚决做到"两个维护"，必须严格执行重大事项请示报告制度，坚决拥护党的权威，拥护以习近平同志为核心的党中央的权威，坚决贯彻执行中央的决议和决定。只有这样，才能维护党的团结统一，增强党的凝聚力和战斗力，保证国家统一、民族团结和社会稳定，才能更好地抓住发展机遇，集中力量和优势应对新时代复杂多变的国内外发展环境，有序地推进党的二十大所作出的一系列重大决策和部署，为全面建设社会主义现代化国家提供坚强的政治保障。这是全党全国人民的最高利益所在，需要全党全国人民共同奋斗。在维护党中央权威的同时，需要各级党委、党组织和广大党员结合实际，创造性地开展工作，调动各级党委和基层党组织的积极性和主动性。我国幅员辽阔，人口众多，中国共产党是拥有近亿名党员的世界第一大政党，全党在坚决维护党中央的权威和贯彻落实党中央重大决策部署的同时，必须鼓励、支持地方党委、党组织结合实际开展工作，独立负责自己职责范围内的工作，重大决策和人事任免应广泛征求下级党组织的意见和建议，除特殊情况外，上级党组织不能随意插手和包办下级党组织的事务，充分调动地方党委和基层党组织的积极性、创造性和主动性。

（四）坚持党委集体领导与党委成员个人分工负责相结合

面对新时代的新情势、新问题，针对如何加强党委领导班子的建设、提升党的领导水平的问题，习近平总书记提出重新学习毛泽东同志《党委会的工作方法》，并作出重要批示，号召各级党委（党组）领导班子成员特别是主要负责同志要重温这篇著作。该文是一篇深刻阐释党委会如何贯彻民主集中制的领导制度、如何坚持党委集体领导

---

[1] 马克思恩格斯选集（第四卷）[M].北京：人民出版社，2012：500.

和个人分工负责相结合的经典著作。党委集体领导与党委成员个人分工负责二者相辅相成、不可偏废，是贯彻民主集中制的直接体现和关键环节。集体领导指党的领导主体是集体而不是个人，特别是党委书记是这个集体的"班长"，不能把他直接等同于这个主体。领导集体成员之间在政治上是平等的同志关系，要坚持少数服从多数的原则。凡属重大方针政策、重大人事问题、重大项目和大额资金的使用等，都必须按照集体领导、民主集中、个别酝酿、会议决定的原则，集体作出决定。在党委会中，所有成员地位平等，都有权充分发表自己的意见，对不同观点进行讨论，在此基础上按照少数服从多数的原则作出决定。对应由集体作出的决定，除特殊情况外，任何个人都无权决定。党委成员个人分工负责是指党委会集体作出决定后，领导成员要根据集体的决定和分工，切实履行各自的职责，把党委的决定贯彻落实到具体的工作中，并将履责情况、落实情况纳入领导干部岗位责任考评的内容，坚决克服相互推诿、相互扯皮、揽功诿过等不良现象。

（五）坚持党内权力运行与权力监督相结合

党的执政地位是人民群众赋予的，党内的权力形成和运行是广大党员授受的，权力的这一授受过程是通过民主集中制形成，也是通过民主集中制运行。党的同级代表大会选举产生党的各级委员会，也就相应产生了党组织的权力，并由相应委员会推动党的权力运行。党的全国代表大会是党的最高领导机关，也是党的最高权力机关。党的地方各级代表大会，是党的地方各级领导机关，也是各级权力机关。党组织的权力通过民主集中制形成统一意志和统一行动，为广大人民群众谋福利，推动党的事业的发展和人类社会的进步。但是权力是把"双刃剑"，正确用权能造福人民，滥用权力则会损害群众权益。"监督是权力正确运行的根本保证，是加强和规范党内政治生活的重要举措"[①]。民主监督是权力正确运行的根本保证，加强和规范党内政治生活，必须用好民主监督这一重要举措。要营造良好的党内民主监督环境，畅通党内民主监督渠道。既要强化自上而下的组织监督，贯彻和完善重大事项请示报告制度，也要改进自下而上的民主监督，各级党委会要向各级人民代表大会报告工作并接受监督。要发挥同级相互监督的作用，建立健全纪检监察监督体系，确保让权力在阳光下运行。特别是要突出对主要领导干部这个"关键少数"的权力监督。党内监督没有禁区、没有例外，不允许有不受制约的权力，也不允许有不受监督的特殊党员。阳光是最好的防腐剂。只有加强对权力的制约和监督，"健全党统一领导、全面覆盖、权威高效的监督体

---

① 本书编写组.《关于新形势下党内政治生活的若干准则》《中国共产党党内监督条例》辅导读本［M］.北京：人民出版社，2016：46.

系，完善权力监督制约机制，以党内监督为主导，促进各类监督贯通协调，让权力在阳光下运行"①，才能确保广大党员赋予党组织的权力不被滥用，确保人民赋予党的执政地位不发生改变。

（六）坚持少数服从多数与尊重少数人意见相结合

中国共产党党员都有共同的理想信念和信仰，但是对具体事务和工作的认识与看法各有不同，不可能所有党员都完全一致，否则反而可能会影响党的活力和生命力。因此，在党的民主决策制度中，只有坚持少数服从多数的原则，才能作出有效率的决策。无产阶级政党肩负着"只有首先解放全人类才能最终解放自己"的历史重任，履行好自己的使命，必须有统一的意志和行动，必须按照少数服从多数的原则处理问题。同时，马克思主义政党与资产阶级政党的区别就在于不是"赢者通吃"，牺牲少数人，而是与尊重少数人的意见相结合。真理有时可能掌握在少数人中，在坚持少数服从多数的情况下，要允许和尊重少数人的意见，从而在实践中进一步检验不同意见，逐步形成共识。毛泽东强调，要"注意团结那些和自己意见不同的同志一道工作"②。不能因为是少数而受到歧视和区别对待，即使是错误的意见，也要在讨论中加以解决，否则党内就难以听到不同的声音，必然出现从众心理，这不仅不利于党内民主，不利于党的发展，甚至也不利于多数人的意见得到更好的完善和发展。尊重少数人意见是民主决策有效运行、避免思想僵化和决策错误的必要条件。

三、强化新时代党内民主意识及其培育的政治自觉

党内民主意识是对党内民主的认知，以党内民主为反映对象，也是党内民主建设的重要内容和发展目标。广大党员的党内民主意识程度反映了党内民主发展的水平，也是进一步发展党内民主的关键要素。加强新时代党内民主的政治建设，要在培育和提升党内民主意识时，把政治意识有机融入党内民主意识的核心体系中。

（一）正确认知党内民主观的政治属性

中国共产党以马克思主义立党，中国共产党党内民主观以马克思主义为理论基础。马克思主义基本立场、观点和方法是科学认识和把握党内民主性质与特征的根本依据。因此，以马克思主义基本原理和党的性质、宗旨、使命等为依据，我们可以归纳出党内民主具有以下几个政治特性：一是客观性。中国共产党党内民主观坚持辩证唯物主义与历史唯物主义世界观和方法论，遵循人类社会发展的一般规律，在批判资产阶级

---

① 本书编写组.党的二十大报告辅导读本［M］.北京：人民出版社，2022：58，59.
② 毛泽东选集（第四卷）［M］.北京：人民出版社，1991：1443.

政党党内民主的局限性的基础上建立起来，超越了资产阶级政党党内民主，具有客观历史必然性，不以个别人的主观意志为转移。二是阶级性。中国共产党党内民主的政治立场，是代表无产阶级和全人类的根本利益，是无产阶级性质的党内民主，具有阶级性，不是代表资产阶级利益，或者所谓的超阶级的党内民主。三是崇高性。中国共产党党内民主的发展方向，是为了使中国共产党更好地成为中国特色社会主义事业的领导核心，更好地领导全党全国人民全面建设社会主义现代化国家，实现中华民族伟大复兴，朝着共产主义的奋斗目标前进。四是先进性。中国共产党党员是中国工人阶级中有共产主义觉悟的先锋战士，党内民主以推进全人类解放为前进方向，具有先进性特征。党内民主的先进性可以确保党始终保持先进性、革命性、纯洁性，始终代表中国先进生产力的发展要求，代表中国先进文化的前进方向，代表中国最广大人民的根本利益。五是广泛性。中国共产党党内民主，通过民主集中制为最广大人民的根本利益谋福祉，本质上是党员当家作主、人民当家作主。六是平等性。党内所有的党员一律平等，充分尊重党员主体地位，保障党员的民主权利，确保每个党员能够平等地履行党章赋予的基本权利，调动党员的积极性和创造性，增强党的生机活力。这些特性充分体现了党内民主的政治特性，是我们理解党内民主观首先要掌握的实质。

（二）正确认知党内民主意识与核心意识、权威意识的内在关系

政治性既是马克思主义政党的本质特性，也是党内民主的本质规定性。当前，最大的政治就是要坚决维护习近平总书记党中央的核心、全党的核心地位，坚决维护党中央权威和集中统一领导，就是要自觉树立核心意识和权威意识。树立正确的党内民主意识，能够更加坚定核心意识和权威意识；坚定核心意识和权威意识则为树立正确的党内民主意识指引了方向。"四个意识"和"两个维护"所体现的核心意识和权威意识，是深刻总结我们党领导人民在革命、建设和改革等不同历史时期的实践中得出的重要结论，是我们党作为成熟的马克思主义执政党的重大建党原则，也是新时代党领导人民进行具有许多新的历史特点伟大斗争的战略选择。党内民主意识是树立核心意识和权威意识的重要思想基础，核心意识和权威意识是党内民主发展的根本目的与集中体现。通过党内民主，我们可以引导广大党员干部更好地形成以党的旗帜为旗帜、以党的方向为方向、以党的意志为意志的自觉共识，使向党中央看齐、向党的理论和路线方针政策看齐、向党中央决策部署看齐更好地成为自觉认知和行动，更好地做到党中央提倡的坚决响应、党中央决定的坚决执行、党中央禁止的坚决不做，确保全党令行禁止。因此，抵制错误的党内民主意识，本质上就是要抵制破坏核心意识和权威意识的行为，也就是要抵制自行其是、各自为政，搞山头主义、团团伙伙；抵制拒不执行党中央确定的大政方针，甚至背着党中央另搞一套，落实党中央决策部署不坚决、打折扣、搞变通的不良风气；坚决抵制对党不忠诚不老实，表里不一，阳奉阴违，欺上瞒下，搞两面派，做两面人，制造、散布、传播政治谣言等歪风邪气。

（三）正确认知党内民主意识与党员的主体意识、责任意识的关系

党员身份具有政治属性，增强党员的主体意识，对于发扬党内民主，增强广大党员在参与党内民主建设中提高政治站位、增强政治意识，推进党内民主沿着正确的方向发展具有重要意义。党员是工人阶级和人民群众中具有共产主义觉悟的先进分子，他们的整体觉悟和素质是比较高的，也是具有鲜明的阶级立场和政治属性的。不承认、不尊重广大党员在发展党内民主中的主体地位，就会弱化党员的身份意识，弱化对党员的先进性的认识；就会影响广大党员在发展党内民主中提高政治站位、坚定政治立场和政治方向，就会影响党内民主的健康发展。而党员主体意识越强责任意识就越强，责任意识越强就越有政治担当和政治勇气。强烈的责任意识和担当意识既是对党员领导干部的要求，也是党员正确行使党员权利的前提。因此，增强党员的责任意识就要增强党员的主体意识，树立党员权利意识，树立权利就是责任的意识。各级党组织要重视党员责任意识的培养，为广大党员行使民主权利提供机会和条件。广大党员可以通过参与党的事务和党内政治生活，提升责任意识，锻炼履行责任的能力和本领，不断提高行使民主权利的自觉性和责任感，不断增强维护权利意识和行使权利的能力。在行使和保障党员民主权利方面，党的各级领导干部要做好模范作用，既要以党员的身份履行好自己的权利，也要带动和引导好广大党员正确行使权利，确保"党内的一切事务是由全体党员直接或者通过代表，在一律平等和毫无例外的条件下来处理的"[①]。各级干部培训要把发展党内民主，尊重党员主体地位，提高政治站位，保障党员民主权利，作为教学和培训的重要内容抓好落实，切实增强党员领导干部保障党员民主权利的自觉性和责任感。

（四）正确认知党内民主意识与党员干部政治素养、政德修养的关系

民主素养是领导干部在具备正确民主意识的基础上，掌握发扬民主的能力和水平，以更好地做到科学决策、民主决策。习近平总书记要求，领导干部要把民主素养作为一种领导能力来培养，作为一门领导艺术来掌握[②]。可以说民主素养体现为民主意识、领导能力、领导艺术等，是党员干部需要具备的重要政治素养。同时，德才兼备，方堪重任，我们党历来强调德才兼备，以德为先，党员干部需要具备过硬的政德修养，

---

① 列宁全集（第十四卷）[M].北京：人民出版社，1988：249.
② 中共中央政治局召开民主生活会强调 树牢"四个意识"坚定"四个自信" 坚决做到"两个维护"勇于担当作为 以求真务实作风把党中央决策部署落到实处 中共中央总书记习近平主持会议并发表重要讲话[N].人民日报，2018-12-27（01）.

才能做到明大德、守公德、严私德。一个具备高水平政治素养的党员干部，需要具备良好的民主素养和过硬的政德修养，两者相互统一、相互促进。只有具备良好的政德修养才能切实发扬民主。信仰崇高、至善至美，平等待人、与人为善，虚怀若谷、海纳百川，才能确保党员干部对党忠诚、对人民忠诚，不忘初心、牢记使命，永葆共产党员的先进性和纯洁性，为发扬党内民主奠定根本前提；才能相互理解、相互支持，更好地听取不同的声音，汲取众人的智慧，从而掌握最全面、最准确的信息，进行反复研究、比较，作出科学的决策部署。可以说，如果没有过硬的政德修养就不可能真正发扬民主，就谈不上具备民主素养。同样，如果没有良好的民主素养，听不进不同意见，搞"一言堂"，就必然产生官僚主义、个人主义、利己主义，也就谈不上什么政德修养。因此，党员干部要深刻认识和准确把握党内民主素养与党员干部政德修养的辩证关系，把党内民主教育和政德修养锻造融入党员的日常民主政治生活中，严肃党内政治生活，敢于批评和自我批评，弘扬自我革命精神，不断提升党员的民主政治素养和自身道德品质修养，更好地发挥党员的先锋作用，旗帜鲜明讲政治，带头坚定政治理想，带头锤炼政治品德，带头坚守政治价值，带头发扬党内民主。

总之，新时代发展党内民主必须始终坚持以习近平新时代中国特色社会主义思想为指导，更好地推进党内民主的政治建设，把坚定拥护"两个确立"、增强"四个意识"、坚定"四个自信"、做到"两个维护"作为发展党内民主的根本政治追求、政治纪律和政治规矩，不断提升党内民主的质量和水平，把全体党员更加紧密地团结在以习近平同志为核心的党中央周围，凝聚起全面建设社会主义现代化国家的磅礴伟力。

论中国式现代化蕴含的民主观及其世界意义

庄文城[①]

习近平总书记指出:"中国式现代化蕴含独特的世界观、价值观、历史观、文明观、民主观、生态观等及其伟大实践,是对世界现代化理论和实践的重大创新。"[②] 这一重大论断,深刻揭示了中国式现代化的理念、观念、价值,及其世界观和方法论,进一步廓清了中国式现代化与民主的关系,开辟了世界现代化进程中民主理论和实践的新境界。

一、社会主义民主的本质是人民当家作主

马克思主义认为,民主实质上是指"人民当家作主"。18世纪法国启蒙思想家卢梭等提出人民主权理论的观点,马克思主义批判地继承了这一观点,提出了民主的实质是人民当家作主,深刻地阐述了民主的阶级性。1843年,马克思在《黑格尔哲学批判》中提出了自己的人民主权思想,抨击了封建专制和君主立宪制。他指出,君主主权和人民主权是根本对立的,主权如果不属于君主就属于人民。他说:"在君主制中是国家制度的人民;在民主制中是人民的国家制度。"同时,他还强调:"民主制度独有的特点就是国家制度无论如何只是人民存在的环节""不是国家制度创造人民,而是人民创造国家制度。"[③] 人民主权是否能实现,人民是否能自己建立新的国家制度?马克思说:"国家制度如果不再真正体现人民的意志,那它就变成有名无实的东西了。"[④] 因此,在马克思看来,真正的民主应是人民意志的体现,是人民主权的实现,就是人民可以自己创造、建立和制定国家制度,并运用这一制度来维护人民的主权,决定人民自己的事情,其实质就是实现人民当家作主。同时,马克思主义认为,人民不是超阶级的,而是以先进阶级为核心、以广大劳动者为主体、一切推动人类社会进步发展的所有人

[①] 作者:庄文城,北京第二外国语学院马克思主义学院院长、教授。
[②] 习近平在学习贯彻党的二十大精神研讨班开班式上发表重要讲话强调 正确处理和大力支持推进中国式现代化[N].人民日报,2023-2-8.
[③] 马克思恩格斯全集(第2版第1卷)[M].北京:人民出版社,1995:281.
[④] 同上,316。

构成，因此，人民是具体的、是变化发展的、是具有阶级性的。因此，马克思主义认为，民主所体现的人民当家作主也是具有阶级性的。

实现人民当家作主是人类社会发展的必然趋势，具有历史必然性。在《德意志意识形态》中，马克思从历史唯物主义的角度对此观点进行了深刻解释。马克思认为，全部社会生活在本质上是实践的，直接从生产和交往中发展起来的社会组织，在一切时代都构成国家基础。[①] 国家是从人们的社会实践，特别是从社会生产和社会交往活动中产生的。历史唯物主义观点认为，以个人为中心的实践，个人主义、功利主义的实践必然被人民群众的实践、社会的实践所取代，人们只有共同从事生产活动、维护共同利益，才能实现人类的解放，实现每个人自由而全面的发展。人民群众是社会历史的创造者，是人类实践（或社会实践）的主体，是社会生产生活的主体，是推动历史前进发展的真正力量，代表了人类社会发展的趋势。因此，人民应当是国家的主人，是国家权力的主体。历史唯物主义在批判人类历史上的其他类型民主的基础上，揭示了以无产阶级为先进核心的人民民主必然会超越并取代以资本为中心的超阶级民主，真正实现了多数人民主的社会主义民主本质，为无产阶级和广大劳动人民争取民主指明方向。

马克思主义认为民主的实质是直接、真正的民主制，是体现人民主权的理想状态，正如列宁所说，苏维埃民主应是使全体居民真正平等地、真正普遍地参与一切国家事务。[②] 但是，由于现实社会发展的复杂性，人民民主难以简单体现为对国家事务的直接管理，这既不可能，也无必要，甚至可能成为社会发展的阻碍力量，违反人民当家作主的本质。人民民主往往采取间接民主的形式，人民通过选拔一部分人代表他们来管理国家事务，并对他们实行有效的监督，体现为间接民主的特点。因此，真正的人民民主的重点不能局限于形式和程序的规范，更要看是否体现人民的意愿，是否满足人民的需要，是否有效解决问题，从而推动人类文明的发展和社会进步。

只有人民民主才能确保人民充分享有权利和自由。马克思认为，虽然近代资产阶级革命实现了政治解放，无产阶级虽然拥有人身自由，在形式上享有平等的政治权利。但无产阶级没有生产资料，他们的生存不得不依附于资本，为资产阶级的私人资本增值服务，不能真实地享有各种社会权利和自由，从而真正实现人的全面解放。政治解放只是消除了封建君主专制制度、等级制度和特权制度，并没有改变生产资料私有制，无产阶级仍然无法从起决定性作用的社会经济领域中解放出来。在资本主义社会，由

---

① 马克思恩格斯全集（第2版第3卷）[M].北京：人民出版社，2002：41.
② 列宁全集（第28卷）[M].北京：人民出版社，2017：111.

于生产资料资本家私人占有的制度主导着整个社会的经济关系,劳动人民为生存,不得不出卖劳动力,受资本的剥削和压榨,实际上必然无法享有各种权利和自由。同时,资产阶级也通过各种形式上的平等和自由,引诱和欺骗广大群众,把实际上的不平等合理化,使广大群众为了眼前的物质利益,顺从资产阶级的政治统治。所以,资产阶级民主实际上是少数占有资本的资产阶级的民主,是少数人的民主。而马克思主义人民民主是体现广大人民群众的自由和民主,是每个人自由而全面的解放。它不仅在理论上提出了人民主权问题,也在政治制度上保障主权在民原则,更在建立生产资料公有制的根本经济制度保障人民主体地位,确保人民群众充分享有广泛的权利和自由。

只有人民民主才能确保人民充分参与国家事务的民主权利。人民民主在实现形式上,体现在人民能够充分参与到国家重大方针、重大政策和重大事务的制定、管理和监督;在实现路径上,体现在畅通民主参与渠道,通过人民代表大会、政治协商、民族区域自治、基层群众自治等多渠道、多途径参与民主政治,保证人民全过程、全方位、全天候参与。确保使各项法律制度和重大决策事项能够充分反映民意、汇聚民智,切实把人民主权的原则落实到人民实际的参与实践中。但资产阶级民主通过票决的方式,把广大群众的民主参与限定在选举活动中,而这样的民主每隔几年才举行一次。广大群众也只有在选举的时候才受到重视,被动员起来去参加投票,在本质上没有什么区别的政党之间进行选择,成为投票机器。选举结束后,群众除了游行以外没有其他参与政治活动的机会,在国家重大政策和制度制定中受到冷落和忽视,选举时的各种口号往往被抛弃,或者在资本主义框架下根本无法实现。广大群众既无法广泛地参与到国家事务的管理和监督中,也无法对某项国家事务全过程、全方位监督。

只有人民民主才能切实维护人民的根本利益。在社会关系中,物质生产资料归谁所有具有决定性作用,利益关系问题是社会历史发展的根本问题。马克思指出:"人们为之奋斗的一切,都同他们的利益有关。"[①] 实行人民民主就是维护人民的主体地位,根本目的在于维护广大人民群众的根本利益。真正的民主不是装饰品、走形式、摆样子、走过场,而是应该实实在在地以人民群众的根本利益作为民主实践的出发点和落脚点,回应人民群众的诉求,维护人民群众的实际利益。资本主义民主表面上宣扬维护所有人的利益,但现实中生产资料归少数资本家私人所有,维护所有人利益,实际上是默认根本利益上的事实不平等,本质上是维护资产阶级的利益,是少数人的民主。马克思、恩格斯指出,资产阶级"在现代的代议制国家里夺得了独占的政治统治。现代的

---

① 马克思恩格斯全集(第1卷)[M].北京:人民出版社,2001:187.

国家政权不过是管理整个资产阶级的共同事务的委员会罢了"①。这也必然反映出资本主义民主本质上的虚伪性和欺骗性，议会议员和行政官员在竞选时都给选民描绘了美好前景，许下各种各样的诺言，说得天花乱坠，但获选后，他们的根本利益决定了他们往往会把竞选时的承诺置之脑后资本主义改变不了他们为其自身利益和背后的利益集团服务的本质，民主成为获取私利的工具。

中国共产党成立以来，始终坚持和发展社会主义民主，走出了一条中国特色社会主义民主政治道路，形成了一整套社会主义民主的制度体系和实践机制。党的十八大以来，以习近平同志为核心的党中央进一步深化了对民主政治发展规律的认识，提出全过程人民民主的重大理念。全过程人民民主不仅有完整的制度程序，而且有完整的参与实践。"全过程人民民主坚持民主与集中的有机统一，坚持尊重人民主体地位，广泛凝聚社会共识，有效推进了国家治理体系和治理能力现代化，实现政治稳定、经济发展和社会繁荣。"②全过程人民民主实现了过程民主和成果民主、程序民主和实质民主、直接民主和间接民主、人民民主和国家意志相统一，是全链条、全方位、全覆盖的民主，是最广泛、最真实、最管用的社会主义民主。党的二十大报告指出：新时代十年来，"我们坚持走中国特色社会主义政治发展道路，全面发展全过程人民民主，社会主义民主政治制度化、规范化、程序化全面推进，人民当家作主更为扎实，全面依法治国总体格局基本形成。"全过程人民民主坚持了社会主义民主的基本原则，体现了人民当家作主的本质和核心，深刻反映了中国特色社会主义民主政治的基本特征，是对社会主义民主的继承和发展，开辟了社会主义民主理论与实践的新境界。

二、全过程人民民主是当代中国民主理念的高度概括

习近平总书记指出："各国国情不同，每个国家的政治制度都是独特的，都是由这个国家的人民所决定的，都是在这个国家历史传承、文化传统、经济社会发展的基础上长期发展、逐渐改进、内生性演化的结果。"③全过程人民民主的提出就是对当代中国民主理念和民主实践的高度概括，是在走中国特色社会主义民主政治道路过程中所获得的。早在改革开放之初，邓小平同志就指出："关于民主，我们大陆讲社会主义民主，和资产阶级民主的概念不同。西方的民主就是三权分立，多党竞选，等等。我们并不反对西方国家这样搞，但是我们中国大陆不搞多党竞选，不搞三权分立、两院制。我

---

① 马克思恩格斯文集（第 2 卷）[M].北京：人民出版社，2009：33.
② 本刊记者.习近平总书记关于社会主义民主 重要论述的理论创新与现实价值——访中国社会科学院政治学研究所所长张树华研究员[J].马克思主义研究，2022，（06）.
③ 习近平.在庆祝全国人民代表大会成立 60 周年大会上的讲话[N].人民日报，2014-9-6.

们实行的就是全国人民代表大会一院制,这最符合中国实际。如果政策正确,方向正确,这种体制益处很大,很有助于国家的兴旺发达,避免很多牵扯。当然,如果政策搞错了,不管你什么院制也没有用。"经过几十年的艰辛探索,我们已经较为充分地阐明了民主的理论问题,在实践上积累了一系列的民主实践经验,以全过程人民民主作为表达,跳过了西方所构陷的民主陷阱。

从民主的理论认识上来看,经过几十年的努力,中国已经深刻地理解了何为民主。首先,我们的民主理论不做无谓的价值论争,既承认民主的阶级性,要以专政为保障,也强调民主要真实管用,加强其社会属性,并设计出与选举民主相配套的协商民主、基层直接民主,最大程度地确保人民当家作主。其次,我们的民主是全方位的,不仅在官员的选拔任用中综合使用党内民主和人民民主、选举民主与协商民主,而且注重民主管理、民主决策、民主监督全过程。最后,我们的民主制度还能避免政党恶斗式的对抗性竞争,能够实现选贤任能和事业的连续性,同时又具有较强的纠错能力,能够维护国家安定、保护最大多数人的利益。

从民主的实践上来看,中国的民主政治体制改革走了一条由治党及于治国的特色发展道路。中国的民主政治体制改革一开始就抓住了中国特色社会主义制度最大优势——中国共产党的领导。从"三个代表"重要思想的提出到如今的"坚定不移全面从严治党",全面改革党和国家领导制度,就是要把我国体制的最大优越性发挥出来,切实做到党"领导一切"国家和社会力量为人民服务。这不仅让我们跳出了西方长期推销的"政治/行政"二分学术话语带来的党政分开政改思路的纠缠,也让我们看清楚了西方长期不遗余力攻击我们的政体的目的就是要消解共产党领导这个最大体制优势,从而搞乱中国。当前已没有任何外部力量能够迫使中国民主政治改道。和平时期,一个正常国家不可能无端改变自己的政治体制,除非出现戈尔巴乔夫式的人物或者是发生西方所谓的"民主化"。"在最简单的层次上,民主化涉及:(1)威权政权的终结;(2)民主政权的创设;(3)民主政权的巩固。"[1]可见,西式民主化关键不在"民主"二字,而在于"化",即一个非西方的政治制度如何化为西方的民主制度。西式"民主化"要顺利移植他国,除非以非民主、反人道的方式完成,如军事打击和干涉、政治高压、文化侵蚀、经济引诱或制裁、利用基金会等非政府组织进行政治渗透,否则总会遭到各方抵制。以当下的国内国际环境,要想中国改旗易帜无异于痴人说梦。

全过程人民民主的实践与提炼将使中国远离西方的民主陷阱。事实证明,移植西方民主制度并不必然带来发展,反而容易带来灾难。戈尔巴乔夫和叶利钦等苏共高层

---

[1] 达尔.多头政体:参与和反对[M].北京:商务印书馆,2003.

选择了新自由主义的经济制度和自由民主宪政制度，以为拆了克里姆林宫，很快就能建成一个白宫，结果是自毁长城。苏联解体后，日裔美国学者福山立马抛出"历史终结论"，宣称共产主义已经失败，西方自由民主制度是"人类意识形态发展的终点"和"人类最后一种统治形式"。但很快人们发现，引入西方民主的大部分发展中国家都陷入了失灵境地：非洲40多个引入多党制的国家有30多个政局不稳；被称为民主大国的印度，开设一项业务需要的时间是中国的两倍，种姓制度至今根深蒂固，连提供清洁的饮用水和卫生的厕所都没有做到；墨西哥等拉美国家曾经富足安宁，现在处于拉美陷阱不能自拔。对于脆弱的发展中国家来说，在基础性的统一国家力量没有形成之前引入（或是被输入）竞争性民主形式，就像让一个孩子猛吃大量激素，结果是原先脆弱的政治平衡被破坏殆尽，国家也因为民主赤字而陷入永无宁日的动荡和不可避免的衰败之中。更讽刺的是，向来以"灯塔"国自居的西方发达国家也病态丛生。金钱加持下的竞争性选举加剧了政治制衡机制与政治极化的双重叠加，形成了人为否决的"否决体制"，巨大的政治内耗导致了治理绩效的迅速下降。

三、没有全过程人民民主就没有中国式现代化

习近平总书记在党的二十大报告中指出，发展全过程人民民主是中国式现代化的本质要求。人民是现代化建设的重要参与者，也是现代化成果的享有者。在党的领导下，发展全过程人民民主、推进中国式现代化，突出了现代化方向的人民性，增强了现代化成果的普惠性。推进中国式现代化，必须坚持人民的主体地位，切实保证人民当家作主。

全过程人民民主是中国式现代化的应有之义。首先，没有对全过程人民民主的本质要求，中国式现代化就是不完整的。党的二十大报告明确提出，中国式现代化的本质要求是：坚持中国共产党领导，坚持中国特色社会主义，实现高质量发展，发展全过程人民民主，丰富人民精神世界，实现全体人民共同富裕，促进人与自然和谐共生，推动构建人类命运共同体，创造人类文明新形态。我们可以看出，全过程人民民主是中国式现代化的"九条本质要求"之一，这9个方面分别是对政治保证、社会制度属性、经济建设、政治建设、文化建设、社会建设、生态文明建设、世界意义、文明形态各个领域各个层面的本质性要求，它们是不能互相割裂的整体。其次，全过程人民民主是中国式现代化建设的重要目标。没有了对全过程人民民主的要求，"五位一体"的总体布局就是残缺的。党的二十大报告强调，我们党领导全国各族人民全面建成社会主义现代化强国，实现中华民族伟大复兴，总的战略安排是分两步走：从二〇二〇年到二〇三五年基本实现社会主义现代化；从二〇三五年到本世纪中叶把我国建成富

强民主文明和谐美丽的社会主义现代化强国。对于实现第一步目标即到二〇三五年基本实现社会主义现代化，远景目标对于政治方面的要求是"基本实现国家治理体系和治理能力现代化，全过程人民民主制度更加健全，基本建成法治国家、法治政府、法治社会"。对于实现第二步目标即到本世纪中叶建成社会主义现代化强国的远景规划提出，"物质文明、政治文明、精神文明、社会文明、生态文明到那时将全面提升"，其中，政治文明的全面提升当然包括对于全过程人民民主的要求。对此，习近平总书记做了初步说明，指出在全面建设社会主义现代化国家的征程上，必须不断提升"全过程人民民主制度化、规范化、程序化水平"。由此可见，以中国式现代化实现中华民族伟大复兴，民主不能缺席，全过程人民民主更不能缺席，全过程人民民主必须在场。

全过程人民民主能保障中国式现代化的实现。没有了全过程人民民主，中国式现代化就缺少了重要保障。对于中国式现代化而言，发展全过程人民民主既是其目标任务，也是其重要保障。全过程人民民主是中国式现代化在政治领域的集中体现，其首先要适用于政治领域但不限于政治领域。在经济文明、社会文明、文化文明、生态文明的现代化中，全过程人民民主也是一种普遍的实践形式，如经济民主、文化民主、社会民主、生态民主等。中国式现代化创造了人类文明新形态，是社会主义市场经济、民主政治、先进文化、和谐社会、绿色生态5个领域全面发展的现代化。这5个方面的现代化是并联式发展的，是互相融合、互相衔接、互相促进的。在政治领域，政治制度的完善需要民主，"中国特色社会主义民主是个新事物，也是个好事物。当然，这并不是说，中国政治制度就完美无缺了，就不需要完善和发展了。"①从国内外的实践看，政治制度在经济、社会、文化、生态等领域并不是消极的，而是积极的。全过程人民民主，既有完整的制度程序，也有完整的参与实践，把民主选举、民主协商、民主决策、民主管理、民主监督贯通起来，涵盖经济、政治、文化、社会、生态文明等各个方面，聚焦国家发展大事、社会治理难事、百姓日常琐事，具有时间上的连续性、内容上的整体性、运行上的协同性、人民参与上的广泛性和持续性。这样的全过程人民民主能够调动起各领域、各阶层群众的积极性，为实现中国式现代化提供了最大的民心保障、制度保障。目前，全过程人民民主的发展规定了很多制度，包括人民代表大会代表制度、中国共产党领导的多党合作和政治协商制度、民族区域自治制度、基层群众自治制度等。这些制度构建了多样、畅通、有序的民主渠道，有效保证党的主张、国家意志、人民意愿相统一。这些制度为现代化发展提供了稳定的政治制度保障。

全过程人民民主是中国式现代化建设的重要路径。没有了全过程人民民主，中国

---

① 习近平. 在庆祝全国人民代表大会成立60周年大会上的讲话[N]. 人民日报，2014-09-06.

式现代化的建设是少抓手的。现代化"是一个多层面的进程,它涉及人类思想和行为所有领域的变革"①。民主与现代化不可分离,没有民主,经济方面的现代化是不可能的、政治方面的现代化是不全面的、社会方面的现代化是没有秩序的、文化方面的现代化是没有灵魂的、生态方面的现代化是没有活力的。首先,只有大力发扬全过程人民民主,才能充分调动广大人民群众积极参与中国式现代化。人民既广泛参与国家、社会事务和经济文化事业的管理,也在日常生活中广泛充分行使民主权利,每个人都有多重民主角色,都享有相应民主权利。全过程人民民主,坚持以人民为中心的发展思想,坚持人民当家作主的制度体系,坚持党的群众路线,充分激发全体人民的主人翁精神,为推进中国式现代化、实现中华民族伟大复兴提供了强大动力。其次,全过程人民民主体现在国家治理各领域各方面各环节。习近平总书记强调:"发展社会主义民主政治,是推进国家治理体系和治理能力现代化的应有之义。"②全过程人民民主优势明显,从国家大政方针和社会治理,到百姓的收入、就业、医疗、教育、养老、住房等,都有地方说、说了有人听、听了有反馈。全过程人民民主是国家治理体系和治理能力现代化不可或缺的途径。社会主义中国之所以具有强大的国家治理能力,有两个方面:公有制的主体地位和民主集中制。公有制的主体地位决定了关系国计民生的各类资源大多由国家和集体所有和支配,这就为国家进行有效的社会动员、调动各方面积极性、形成资源和力量优势、集中力量办大事办难事,提供了制度上的保障。民主集中制确保了制度的协调性和整合性,在民主基础上实行集中,有利于统一意志、强化共识,保证政令畅通,使决策部署得到迅速有效的贯彻执行。实践将充分证明,中国式现代化是在民主集中制基础上发展的,也是在充分实现人民平等参与、平等发展权利基础上推进的。我们必须通过全面深化改革尤其民主政治制度的改革来不断推进国家治理体系和治理能力现代化,同时,在这个过程中把民主政治各项具体制度落到实处,扎扎实实以全过程人民民主推进中国式现代化。

实践充分证明,社会主义现代化是在人民民主制度基础上发展的,中国式现代化是在充分实现人民平等参与、平等发展权利基础上推进的。没有民主,就没有社会主义现代化,社会主义现代化是在人民民主制度基础上发展的,离开了民主,就不可能实现现代化;没有全过程人民民主,就没有中国式现代化,中国式现代化是在充分实现人民平等参与、平等发展权利基础上发展的。中国式现代化蕴含的独特民主观,特别是全过程人民民主,为我们党坚持以人民为中心的发展思想,坚持人民当家作主的

---

① [美]塞缪尔·P.亨廷顿.变化社会中的政治秩序[M].王冠华,刘为,等,译.上海:上海人民出版社,2008:25.
② 习近平.在庆祝全国人民代表大会成立60周年大会上的讲话[N].人民日报,2014-09-06.

制度体系,坚持党的群众路线,充分激发全体人民的主人翁精神,把全过程人民民主更好转化为全面建设社会主义现代化国家、全面推进中华民族伟大复兴的强大动力指明了前进方向、提供了根本遵循。

四、全过程人民民主丰富了人类政治文明新形态

《中国的民主》白皮书指出:"中国基于本国国情发展全过程人民民主,既有着鲜明的中国特色,也体现了全人类对民主的共同追求;既推动了中国的发展与中华民族的复兴,也丰富了人类政治文明形态。"[1] 这一论断深刻说明了全过程人民民主是人民民主的普遍原理与中国实际相结合中形成和发展的,是中国特色社会主义政治文明形态与人类政治文明形态的内在统一,具有鲜明的中国特色,也具有普遍的世界意义。

(一)为人类民主事业发展探索新的路径

中国的民主政治是人类政治文明创新的典范。一个制度具有世界意义,就要符合人类政治文明的发展规律,随着时代的发展不断丰富完善。党的十八大以来,"从形成更加成熟更加定型的制度看,我们社会主义实践的前半程已经走过了……后半程我们的主要历史任务是完善和发展中国特色社会主义制度……"[2] 党的十九届四中全会从根本制度、基本制度、重要制度层面,全面系统地提炼概括了中国特色社会主义制度13个方面的显著优势,回答了"坚持和巩固什么、完善和发展什么"这一重大政治问题,明确了制度继续完善成熟的方向与重点。在庆祝中国共产党成立100周年大会上,我们第一次将新时代以来中国民主的最新成果进行提炼总结,全面阐释了全过程人民民主是过程民主和成果民主、程序民主和实质民主、直接民主和间接民主、人民民主和国家意志相统一,是全链条、全方位、全覆盖的民主,是最广泛、最真实、最管用的社会主义民主。这既是对马克思主义民主理论的创新发展,也是对中国民主政治实践的深刻总结,为人类民主事业的发展提供了不同于西方民主的新方案和新理念。

面对国际形势的乱象丛生,相比西方国家借民主议题持续引发世界动荡,中国则以自身的政治制度优势,提出并阐发全过程人民民主的理念,开辟了一条不同于西方民主的新道路,成为世界民主政治发展的典范。譬如,2021年美国举办所谓"领导人民主峰会",以意识形态划线,把民主工具化、武器化,假民主之名行反民主之实,煽动分裂对抗,转移国内矛盾,维护美国世界独霸地位,破坏以联合国为核心的国际体系和以国际法为基础的国际秩序。中国从理论和实践方面做了充分的系统反击,向国

---

[1] 中华人民共和国国务院新闻办公室.中国的民主[N].人民日报,2021-12-5(05).
[2] 习近平.关于社会主义政治建设论述摘编[M].中央文献出版社,2017:6-7.

际社会发出激浊扬清的正义之声。及时揭批美国民主的同时，完整提出全过程人民民主理论并向世界做宣传，弘扬全人类共同价值，倡导民主制度的多样化实践，揭批美国民主的真相，宣传中国的全过程人民民主。这在国际和国内产生了很大的反响，被专家评价为"民主话语权的分水岭之战"，既是中国民主政治制度自信的充分体现，也为其他发展中国家独立自主地发展民主政治提供了新的出路和方案。

（二）为国际关系民主化提供中国智慧

当今世界迫切需要建立新的国际新秩序，推进国际关系民主化。随着资本主义的产生和发展，西方发达资本主义国家轮流主导世界，在资本主导下的旧国际关系，必然导致国际关系的失衡与混乱，损害落后国家和人民的利益。在这一历史发展过程中，仅有苏联曾对"东方从属于西方""人从属于资本"的旧秩序提出过挑战。但随着苏联解体，福山宣称，"构成历史最基本的原则和制度不可能再进步了，原因在于，所有的真正的大问题已经得到解决。"[1]但实际上，问题根本没有得到过解决。资本主义世界经济体是一个基于不平衡发展、不平等交换和剩余价值占有的等级制体系，亦即中心—半边缘—边缘格局，世界经济体由中心地区、半边缘地区和边缘地区等三部分组成，处在"中心"的发达国家拥有生产和交换的双重优势，对处在"半边缘"和"边缘"的发展中国家与欠发达国家进行经济剥削。这是造成当下全球问题的根本性原因，也是马克思所指出的社会化大生产和生产资料私有制之间的不可调和的矛盾在世界市场中的体现。

面对这一资本主义的根本性矛盾，2017年2月，习近平总书记在国家安全工作座谈会上指出，"要引导国际社会共同塑造更加公正合理的国际新秩序""引导国际社会共同维护国际安全"。中国特色社会主义民主政治是真正的民主，为国际关系民主化提供了新的可能。构建人类命运共同体，构建真正民主的国际新秩序，是全过程人民民主理念向世界的延伸。中国不接受"国强必霸"，始终致力于为国际关系民主化创造条件，始终坚持共同安全、共同发展与国际关系民主化的大方向，推动国际政治秩序朝着更加公正、合理的方向演变。全过程人民民主倡导维护世界和平与国际关系民主化，尊重世界各国的主权和安全，尊重人类民主和文明的多样性。倡导努力构建人类命运共同体，积极推动"一带一路"建设，积极弘扬和平、发展、公平、正义、民主、自由的全人类共同价值，努力实现各国合作共赢。全过程人民民主突破了西式民主既往的发展模式，为世界民主政治发展贡献了中国理念和中国方案，拓展了广大非西方国家的政治发展道路。

---

[1] 福山.历史的终结与最后之人[M].北京：中国社会科学出版社，2003：15.

贤能政治："中国模式"的新叙事？

齐 冰[①]

近年来，"贤能政治"成为阐释中国政治的全新话题，贝淡宁教授的《贤能政治——为什么尚贤制比选举民主制更适合中国》（以下简称《贤能政治》）一书将"政治尚贤制"作为"中国模式"的解释框架，随之引发了诸多争议。而实际上，将"贤能政治"看作"中国模式"的独特性特征的学者也并不鲜见。"贤能政治"的提出和广泛讨论，不仅是对长久以来中国被扣上"威权主义"的帽子的一种回应，而且在于"贤能政治"成为一个基于中国历史文化视野研究的汇合点，再加上在汉语语境里的"贤能政治"并非贬义，因此，"贤能政治"为"中国模式"的叙事提供了全新视角。但是，"贤能政治"并不足以成为"中国模式"的新叙事范式，原因有三：第一，难以摆脱"儒家传统"的话语窠臼，难以打破以往对"中国模式"的刻板印象。第二，"贤能"标准上存在"表"与"里"理解上的诸多难题。第三，"贤政"并不必然带来"善治"。

2016年，加拿大学者贝淡宁《贤能政治》一书面世。作者的基本观点是：源自传统的政治尚贤制更有助于中国这样的大国有效规避普选民主的"反智主义"风险，优于西方的民主制度。此论一出，旋即引起了广泛关注，在海外随之出现了关于"贤能政治"与"民主政治"孰优孰劣的激烈争论。2021年年初，贝淡宁教授在文中提出"当代中国经历了实质性的政治改革，重建贤能政治得到了广泛认同"，[②]并对此前"贤能政治"的观点进行了改进。

一、《贤能政治》一书的逻辑演进

贝淡宁在《贤能政治》一书中将新加坡的政治制度认为是当代"贤能政治"的发端。所谓"贤能政治"——"人人都有平等的机会接受教育并为社会和政治作贡献，

[①] 作者：齐冰，中国社会科学院国际中国学研究中心特约研究员，中国社会科学院政治学研究所出站博士后，现为北京体育大学马克思主义学院副教授、硕士生导师。
[②] 贝淡宁，汪沛.贤能政治及其改进[J].中央社会主义学院学报，2021，(01)：24.

但不是每个人都拥有同样的能力做出知情的道德和政治判断，成为出类拔萃的人才。因此，政治的任务就是辨认出具有超常能力的人，让他们为公众服务。"① 这是政治尚贤制的体现，而非经济尚贤制。基于东亚儒家文化圈，这一点其实不难理解，但从国际视野来看，西方对于"贤能政治"的讨论往往基于经济尚贤制的角度，也因此导致了"贤能政治"与"Meritocracy"的语义偏差和观点分歧。

（一）两种语境下的"贤能政治"内涵

"贤能政治"，作为中文表达蕴含着更多褒义色彩，但是对应的英文"Meritocracy"则并非如此。韦氏英语辞典中"Meritocracy"一词的解释有两种：第一种是"选拔人才并根据其政绩晋升的制度"，第二种是"基于智力标准选择的领导"。不同于中文的"尚贤"，英文的第二种解释倒很像是"尚智"。② 这两种解释在英文文献中均有出现，也因此导致在中英两种语境中，"贤能政治"的内涵并不一致，讨论时常不在一个频道上，但显然在中文语境中的褒义成分是超过英文的。

《贤能政治》一书中，作者开篇剖析了西方民主制度的种种问题，包括"多数派暴政""少数派暴政""选民共同体暴政"和"竞争性个人主义者暴政"，在反思这些民主制度带来的诸多问题的基础上，进而阐述了有可能成为选举民主替代选择的"贤能政治"。

关于中国的"贤能政治"内涵，贝淡宁教授做了进一步解释，贤能政治指政治制度的设计目的是选拔德才兼备的政治领导人。原则上，贤能政治是理想的政治模式，因为政治领导人具有在较低级别的政府中任职的经验（相对于民主选举国家可以选择没有任何政治经验的领导人），领导人做决策会考虑到长远的发展、子孙后代及生活在这个国家之外的受政策影响的人们（相反，民主选举国家的领导人，即使他们工作做得再好，也只是或主要考虑选民的利益，并且担心下一届选举），领导人可以花时间学习政策和历史以及国外的最佳实践。③ 其实，这些表述更多的是对西方竞争性选举的反思，也导致西方学者将此视为对西方自由民主政治的一种挑衅，即使这可能并非作者的意图。

（二）《贤能政治》一书的核心观点

贝淡宁在书中反复强调，他阐述的"贤能政治"是一种政治理想，所有的讨论都基于这样一种理念前提："政治制度应当采取在较低层级政府中进行考试和政绩评估等

---

① 贝淡宁. 贤能政治——为什么尚贤制比选举民主制更适合中国[M]. 北京：中信出版社，2016：21.
② Definition of meritocracy: 1. a system in which the talented are chosen and moved ahead on the basis of their achievement; 2. leadership selected on the basis of intellectual criteria.
③ 贝淡宁：别迷信西方民主，贤能政治是理想政治模式. 人民日报，2017-03-24.

方式，以选拔和擢升能力和德行超出平均水平的公职人员为目标。"①换而言之，其立论基础在于默认政治制度能够实现"选贤任能"的目的。

作为一种政治理想模型，"贤能政治"需要满足以下3个条件：

（1）政治权力稳定，不存在政党更替；②

（2）取决于高度经济平等；③

（3）"尚贤制中的政治领袖的美好品质"④始终如一。

对于中国而言，（1）（2）是满足条件，或完全可能实现的。（3）显然是过于理想的，因为现实中的人都存在变化，不能保证拥有的"美好品质"始终如一。

另外，政治尚贤制也有需要解决的问题，作者也提出了解决途径。

腐败问题——通过设立独立的监督机构、提高工资水平、改善道德教育等方式应对。

僵化问题——通过谦卑的政治话语、执政党向多种社会群体开放、更多言论自由、允许不同种类的政治领袖依据不同政治贤能标准升迁等方式解决。

合法性问题——通过民主改革的方式解决，包括民众明确认可的某种形式的尚贤制。⑤

与此同时，作者也表达了对"中国模式"贤能政治未来的担忧。他认为，"中国政治体制更严峻的威胁是经济增长无法再作为其执政合法性的主要来源。"⑥归纳起来，经济增长在中国，始终是中国政府的战略重点，所以属于政绩合法性的范畴。同时，这种理念也被应用在官员的选拔任用标准上，因为"经济增长是脱贫的关键"。

同时，贝淡宁教授也在书中规划了一个中国"贤能政治"的未来。他认为，"就像美国在海外通过政府资助这样的机构——如国家尚贤捐赠基金会——资助旨在改善其他国家治理水平的政治尚贤制实验。"⑦当然，"只有在中国能够为其他国家树立一个很好的榜样时，政治尚贤制才能作为一种'软实力'发挥作用：也就是说，中国必须在国内实践尚贤。随着中国政治尚贤制的理想与现实之间的差距不断缩小，该制度的真正本质在外人看来会变得更加明显。这意味着中国政府在选择和提拔官员时，应该更加透明；在与体制外的人打交道时，应更多地依靠道德典范和以理服人的方法。"⑧但

---

① China's political meritocracy versus Western democracy [J]. Economist, 2018-6-12.
② 贝淡宁. 贤能政治——为什么尚贤制比选举民主制更适合中国[M]. 北京：中信出版社，2016：23.
③ 同上，115。
④ 同上，178。
⑤ 同上，176。
⑥ 同上，中文版序言XXIII。
⑦ 同上，178。
⑧ 同上，178。

是，时间一长，便会出现体制僵化，"贤能政治的理想和僵化的现实差距变得如此之大，以至于威胁到整个制度的合法性。"① 这便是"尚贤制"需要改进的地方。

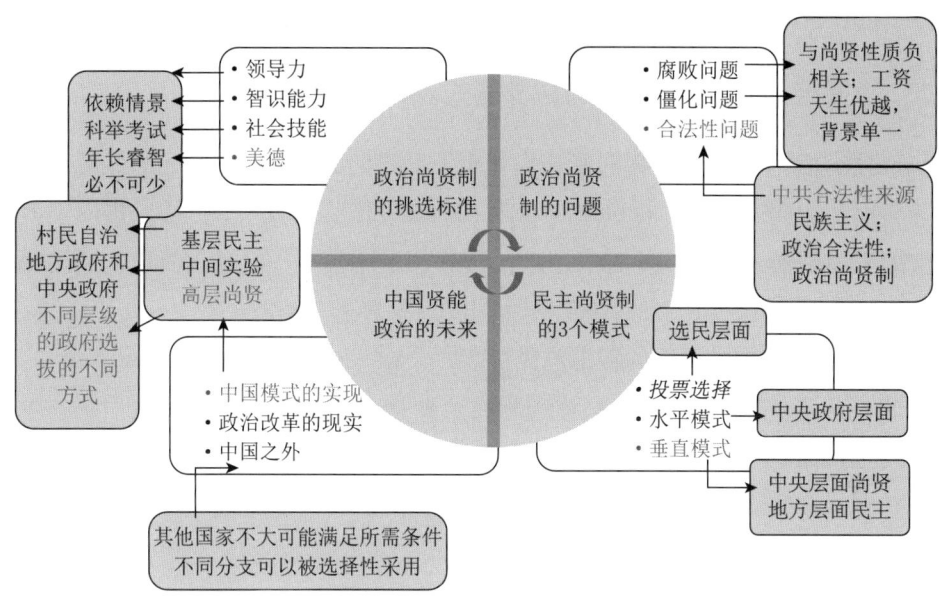

《贤能政治》一书的主要逻辑架构

（注：斜体代表作者反对的，灰色代表作者更倾向的观点）

对于如何解决现实差距的问题，贝淡宁教授在其最新的文章中做了回应，并且对中国古代的"尚贤制"进行了历史考察，顺带回应了"贤能政治与民主制度并不相容"的观点。他认为"从长远来看，儒家式的软实力与民主开放、毛泽东思想的群众路线和道家式对整个政治制度的怀疑相结合的审慎组合，有助于重振中国的尚贤制。"② 从贝淡宁教授的研究不难看出他是基于在中国的生活观察体验，站在兼具中西方的文化视角来解释当代中国政治发展的。而部分西方学者将"贤能政治"置于西方民主的对立面，因此在国外引发了诸多争议。

作为西方国家治理方式的"民主"出现了诸多问题，新自由主义指导下全球化不可持续，全世界范围内民粹主义兴起但西方国家缺乏有效的应对之策。民粹主义实际上是具有反精英、反建制色彩，又极具破坏力的社会思潮。其破坏力越强，大家就越是期待能够制衡其发展的新力量——"贤能"政治也被寄予了扭转时局的希望。而中国崛起的事实，打破了西方垄断普世价值的话语权，因此更多学者将目光投向中国，

---

① 贝淡宁，汪沛. 贤能政治及其改进［J］. 中央社会主义学院学报，2021，（01）：27.
② 同上，31。

希望能"向东方取经"。这是中国"贤能政治"讨论备受瞩目的原因所在。贝淡宁教授将"政治尚贤制"作为"中国模式"的解释框架，相对过去的"中国模式"叙事范式已是不小进步，因此其在中国学界获得的认可也超过了西方学界。

二、"贤能政治"：阐释"中国模式"的新视角

"中国模式"作为国际学界对于当代中国发展道路的理解和概括，一直是解释当代中国社会框架的研究热点。相对于乔舒亚·库珀"北京共识"的提法，国内学界更倾向于使用"中国模式"一词。时至今日，随着"中国模式"的概念演进，其内涵和外延也日渐清晰，"中国模式"的叙事范式也出现了一些新变化。

（一）以往"中国模式"的叙事范式

21世纪以后，"中国模式"渐被国际社会所接受。部分西方学者意识到"中国崛起"背后存在着"政治密码"，于是开始修正自己的观点，他们发现中共不是苏共，中国也不会复制苏联。即使都是"先有党，后有国"的社会主义发展模式，中国也与苏联有诸多不同。

在全世界的目光聚焦在北京奥运会之后，学界也发起了寻求中国崛起之谜的争论。答案却是众说纷纭，莫衷一是。热衷讨论"中国模式"的意义多始于对中国经济发展奇迹的追问。从经济发展角度的研究成果来看，多将"中国模式"成功的原因归结为"国家资本主义""裙带资本主义"，甚至是"新自由主义"。不同的范式叙事，实质上都是对"一党执政"的治理逻辑阐释，除了一贯居高临下的批评，也不乏明褒暗贬。

到底如何看待"中国模式"，如何概括其独特性的特征，丁学良教授有个非常贴切的比喻，"每一个拿来似乎都能够在某种程度上描述当今的中国模式，但是又不具有全面准确地反映这个模式诸多特征的能力。换句话说，拿每一顶不同款式的帽子去套'中国模式'脑袋的时候，似乎都能盖住这个脑袋的这一部分或者那一部分，但是没有办法把这个脑袋完整地罩进去。"①从目前的研究成果来看，要详尽阐述"中国模式"的独特性特征并不容易，当前的叙事范式在阐释上都未尽其意，"没有办法把这个脑袋完整地罩进去"，其核心的原因在于中国以政党为中心的权力架构和治理模式，与西方国家先有国，后有执政党的治国逻辑截然不同。

中国作为五千年的文明古国，有自己的历史传承，也有自己发展的独特脉络，自然也有一些中国学者尝试着站在中华文明的立场概括"中国模式"。张维为教授将中国看作"文明型国家"，他认为，"'文明型国家'是一种'百国之和'的国家，是由

---

① 丁学良.辩论"中国模式"[M].北京：社会科学文献出版社，2011：40.

历史上成百上千个国家慢慢整合而成的，领导这样国家的执政团体如果只代表部分人或部分地区的利益，国家就会走向混乱和崩溃。中国的有为政府及支撑它的党政体制，本质上是中国这样源远流长的统一执政集团传统在新的历史条件下的延续和发展。在中国的政治体制中，中国共产党的作用是'领导核心'，负责'总揽全局、协调各方'，从而彻底解决了中国传统社会长期存在的'一盘散沙'局面。"①的确，理解"中国模式"从何而来，历史是不可忽略的背景因素。但从历史文化传统来看，"中国模式"的成功常被置于"东亚奇迹"的普遍场景之下，"威权主义"一直是西方学界对"中国模式"叙事的"主旋律"。

（二）威权主义范式叙事与缺陷

改革开放以前，中国的"一党执政"被西方学者扣上了"极权主义"的帽子。随着改革开放的深入，西方学者的认识也发生了变化，随之告别了"革命范式"。20世纪80年代，冈部达味、毛理和子认为，"毛泽东时代"的社会主义是一种党政合一，党控制国家、社会和经济的一切方面的"国家社会主义"，"邓小平时代"则是走向"新威权主义"的过程。②一言以蔽之，关于中国政治的威权主义范式兴起的背景正是改革开放带来的社会变迁。相对于"极权主义""多元主义"的范式，西方学者更倾向于"威权主义范式"提供的叙事框架。亨廷顿概括了威权主义体制所具有的特征："一个领袖或一个领袖小集团，没有政党或只有一个脆弱的政党，没有群众动员，可能有一种'思想意识'，但没有意识形态，只有一个有限的政府、'有限的、但不是责任制的政治多元体制'。"③由此得见，西方国家基本用"威权主义"来指称"所有不民主的体制"。这种刻板印象产生了长久的影响，演变成只要是"一党执政"就是"威权主义"。

"在裴宜理、约翰·加德纳、戈登·贝内特、查尔斯·塞尔等海外学者看来，动员是列宁主义党治国家的重要属性，中国共产党具有不同寻常的群众政治动员能力，依赖广泛的、不确定的社会动员和群众运动来进行统治。"④实际上，威权主义范式始终带着价值预设，他们认为权力集中是"列宁主义党治国家意识形态发展的必然结果"，⑤因此绝非好事。另外，意识形态的作用在于"控制社会"，因此等同于"中国社会缺乏

---

① 张维为. 这就是中国——走向世界的中国力量［M］. 上海：上海人民出版社，2019：109.
② ［日］冈部达味，毛理和子. 邓小平时代的特点［M］// 载冷溶. 海外邓小平研究. 太原：山西经济出版社，1993：13.
③ ［美］亨廷顿. 第三波：20世纪后期民主化浪潮（修订版）［M］. 刘军宁，译. 北京：中国人民大学出版社，2011：30.
④ 曾水英，殷冬水. 海外当代中国政治研究的威权主义范式：回顾与反思［J］. 社会科学动态，2017，（01）.
⑤ Shiping Zheng, Party VS State. The State-Building Problem in Post-1949 China［D］. New Haven：Yale University，1992.

言论自由"。王绍光教授更是一语中的,直言西方学者的思维里,"有一条就是'形式决定实质',政权的形式决定这个政权治理的实质。而且形式还决定结果。也就是说,好的政体不管碰到多大挫折最终都会胜出,不好的政体不管现时表现如何亮丽迟早要灭亡"。①所以,给中国扣下"威权主义"的帽子,可以顺理成章地得出"中国崩溃论"或"中国威胁论"的结论。

平心而论,"威权主义"仍是西方政治学领域中讨论"中国模式"时使用的高频核心词,但"威权主义"叙事对于"中国模式"的解释力仍显不足。第一,威权主义概念界定并不清楚。西方学者基本将威权主义政体视为极权主义和民主政体之间的中间形态,既不稳定,也不确切。第二,政治学的观点往往认为,威权主义经济上不讲效率,而且没有创新可言,缺乏合法性。但在现实中,中国实现了经济持续发展而且保持了长期的政治稳定,创造了这"两大奇迹"。第三,"威权主义"范式无法解释特定体系的运作模式及其制度质量。而在中国的政治实践中,这一点至关重要。无论在"威权主义"前后加多少前缀多少后缀,在西方"民主—非民主"的二元对立思维模式中,威权主义一直被认为是"坏政体"。杨光斌教授直言:在西方学者眼中,"中国无论怎么变化,都是与民主政治无关的威权主义,既然是非民主的威权主义,政体转型是必然的,即转型到自由民主政体。可以说,西方主流学界关于中国的研究已经不是学科主义或政治科学了,而是从意识形态出发的政治哲学了"。②这些关于中国"威权主义"的表述,实则反映出西方社会科学的思想僵化程度。威权主义范式的"政体"思维无法解释中国,而适用于分析中国叙事框架是"政道"思维。简而言之,"政道"就是讲如何治国理政,"中国模式"实质上应是中国治国理政的模式。从这个层面来看,"贤能政治"是在"威权主义"叙事框架之外积极尝试的成果,因其关注到了中国的"政道"思维。

(三)作为"中国模式"新视角的"贤能政治"

曾有学者探讨过历史上中国发达的官僚体制,并将其看作是中国政治独特性的要素之一。这一点,亨廷顿在《变动中的社会秩序》一书中也有所提及。亨廷顿认为:"中国、罗马、拜占庭、奥斯曼和其他一些历史上的帝国的官僚制度常常有高度的结构性职能划分,具有按功名业绩来选拔和擢升官吏的严密制度,并具有精心制定出来的各种指导制度自身行为的程序和规章。"③福山在谈及"政治秩序"时,也强调这一点,

---

① 王绍光.政体思维太僵化,解释不了中国[J].领导文萃,2015,(07).
② 杨光斌.中国政治认识论[M].北京:中国社会科学出版社,2018:257.
③ 塞缪尔.P.亨廷顿.变动中的社会秩序[M].王冠华、刘为,等译,沈宗美,校,北京:生活·读书·新知三联书店,1989:83.

中国发达的官僚体制，他们并不认为可以称得上是"贤能"，而且这样的官僚体制并不符合政治现代化的特征。政治现代化除了权威的合理化之外，还包括新的政治职能并创制专业化的结构来执行这些功能。"各级行政机构变得更加细致、更加复杂并具有更加严明的纪律。官位和权力的分配更多根据实绩，选贤任能，摒弃阿谀奉承，使庸碌之辈无进身之阶。"① 换而言之，无论是亨廷顿还是福山，他们都认为中国重要的政治传统就是官僚政治，而选贤任能是其官僚政治权威合理化的基础。贝淡宁教授在《贤能政治》一书中将其概括为"政治尚贤制"，并视其为"中国模式"的解释框架，因此引发了广泛争议。

此外，也有不少学者将"贤能政治"作为一种"政党中心主义"的解释框架，"贤能政治"时常被概括为"中国模式"的独特性特征之一。笔者梳理归纳出了其中的核心观点。

第一，采用"贤能政治"范式来理解和阐释中国政治发展的学者，基于两点认识：一是作为问题提出的前提是解释中国为什么不会走西方自由民主的道路，"中国模式"为什么独特（与自由民主模式相比）；二是作为一种新的叙事框架出现，尤其是回应长久以来的对于中国"威权政治"的帽子。与之相较，"贤能政治"在经济发展和政治稳定上的解释力胜过"威权政治"。

第二，无论是从历史传统研究和概括当代的中国政治发展道路，还是从文化主义的角度分析"中国模式"的政治特征，"贤能政治"都成了一个研究结论的汇合点。这种不约而同的汇合，是其背后文化传统使然。中国"尚贤"的政治文化传统在当今仍有存续和发展，相较于古代的"贤能政治"，作为"中国模式"的"贤能政治"则聚焦在中国共产党自身和中国社会，而古代的"贤能政治"更多是下层"选贤"。由于文化上的亲近感，"贤能政治"的表述在国内学界被广泛使用。这一点反映出中国政治学发展的趋势之一，即开始注重挖掘中国传统政治智慧，试图到中国的悠久历史当中去追寻现当代政治实践和政治思想的源流。

第三，在汉语语境里的"贤能政治"并非贬义，将"中国模式"的特征之一概括为"贤能政治"，与西方学者语境中的"贤人政治""能人政治"在语义上稍有区别。所谓"选贤与能"的终极目的是"天下为公"。贝淡宁认为，"贤能政治的目的是选拔有高超才能和品质的领袖""政治体制应该旨在挑选和提拔拥有高超智识、社交技能和美德的政治领袖，并提出了更加可能选拔出拥有这些品质的领导人的制度建设。"② 而作

---

① 塞缪尔.P.亨廷顿.变动中的社会秩序[M].王冠华、刘为，等译，沈宗美，校，北京：生活·读书·新知三联书店，1989：23.
② 贝淡宁.贤能政治——为什么尚贤制比选举民主制更适合中国[M].北京：中信出版社，2016：XIX.

为"中国模式"的解释框架,"贤能政治"能否站得住,关键在于回答能否回应"国家治理"的时代命题。显然,"贤能政治"的叙事是被嵌套进国家治理结构之中,但并不足以概括成为"中国模式"的核心议题。"选贤任能"当然是中国国家治理体系中的重要一环,在党—国家—社会的范畴之中,"选贤任能"可以看作中国政治治理的重要方式,而且关系到国家治理、社会治理的政策执行和优势发挥。不过,并非一定要称之为"贤能政治",其不足以全面表征"中国道路"或"中国模式",但"贤能政治"的确提供了"中国之治"的新视角。

三、贤能政治:难以成为"中国模式"的新叙事

近年,曾提出了"历史终结论"的美国日裔学者福山修订了自己以前的观点。他在《政治秩序的起源》一书中明确提出了政治发展过程的3个要素,即一是国家,国家有能力把权力集中起来;二是法治,具有一套正义准则,被全社会所接受;三是建立责任机制,政府要以人民的福祉为依归,而不是仅仅关注自己的利益。中国发明了"善治"的基本原则,即去个人化的官僚体系、用人唯贤、在官僚体系内部进行合理分工,以及用统一的准则和程序管辖的能力。这也是中国政治发展的独特之处。福山认为,"中国模式"的构成要素就在于,中国共产党是一个庞大的集权的官僚体系的一部分,这一官僚体系是过去官僚体系的现代版本。几近同时,承认"中国模式"存在的学者大多都会提及一个特征,就是中国社会长久的官僚体制,以及中国长久存在的儒家文化传统。

(一)话语上,难以摆脱"儒家传统"的窠臼

单从文化传统而言,"尚贤"文化并不是儒家的专利。只是从中国历代的政治实践来看,儒家的政治哲学的确走得最远,影响最大,以至于如今提到"选贤任能"更多的人直接联想到的就是儒家,而非墨家。"贤能政治"作为一种"中国模式"的解释框架引发了广泛的关注,但表述上仍属儒家话语体系。在中国学界,部分支持"贤能政治"、持文化保守主义立场的学者,主张"王道政治",走"儒家贤政"的道路,其中均包含"选贤任能"的具体制度设计,更有甚者曾提出过"儒化共产党"的设想。可想而知,如此这般,恐怕对阐释当今的中国政治发展道路并无多少加分。从对外宣传的角度来看,新时代的中国日益走近世界舞台中央,迫切地需要一整套"大国话语"来阐释自己,其中,儒家文明是非常重要的"中国名片"。

一些国外学者将"选贤任能"看作是中国新儒学的一种表现。贝淡宁教授并未在《贤能政治》一书中明确提及意识形态问题。但是,他在其他的文章中曾直言自己的结

论:"几乎没有任何人真正相信马克思主义应该是思考中国政治未来的指导原则。"① 因此,他认为,"贤能政治"的改进需要依靠仍是儒家的软实力,虽提及"群众路线"但没有提及马克思主义的意识形态。

此外,将马克思主义中国化理解为"马克思主义儒家化"的观点并不鲜见。美国学者熊玠在《习近平时代》一书中直接称习近平为"一介儒生"。而《智慧治理:21世纪东西方之间的中庸之道》一书写道:"中国面临的大量挑战逼迫执政当局——既要符合儒家伦理,又要维持共产党的合法性"。② 国际上,为数不少的中国问题专家,将中国政治的方法论理解为实用主义、现实主义。同时,越是理解"中国模式"独特性的学者,越是热衷发现在中国历史文化传统中寻求新的学术增长点。这也客观反映了中国政治学发展的一个问题,就是理论并未跟上实践的脚步,因此造成了理论阐释上差强人意,导致了政治话语赤字。在政治话语体系创新方面,我国学术界尚未完成对儒家话语体系的创造性转化和创新性发展。

2013年8月,习近平总书记提出了"四个讲清楚",后来在视察曲阜孔子研究院时,再次强调这一观点——"宣传阐释中国特色,要讲清楚每个国家和民族的历史传统、文化积淀、基本国情不同,其发展道路必然有着自己的特色;讲清楚中华文化积淀着中华民族最深沉的精神追求,是中华民族生生不息、发展壮大的丰厚滋养;讲清楚中华优秀传统文化是中华民族的突出优势,是我们最深厚的文化软实力;讲清楚中国特色社会主义植根于中华文化沃土、反映中国人民意愿、适应中国和时代发展进步要求,有着深厚历史渊源和广泛现实基础。"③ 诚然,如今阐释中国政治发展,国家治理必然需要立足历史文化传统,越来越多的学者尝试站在"文明"角度来阐释中国政治实践,原因就在于国内学界正在积极推进更多的原创性的政治话语。如果对照"四个讲清楚"的标准看待"贤能政治",其作为政治话语表达并不十分准确,会不会造成的印象还是停留在中国古代,而非现代、当代的中国呢?而如今的中国早已不是什么"沉静的帝国"了。

(二)在评价上,"贤能"标准难以划定

1996年,华裔学者黄亚生在《中国通货膨胀和投资控制》一书中提出中国存在着一切有可能导致通货膨胀的因素。而之所以没有出现其他转型国家正经历的那种无法

---

① Daniel A Bell. China's New Confucianism: Politics and Every Life in a Changing Society [M]. Princeton: Princeton University Press, 2008: 22.
② 【美】尼古拉斯·伯格鲁恩, 内森·加德尔斯.智慧治理: 21世纪东西方之间德中庸之道[M].朱新伟, 等译, 上海: 上海人民出版社, 2013: 34.
③ 习近平谈治国理政(第1卷)[M].北京: 外文出版社, 2014: 155-156.

控制的通货膨胀,在于中共对地方人事权的控制提高了地方投资政治与中央政策精神的一致性。[1] 换而言之,他认为中共是通过地方官员的任免权来控制地方的通货膨胀的。在不少学者看来,中共所有的政治控制均依赖于官员的任命。

贝淡宁认为,"中国现存政治尚贤制与国家的脱贫奇迹之间存在这样的联系:官员的提拔常常是根据其在中底层政府的政绩,而政绩往往是根据经济增长来衡量的,因为经济增长是脱贫的关键,官员提拔的激励机制在脱贫方面发挥了重要作用。推动经济增长的土地改革和'中央认可的地方实验'也是由(至少部分依据)其经济业绩而被提拔上来的官员负责实施的。"[2] 此为涉及官员提拔的标准之一。同时,他在书中回应了批评者提出的中国数亿人脱贫应该称赞中国人民的勤劳而不是政府。尤其在全面建成小康社会的决胜阶段,中国政府重视经济发展,必然看重官员在经济方面的政绩。

然而,即使承认经济业绩对于官员的职业前景具有可测量的影响,但是大多数学者,包括贝淡宁在内,也并不认为推动经济发展的能力是谁被提拔的唯一因素。林根教授认为,低层官员通过考核被提拔的最重要的标准是其在维持社会稳定方面的表现。贝淡宁在书中回应了林根的观点:"维稳的重要性是从反相关的方面去衡量的,也就是说如果辖区动荡不稳,这个辖区的官员得到提拔的可能性就很小。这种相关性同样适用于'对党的忠诚':若党的官员对党明显不忠,那他离麻烦就不远了。但维持政治稳定和对党忠诚不是官员被提拔的唯一的原因。"[3] 此为第二个涉及官员考核和提拔的标准,即政治标准包括维稳和对党忠诚。中国是一党治国,肩负的是宪法责任的制度安排,这与西方政党的性质和任务完全不同。"对党忠诚"看似不具体,但是至关重要。"这里的忠诚是对以党为中心的宪法构架的忠诚,是对中国共产党体制的忠诚。如果中国所特有的选拔体制能够得到全体人民的一致认同,从而获得宪法意义上的一致同意的话,那么对党的忠诚就是对政体的忠诚,党为国家架构的正当性转换为政体的正当性。"[4] 所以,实践中"对党忠诚"可以通过党内法规来确证解决,操作层面的确不易简单量化,但绝非徒有其表。

一个流传于坊间,并非中国官方表述的"德才兼备"的标准,那就是所谓的"关系"。有学者对此做了实证研究,他们将公职人员对晋升原因的认知分为四类:任人唯贤,以关系为导向,(才能和关系)两者兼具,宿命论(两者皆非)。调查了886名公

---

[1] Yasheng Huang. Inflation and Investment Controls in China: The Political Economy of Central Local Relations during the Reform Era [M]. Cambridge: Cambridge University Press, 1996.
[2] 贝淡宁. 贤能政治——为什么尚贤制比选举民主制更适合中国 [M]. 北京:中信出版社,2016:XXI.
[3] 同上,XX-XXI。
[4] 姚洋. 重建中国政治的哲学 [M] // 林毅夫登. 改革的方向(2),北京:中信出版社,2018:240.

职人员，约40%的人认为晋升是基于业绩的，20%的人认为是基于业绩的以"关系"为导向，10%的人认为晋升是两者兼有、左右开弓的，30%的人认为晋升是宿命的，两者都没有的。其中，级别较高的年轻员工更有可能认为晋升是基于业绩的，受过高等教育、有很强的公共服务动机的人更倾向于认为晋升的原因是两者兼而有之。而那些认为晋升是理所当然的人比两者兼有的人对晋升的公平性更满意，这也暗示着一种微妙的平衡，需要在以业绩为基础和以员工为导向的晋升渠道之间保持平衡，而不是拒绝任何关系元素。①这一结论无疑使得"贤能政治"的解释力有所下降，的确"选贤任能"对于任何政治制度来说实现起来都不是"铁板一块"。任何政治实践都做不到100%保证所有的选拔任用都公平公正。这大概也是《贤能政治》的批评者视其为"虚构小说"的部分原因。

中国历史上的科举制，对建立"选贤任能"的传统功不可没，其历史评价却是两极的。一方面，在中古时期，科举制的日益完善的确发挥了为朝廷选贤任能的作用，中国才得以早于其他国家建立起了官僚体系，因此很早就具备较强的"国家能力"（福山语）。而另一方面，到了明清两代，科举制度日益僵化，弊端显露无遗。对于科举制的抨击也不绝于耳，通过科举制选拔的儒生也未必能保证其德才兼备。原因就在于任何体制的僵化都可能导致目的和手段的二律背反，权力的异化，造成"贤能"的标准与现实意识形态需要相矛盾。

改革开放之后，党员干部制度伴随着社会主义建设的推进，日臻完善。在当代中国的政治实践中，实现干部的"选贤任能"，最困难的并不是制定干部能力评定考核的标准。能力好坏，能否胜任往往更容易通过量化指标来实现，而真正不容易评估的是"贤"的标准。在中国，"贤能"的标准是德才兼备，首先就是"德"。"贤德"经常放在一起，无德之人不可能"贤"。党的十八大以来党内法规、纪律对党员干部的道德标准日益严格。然而，"德"的标准实难评价，"德"也分公德和私德。很多落马的官员直到出事，才发现其人"私德"有问题，皆因一贯政治表现不错，"公德"不差。

贝淡宁将"尚贤制中的政治领袖的美好品质"视为始终如一，实际上这一结论太过理想，现实情况复杂得多。在政治实践中，作为实践主体的人本身就是最大的变量。很多落马的官员干部，并非自身业务能力不强，更多的是忘记了"初心"，迷失了自我，放弃了理想信念的结果。这一点与中国长久以来的政治文化传统有关。《论语》记载："子曰：乡愿，德之贼也。""乡愿"其实就是如今所说的政治上的"两面人"，所

---

① Liang Ma, Huang FengTang, Bo Yan. "Public Employees" Perceived Promotion Channels in Local China：Merit-based or Guanxi-orientated？[J]. Australian Journal of Public Administration，2015，74（3）：283-297.

谓"执德不弘，信道不笃"。此处的"信道"即我们常说的"理想信念"问题。

杜维明曾在书中写道："事实上世界上任何一种政治制度之设想都不可能完全脱离某种道德理念的考虑，即使是西方最低限度政府也一样有其道德伦理目的。"① 贝淡宁教授在最新的文章中也提出了类似的观点，认为"政府更需要道德使命，只有在有助于实现这一使命的情况下，效率才是合理的。"② 但是，"道德使命"是具有阶级性的。中国古代官员"选贤任能"的标准是依靠封建宗法、儒家伦理评定的，而儒家政治观的最大特色就在于将人伦道德与政治融为一体。换成今天的话，就是只讲求表面上的"政治正确"不罔顾实际的"人伦道德"。白鲁恂在《中国的政治文化》一书中着重阐述过这一特征，他将其称为"道德政治"的文化传统。无论是从党倡导自身的先进性建设出发，还是从社会"以德为先"的角度来看，中国的制度设计都是偏向"人性善"设定的，相信人可以进行道德教化，往往通过道德榜样教育树立典型进行示范激励，扬善多于惩恶，但实际上对"恶"的预防和惩治则力度不够。

现实并非理想状态，就像任何制度都无法保证做到百分百公正公平一样，中国也一样不能保证选拔任用的干部百分百不出问题。这些问题的解决，需要党员干部的知行合一，也需要国家层面加强核心价值体系的建设。此外，还需要更多的制度和法治的完善才能有效防止官员干部的表里不一。良好的国家治理，必然包含政党对自身的治理，本质上是对人的管理。这必然需要更多依靠国家治理的制度化和法律化，而不是单靠"教化""学习"。

（三）在实践中，"贤政"并不必然带来"善治"

贝淡宁认为，"任何善治理论的必要条件都是，政治领袖应该使用国家权力改善民众的生活，而不是捞取个人利益。政治领袖也需要高超的智识能力和社会技能，但他们应该使用这些技能为民众的利益服务。"③ 的确，如果单就政治领袖与善治而言，这一观点有一定的道理。但"善治"的最终结果并非只由单一因素决定，人的因素只是一方面，还受其他因素左右，包括治理结构、国家制度体系、法律体系及政治文化等。

和贝淡宁一样，福山在讨论"中国模式"时，也是将问题聚焦在政治领袖身上。2011年，福山曾与中国学者张维为辩论"中国模式"。他当时说道："毫无疑问，如果你是有能力、训练有素的皇帝，你一心为公共利益服务，这样的政府在短期内比民主政府好。但是，有一个好皇帝不代表将来不会出现坏皇帝。没有问责制可以把坏皇帝

---

① 杜维明，东方朔.杜维明学术专题访谈录——宗周哲学之精神与儒家文化之未来［M］.上海：复旦大学出版社，2001：218.
② 贝淡宁，汪沛.贤能政治及其改进［J］.中央社会主义学院学报，2021，（01）：25.
③ 贝淡宁.贤能政治——为什么尚贤制比选举民主制更适合中国［M］.北京：中信出版社，2016：85.

弹劾。你怎样获得一位明君呢？你怎么保证明君会一代代出现呢？没有现成的答案"。[①]此后，福山虽在《政治秩序与政治衰败》一书中也论及了"好皇帝坏皇帝"的问题，但他仍然认为，目前中国的体系不能保证好领导的持续供应，根本问题仍在于没有建立"对下负责制"。因此，从这个角度说，民主不可或缺。福山这样的观点在西方学界具有一定的代表性。可惜现实太讽刺，如今的美国政治也做不到"对下负责"，他们只是为了赢得选举，"对钱负责"。

实际上，中国共产党作为百年大党，始终有着一种历史清醒，对于中国历史治国理政的教训有着自己的反思和认识，所以始终将脱离群众视为最大的危险。如今在完善党员干部评定考核标准的同时，也在强调建立领导干部和国家机关人员的"终身问责制"、领导干部能上能下、公职人员财产公开制度等党内法规。2016年11月，《党政主要负责人履行推进法治建设第一责任人职责规定》出台，明确规定："推进法治建立第一责任人情况纳入政绩考核指标体系，作为考察使用干部、推进干部能上能下的重要依据。"[②]党的十八届四中全会《关于全面推进依法治国若干重大问题的决定》明确提出"建立领导干部干预司法活动、插手具体案件处理的记录、通报和责任追究制度。"[③]此后，《领导干部干预司法活动、插手具体案件处理的记录、通报和责任追究规定》对"属于违法干部司法活动"做了具体界定，同时明确提出"党委政法委按程序报经批准后予以通报，必要时可以向社会公开"。[④]这些制度法规的建立，都旨在解决如何"对下负责"的问题。

古语云："不谋全局者，不足谋一域。"这代表了中国传统治国理政的思维方式。国家治理体系从来都是"牵一发而动全身"的。因此，中国共产党在考虑何为"良政"，如何实现"善治"的问题，都是从大局出发，通盘考虑的。一个国家，如果可以实现"聚天下英才而用之"，实现"选贤任能"，可以说就实现了"良政善治"，即中国古代"天下为公"的境界。简而言之，从结果评价看，并非没有道理。但从过程进行评价的话，直接将"贤政"等于"善治"并不成立。国家治理的方法论在于，应该坚持系统治理、综合治理、依法治理、源头治理，而并非只靠"选贤任能"就能实现所有预期。因此，"善治"是由多方面的因素综合作用所达到的理想结果。

对于我们党而言，强调国家治理，推进国家治理体系和治理能力的现代化，既要

[①] F.Fukuyama, Zhang Weiwei. The China Model: A Dialogue between Francis Fukuyama and Zhang Weiwei[J]. New Perspectives Quarterly, 2011; 28 (4): 46.
[②] 中国共产党重要党内法规学习汇编[M].北京：中国法制出版社，2019：179.
[③] 十八大以来重要文献选编（中）[M].北京：中央文献出版社，2016：168.
[④] 中国共产党重要党内法规学习汇编[M].北京：中国法制出版社，2019：181.

时代潮流发展，符合中国独特国情，还要应对系统性风险，避免颠覆性错误，才能增加人民福祉，实现国家长治久安，达到"善治"。因此，"贤能政治"并非"中国模式"的新叙事。

四、结语

"贤能政治"引发热议的背景在于，西方国家出现了社会撕裂、治理赤字的政治局面，直接导致了精英—民众的二元对立。如何跳出治乱相循的景象，保持社会稳定，这就是"中国模式"在世界范围内被探讨的现实意义。从国家治理的层面看，"贤能政治"的确为"中国模式"提供了新的视角，良好的国家治理是一个国家制度体系、治理结构、政治文化等多因素的综合效应，多个部件的耦合作用。国家治理能力当然依赖于各级党政干部对于制度执行的能力和效率。"选贤任能"最终会关系到制度效能的发挥，但其只是实现全面政治发展中的一环，"贤政"并不必然达到"善治"。

Web3.0 时代北京"都市反恐"的策略体系构建

肖 洋[①]

基于互联网技术来完善北京市的防恐反恐机制,是中国式现代化与首都安保系统构建相结合的发展趋势。恐怖主义是一种严重的犯罪,所以我们理应在城市犯罪预防体系的框架下研究首都反恐问题。通过对其他大国首都反恐安保实践经验的研究可以看出,被动应对,或者说"后发制人"型的反恐策略,往往反映出当今各国首都城市安保措施滞后于反恐需求的尴尬境地。在 Web3.0 时代,北京都市反恐体系构建,应从资金、装备、资源投放等多个方面进行政策协调。

在过去的十几年里,北京市政府为应对恐怖袭击做出了大量的努力,取得了显著的成效。然而,就首都反恐的行动计划和对策体系而言,大多仍局限于既有措施的总结与补充,缺乏针对某类反恐措施的专门总结及其实际效能的分析,此类分析有助于城市管理部门采取有针对性、有不同侧重点的反恐措施,以建立完善的首都反恐预案。总体来说,在互联网时代,北京应对恐怖袭击的政策体系,不仅应具有明晰的条理性,还需直面当今城市反恐面临的新形势、新挑战。因此,北京都市反恐体系构建,应从资金、装备、资源投放等多个方面进行政策协调,包括打击恐怖组织的互联网融资、提升反恐装备的科技含量、加强重点基础设施的防恐措施等三个方面。

一、都市反恐的融资支点

首都反恐,融资先行。恐怖组织在人员招募、培训、购买暴恐器材等方面,都需要资金。切断恐怖组织的资金流动,是弱化甚至中断其恐怖活动的重要途径。在识别和冻结涉恐资金方面,北京市已经取得实质进展。北京市的反恐融资战略具有积极防御的属性,通过冻结恐怖分子及其支持者的资金和资产等方式,可以增大"东突""伊斯兰国"等恐怖主义组织在实施全球范围内积累与运送资金的难度,从而阻止恐怖分

[①] 作者:肖洋,北京第二外国语学院政党外交学院教授。

子的攻击行为。随着互联网金融业务的发展,金融机构已经成为反恐斗争的第一道防线。

(一)"反恐融资"面临的现实挑战

以"基地组织""伊斯兰国"为代表的国际恐怖组织,在各国反恐压力面前,虽然有所收敛,但仍能源源不断地获取资金,以开展恐怖活动,因此北京的反恐形势依然十分严峻。造成恐怖组织"死而不僵"的原因主要有以下四个方面。

一是一些国家没有遵守联合国打击恐怖融资的制裁决定,造成国际恐怖组织可以开展"游击战"。二是反恐部门对恐怖融资的信息掌握不足。这既是源于一些部门对恐怖组织的融资问题没有予以高度重视,又是因为机构之间的绩效竞争使之难以集中力量和资源对恐怖分子资金进行持续追踪。三是反恐部门难以掌握国际恐怖组织的金融资产转移渠道,只能将工作重点放在监控正规金融机构或主流金融系统的涉恐资金流动上,随着互联网金融的发展,反恐部门难以及时收集和分析恐怖组织利用非传统金融渠道的情报。① 四是恐怖分子利用宗教慈善机构、生产经营、高额拍卖、寺庙捐赠等路径,持续获得活动资金,旨在切断恐怖组织资金流的国际合作还很匮乏。例如,2015年11月20日,联合国安理会一致通过2253号决议,旨在延长对"伊斯兰国""基地组织"的经济制裁。② 为此,各成员国需要提交对"基地组织"等恐怖组织的制裁报告,然而只有很少一部分国家做到了实质性的制裁,相当大的国家没有提供打击涉恐资金的细节信息。

(二)加强反恐融资的国际合作

当前各国的恐怖组织都存在不同程度的内外勾结的发展趋势,尤其是恐怖融资网络已经实现了全球化,因此,识别、中断、终止恐怖组织的境内外金融基础设施,是国际反恐融资合作的重要工作内容。③ 由于中国严格的实名登记金融制度,所以绝大多数的涉恐资金流都在中国之外,因此积极参与反恐融资国际联盟、实施情报与资源共享,是北京金融反恐取得成功的关键。

一是高度重视联合国的作用。在断绝国内恐怖组织获取境外资金支持的战略中,联合国发挥着举足轻重的作用。北京市反恐部门应加强与国家安全部门的涉恐金融信息沟通,尤其是完善向"东突"等恐怖组织提供资金支持的个人或机构的名单,并积

---

① 这些非传统资金转移渠道包括:利用慈善机构、寺院捐献、非传统互联网金融平台来获得、存储、转移资金或资产。
② 联合国安理会.第2253(2015)号决议.2015 http://www.un.org/zh/documents/view_doc.asp?symbol=S/RES/2253(2015).
③ [美]理查德·普拉特.反洗钱与反恐融资指南[M].王燕之,译.北京:中国金融出版社,2008:162.

极促进名单上的个人或机构被增补进联合国公布的恐怖分子名单之中,这有助于涉恐金融资产在全球范围内被迅速冻结。

二是加强国际合作,构建执行联合国涉恐制裁决议的跨国合作机制。加强与其他国家的城市反恐部门加强涉恐情报的沟通,罗列打击恐怖融资的制裁名单,并向所有金融机构、宗教机构、慈善机构、驻外使领馆、海关与边防、相关行业组织等公布该名单,采取适当的方式打击涉恐资金的流动。

三是在《联合国制止向恐怖主义提供资助的国际公约》等国际法文件的基础上,加大与有关国家在涉恐融资领域的调查、监控、诉讼、人员引渡、资产冻结等方面建立高效的法律互助机制的力度。

(三)加强反恐融资的国内监管

恐怖组织对首都城市的攻击,需要大规模的资金支持。近年来,恐怖组织的募资与洗钱方式更为缜密和复杂,并采取了先进的互联网金融科技。构建反恐怖融资综合政策框架,加强对涉恐资金的国内追踪与监管,能够有效削弱恐怖组织的活动经费来源,具体的监管工作平台主要包括金融机构、慈善机构、替代性互联网汇款体系、政府部门等。

一是金融机构对涉恐实名账户进行尽职调查。这些涉恐账户的选取基于以下标准:进行非经常性交易(超过指定限额的跨国电子汇款),涉嫌洗钱,涉嫌伪造客户身份信息。对于此类账户,金融机构应进一步核实客户的身份信息;确定受益人身份;获得该账户资金业务的意图与目标信息,了解客户对账户资金流动的知情权与所有权结构。若上述措施无法获得可靠且真实性的验证,尤其是那些没有明显经济目的或合法意图的复杂且非常规大额交易,则不应开设账户或开始业务关系,并向公安机关提供相关客户的可疑操作报告。

二是北京市公安系统应建立金融情报中心和专业执法部门,并通过公安部实现涉恐融资行为的月度通报机制。[①]北京市政府应建立打击反恐融资的执法部门与监管部门、利益相关部门之间的政策协调机制。应向金融机构通报政治敏感人物名单,金融系统对此类人群进行风险管理评估,在获得金融机构高级管理者批准后,方能与此类客户建立业务往来,对业务关系进行严格监控,并采取合理措施明确资金与财产的来源。

三是高度重视跨国代理银行及跨境电汇业务。确定该金融机构的国际信誉与资金监管质量,包括是否曾因洗钱或恐怖融资而被调查。对于"应收账户",应验证与该代理银行有直接往来账户的客户身份信息,并要求跨国代理银行提供相关客户鉴定数据。

---

① 张万洪,范承思.人权视角下的中国金融反恐法律机制[J].西南政法大学学报,2019,(2).

金融机构不应与空壳银行建立或保持代理银行业务关系，防止那些允许空壳银行利用其账户来接受业务调查的国外金融机构建立业务往来关系。

四是金融机构应将所有的交易记录信息（包括金额和货币类型）保存五年，以便在必要时提供犯罪活动的证据。金融机构在业务关系结束后，应继续保留客户身份识别信息（护照、身份证、驾照等）、账户档案。

五是建立疑似涉恐交易报告机制。金融机构应及时向金融监管部门和公安情报部门汇报疑似恐怖主义融资的资金业务，此种报告行为受到法律保护，不承担民事或刑事责任。律师、公证员、会计师、审计师、珠宝与贵金属交易商、信托和企业服务商等，在代表客户开展金融交易时，尤其是现金交易超过指定限额时，也应向公安机关报告疑似涉恐交易。

六是建立大额现金检测系统，用于银行、保险与其他金融机构向中央金融管理机构报告超过特定金额的国内外现金交易，担心需要严格保障信息的合法使用。要求支付宝、微信等互联网金融平台实施大额现金转账交易的信息通报制度。

二、都市反恐的装备保障

在北京建设新型智慧城市的过程中，城市安全是重要一环。这不仅需要首都城市安保部门积极推动"智慧公安"的机构改革，同时也需要增添相应的硬件保障。都市反恐需要制定完整有效的政策框架，还需配备高科技的装备等基础设施，为北京市的跨越式发展提供强大的推动力。

（一）北京反恐装备的效能现状

北京市公安、武警、卫戍部队系统承担着繁重的反恐压力，在反恐装备的质量与数量方面，北京位于全国前列。随着城市反恐形势的复杂化和恐袭手段的高科技化，北京市的反恐装备也显示出诸多不足之处，主要表现在以下几个方面。

一是功能单一，设备老旧。现有的城市反恐检查装备于2017年才在轨道交通领域实现了全面的"人物同检"，安检人员担负着沉重的工作压力，其配备的反恐防暴装备不仅笨重，而且威慑力有限，而诸如毒气、眩光等新型暴恐手段，则缺乏相应的装备保障。[①]

二是城区之间存在装备代际差异。北京城六区和郊区在反恐设备与人员配备方面存在一定差异。城六区的高端反恐装备拥有量和配置密度要高于郊区；在同一行政区之内，也存在主干道、经济区、重点基础设施等安保力量较为完备，而在辅助街道、

---

① 温晓俊.北京出台《反恐法》实施办法[N].中国交通报，2023-9-6.

偏僻地带、城中村的反恐设备与资源就较为有限的情况。

三是反恐装备的高科技含量较低，系统化程度不高。当前北京市反恐装备尚未做到全面高科技化，尤其在反恐防暴装备和武器方面呈现出效能单一化的总体特征，基层派出所的反恐装备与城市常务安保设备存在科技含量低且震慑力有限的缺陷。[1]尤其是麻醉枪、防暴枪、催泪瓦斯弹等非致命性装备数量少、质量低，难以满足城市反恐实践日益增长的软杀伤力需求。

反恐装备的高科技化，事关首都稳定、国家安全及反恐人员与普通市民的安危。因此，北京市智慧反恐的装备保障，至少应存在战术级别和战略级别的科技支撑，这样在实战领域能够有效制服恐怖分子，减少暴恐危害，在防恐领域，能够防患于未然，尽可能减少恐怖隐患，从源头上阻止恐怖分子的高科技攻势。

（二）都市反恐装备保障体系的构建路径

北京市都市反恐，需要实现高科技装备的体系化、互联化和即时化。根据目前国内外反恐科技的发展现状可以看出未来北京都市反恐的发展方向，即实现"互联网+大数据+反恐"。具体而言，即"实人制"身份认证、混合生物识别、智慧视频监控3个主要方向。

"实人制"身份认证是智慧安防城市的核心组成部分，由"人证核检智能终端系统"和"便携式人证核检终端"组成，采用"人脸+指纹+身份证"的三位一体识别方式。这种混合型的身份认证直接以身份证内含指纹、人脸等身份信息，不仅避免了恐怖分子盗用他人身份信息蒙混过关的可能，而且也能根据公安部门设置的涉恐人员名单，做到即时预警。"实人制"专业识别系统应具有标准化的软件开发技术包，安装和维护的技术门槛较低，能够被广泛应用于北京商务区的银行、保险、信托等金融机构，以及高人流密集度的酒店、交通枢纽等需要重点防恐安检的地区。

混合生物识别是反恐安检技术的代表，应重点投放在公共交通基础设施的安检地区。它基于精准的X射线物品安检技术，拥有高清成像功能、多项图像辨识功能，能够帮助交通要道的安检人员快速区分不同物质的特征，同步整合人检、物检、车检，这可以通过验证人、车、物的信息匹配度来分辨是非，从而进行安全预警，可大规模应用于火车站、高铁站、飞机场等反恐重点区域。

智慧视频监控是基于大数据平台上的身份认证技术。该技术的核心是多模态的人脸识别技术，其装备系统包括高清摄像机、嵌入式人脸识别芯片、高分辨度卫星即时监测系统、高性能服务器等。智慧视频监控适合于特定社区的安保工作，如学校、仓

---

[1] 白小川. 对国内反恐防暴武器发展的几点思考［J］. 辽宁警专学报，2017，（1）.

库、综合医院、写字楼等。事实上，智慧视频监控才是北京市建立安全型智慧城市的关键基础设施，城市管理者可以根据智慧视频监控系统来对北京市的水资源、发电厂、政府部门、交通枢纽等地区实施信息搜集与处理，并进行大数据分析，同时提升对恐怖分子的识别与追踪效果。因此，它很适合用于交通要道、商务中心、停车场、地铁、火车站、体育场馆等人流量大且视频监控精度高的场所，通过与后台大数据联动，能够实施持续性动态监控。

总而言之，都市反恐，装备先行。北京市未来的智慧城市建设必然离不开都市反恐装备的高科技支撑，尤其以 24 小时动态人脸抓捕与识别技术、网络数据库技术、人像组合技术、计算机并行处理技术、模糊图像复原技术为基础的"人脸天网"系统，可以提升北京城市安保部门对人群的分析及检索的能力。需要指出的是：针对北京市外来人口流动大，监控难度高的问题，可大力推动远程身份识别技术，实现基于网络身份证技术上的人脸识别，在地铁、火车站设置移动端证件识别系统，提升对外省区涉恐人员的进京信息预警能力。①

三、加强重点基础设施的防恐措施

当前各国首都城市的恐怖袭击逐渐呈现出偶发性攻击向连续性攻击的发展趋势。考虑到北京市庞大的人口基数与广阔的辖区面积，有限的优质反恐资源如何投放就成为关乎首都反恐效率的重要问题。

（一）都市反恐资源投放的基本思路

北京在应对突发性恐怖袭击的过程中，需要综合考量反恐设施的选址问题，以及反恐资源的调度问题。反恐设施包括视频监控系统、危险品检测系统、人脸识别系统、远程监控系统、反恐专用装备供给系统、反恐人力、资金与情报系统等。② 如前所述，北京的城市反恐防御节点呈现出具有梯度的立体网络化结构，因此，有限的反恐资源的调度有效性问题，是城市安全管理部门与学界共同关注的新兴议题。

根据当前各国首都反恐的实践，固定式反恐设施和移动式反恐设施的反恐资源投入始终处于动态平衡的状态。换句话说，政府反恐资源投放与恐怖分子的袭击目标选择之间的博弈，才是城市反恐的核心特征。根据空间区位竞争理论，北京市反恐的防御节点选择通常与以下因素有关：财产密集度、政治象征性、人口密集度、反恐资源运输距离等。通常而言，反恐设施与恐袭现场之间的距离，是决定政府反恐效率与成

---

① 师原兵.我国地铁交通反恐应急处置研究［J］.中国人民警察大学学报，2023，（7）.
② 柴瑞瑞，孙康，等.连续恐怖袭击下反恐设施选址与资源调度优化模型及其应用［J］.系统工程理论与实践，2016，（02）.

本的核心要素。政府反恐应急速度与救援所需物资量成正比,并包括反恐预警、可疑人员监测、危机处置、救援与搜捕等多个环节。

总而言之,恐怖袭击对城市造成的损毁规模与3个参数紧密相关:反恐设施选址、反恐资源投入量、政府的反恐危机管理能力。根据国内外城市反恐部门的实践经验,我们可以得出以下两种城市反恐资源投放模式。

第一种是消极防御型。所谓消极防御型的反恐资源投放,采取的是"以静制动,预防为主"的思路,是指政府将反恐资源集中到固定反恐设施,固定反恐设施往往放置于城市核心区的高危防恐建筑物或地区,如中央机关办公楼、城市主干道、交通枢纽、驻华使馆区等。如果城市反恐部门选择消极防御,则基本不考虑调度可移动反恐资源,因此,城市管理部门依据恐怖袭击次数和核心防恐区域,应将固定反恐设施的选址设定成彼此相连、相互借助的层网结构。消极防御型的资源投放模式,其优点在于能够集中资源确保关键区域的安全,缺点在于这是一种"舍车保帅"的策略,在提升城市政务区、商务区、交通枢纽等关键基础设施反恐能力的同时,对普通居民区、高校、医院等民生基础设施的反恐资源投入量极为有限。对于恐怖组织而言,攻击首都城市核心目标可引起社会恐慌和国际关注,因此,人口众多且反恐资源匮乏的平民区,将成为恐怖分子新的攻击目标。

第二种是积极防御型。所谓积极防御型,是指政府反恐部门同时兼顾固定和移动反恐设施的资源投放,采取的是"以动治动,打防结合"的思路,不仅考虑反恐设施的选址优化问题,同时也考虑恐怖袭击的多发性与袭击对象的多样性问题。积极防御型的核心逻辑是城市反恐部门的应急管理能力的高低,与反恐资源投放量的多寡成反比。事实上,如果城市管理部门寄希望于增设反恐固定设施来吓阻恐怖分子,则会在反恐实践中始终处于被动应对的不利状态,因为恐怖分子会选取反恐设施不足的城区作为袭击目标,这不仅造成大量固定反恐设施的闲置,同时也会增大城市反恐部门的应急管理难度。积极防御模式聚焦于对可移动反恐设施的溢出效应,尤其是关注情报搜集、反恐预警、警力布控等关键环节的优化问题,这将能够有效震慑恐怖分子。[1]

综上所述,北京市在反恐实践的过程中,既要考虑反恐设施的置放问题,又要考虑政府反恐能力建设问题,更要考虑反恐资源在固定和非固定反恐设施的投入问题,只有尽可能合理配置这3个要素之间的比例关系,才能避免反恐资源的浪费、减少首都反恐脆弱点,从而提升"智能反恐"的整体成效。

---

[1] 殷星辰.城市反恐怖行动概论[M].北京:知识产权出版社,2011:22-34.

(二)反恐资源的投放路径

根据近年来各国首都城市反恐的实践经验,我们可以总结首都城市反恐资源投放需直面的五大现状特征:一是恐怖分子的主要袭击目标是中央政务区和中央商务区,其中,与之相连的城市交通基础设施是恐袭发生的重要场所。二是不同城区的反恐资源投入量呈现非均衡化特征,这种状态在相当长时间内难以改变。三是固定反恐设施仍然集聚较多的反恐资源,并且对反恐分子起到有效的威慑作用。四是政府的防恐能力建设需要综合考量移动式反恐设施的资源投放问题,需要借助互联网技术、大数据等高科技。五是反恐资源的高效调度问题,将超越反恐资源投放的选址问题,成为首都都市反恐的必然趋势。北京市反恐资源的投放路径,包括以下3个方面。

1. 将反恐特种机动队作为首都反恐的"第一道防线"

当前北京市相关部门,已经认识到反恐资源的调度效率的重要性,同时也开始关注移动式反恐资源投放的试点工作,并开始提升移动式反恐设施的资源投入量和高科技含量。反恐特种机动队是第一时间应对暴恐活动的中坚力量,长期屯兵人流密集区域,通过巡防的方式,迅速到达暴恐区域。以反恐特种机动队为代表的移动式反恐设施,其资源投入包括两个方面。一是反恐装备的高科技化,包括带有抗干扰通信装备和防冲撞装置的执勤车,能够实现全方位视频监控和数据传输,与反恐指挥中心即时通信。二是采取"战训合一"的勤务模式。实现机动巡查警员的专业技能训练,周训练课时量不低于8小时,并辅之反恐警情演练,以及反恐装备操演练习,以提升警员使用反恐资源的熟练度。①

2. 组建首都核心区域反恐领导小组

针对北京反恐应急指挥中心缺乏基层组织支持的现状,构建"市—区"两级反恐领导小组,通过划设市级反恐核心区和区级反恐核心区,来确保反恐资源的有效调度和统一指挥。市级核心区包括由国家行政机关组成的中央政务区、国内外大型企业总部组成的中央商务区、北京市政府行政办公区、具有国家象征的政治建筑群和历史建筑群、驻华使馆区、火车站、机场等。区级核心区包括各行政区办公区及商贸中心、高校区、综合医院、地铁换乘站等。反恐领导小组通常由市政府和区政府分管公安事务的领导担任组长,下设4个职能小组:反恐行动组、规划设计组、后勤保障组、人员培训组。其中,反恐行动组是各级反恐领导小组的核心组成部分,担负着情报搜集、应急处突的重要责任,反恐资源在投放的过程中,应对其适当倾斜。核心区域领导小组应明确重点防恐目标,坚持以点带面的原则,反恐资源投放也以核心区的重要建筑

---
① 吴艺.筑牢城市反恐防暴处突"第一道防线"[N].人民公安报,2016-8-23.

物及主干道为主[①],确保反恐物质资源的可用性、充足性、便携性。

3. 加大对交通基础设施的反恐资源投放量

公共交通基础设施是近年来恐怖组织袭击城市的重要目标。新时期首都城市反恐的焦点,应注重城市公共交通基础设施的反恐预防,这既是实现城市公共安全的重要目标,也是构建首都安全共同体的时代使命。

综上所述,根据当前北京反恐斗争的特殊性,以及"我明敌暗"的反恐生态环境,首都反恐的工作思路必须紧跟互联网时代的发展,以及北京的城市管理向智慧城市转型的趋势。随着恐怖分子袭击城市的手段日益高科技化,城市安保部门利用大数据运算、人工智能等高科技手段来打击恐怖分子已经成为必然之势。

---

① 任才清,吴超.城市重要目标区域反恐小组的构建研究[J].武汉理工大学学报(信息与管理工程版),2016,(2).

中国公民出境旅游消费行为研究

邹统钎　谢　双[①]

近年来中国出境旅游的复苏展现了新的消费趋势和特点，包括目的地选择多元化、出境游人口结构年轻化、出境旅游内容深度化、出境旅游消费过程数智化及旅游模式多样化。这些变化预示着旅游目的地应该丰富旅游产品供给、打造个性化服务、落实相关行业政策、突出网红目的地营销等方式，提升出境旅游者的深度体验，促进不同地域的跨文化交流，带动消费经济长效增长。

一、中国出境旅游的回顾

（一）中国出境旅游的重要性及其历史增长

出境旅游的发展程度是一个国家或地区旅游业以及社会经济发展水平的重要标志[②]。随着中国国民收入不断提高和对外开放政策持续深化，中国的出境旅游在目的地国家、旅游市场规模、旅游花费水平等方面取得极大提升，成为世界瞩目的经济文化现象[③]。在规范化引导和战略性布局下，出境旅游已成为重塑中国国家形象的重要抓手，有助于在全球互动中推进文明互鉴，增进文化自信[④]，其在文化输出、话语权提升、国际化布局等方面的综合效应对中国未来的全球定位具有重要意义[⑤]。

在2019年之前，中国的出境旅游人数多年保持增长态势，已连续多年成为世界第一大出境旅游客源国和旅游消费国[⑥]，是全球旅游市场的重要组成部分。具体来看，在

[①] 作者：邹统钎，北京第二外国语学院中国文化和旅游产业研究院院长、教授；谢双，中国文化和旅游产业研究院2023级硕士研究生。
[②] 王慧，宋瑞，王晓川. 中国出境旅游市场复苏与健康发展探究[J]. 价格理论与实践，2023，（07）.
[③] Dai B, et al.. China's outbound tourism–Stages, policies and choices[J]. Tourism Management, 2017, (02).
[④] 孙九霞，李菲，王学基."旅游中国"：四十年旅游发展与当代社会变迁[J]. 中国社会科学，2023，（11）.
[⑤] 张凌云，杨晨. 从创汇优先到平衡收支：中国出境旅游发展战略的再认识——兼与戴学锋先生商榷[J]. 旅游学刊，2007，（06）.
[⑥] 温晓金，蒋依依，刘焱序."一带一路"国家入境游客规模演化规律与中国出境游客的对应特征[J]. 资源科学，2019（05）.

旅游人次方面，中国出境旅游人次于2014年首次破亿，截至2019年，每年度呈现不同程度的增长。2019年，中国仍是世界第一大出境旅游客源地，出境旅游市场规模达到1.55亿人次，相比2018年同比增长了3.3%，同时，此年度中国出境旅游市场的增长速度放缓。在旅游消费方面，2019年中国国际旅游消费高达2550亿美元，位居世界第一；相关数据显示，2010年至2019年中国出境旅游消费支出从548.8亿美元增长至2550亿美元，增长率为365%。购物旅游一度是中国出境游客的主要消费模式，许多游客将购买国际品牌商品作为出国旅行的重要目的。除了购物，美食、文化探索和自然景观也是中国游客消费的重要方面。随着旅游市场的成熟和消费者偏好的变化，更多的中国游客开始追求个性化和深度的旅游体验，如体验当地生活方式、参加文化艺术活动、探访世界遗产地等。在出境旅游目的地选择方面，2019年中国出境旅游目的地人数排名前十分别是中国香港、中国澳门、泰国、日本、韩国、越南、新加坡、马来西亚、柬埔寨和中国台湾。中国50%的出境旅游目的地为亚洲国家，国人更偏好前往距离更近的国家旅游。在支付方式上，随着移动支付技术的普及，越来越多的中国游客倾向于使用支付宝、微信支付等移动支付方式进行境外消费，支付方式更加便捷、安全。2019年前，中国出境游客的各项特征反映了中国游客日益成熟和多元化的旅游需求，从单一的购物消费转向追求更加多元深入的旅游体验，同时展现了中国支付技术在全球的影响力。

总体而言，中国游客对全球旅游市场的贡献显著。随着中国中产阶级的扩大和收入水平的提高，越来越多的中国公民拥有了出国旅游的经济能力。这导致了中国公民对海外目的地需求的增长，特别是对亚洲邻国、欧洲和北美兴趣的增长。此外，中国游客的消费行为对接待国经济有着显著影响，尤其是在购物、餐饮和旅游体验方面的支出。这一时期的中国出境旅游不仅推动了全球旅游业的发展，也促进了国际文化的交流与沟通。

（二）全球事件对出境旅游的影响

全球突发事件，尤其是新冠疫情，对出境旅游产生了重大的影响。伴随疫情的暴发和反复，各国急于在流动性方面采取限制性措施，从而瘫痪或严重削弱了全球旅游业[1]，例如，关闭边境、实施旅游禁令和隔离政策，进一步限制了出境旅游的开展与恢复。2021年、2022年疫情对全球旅游业的影响仍在持续，在此背景下，中国出境旅游

---

[1] Wen J, et al.. COVID-19: potential effects on Chinese citizens' lifestyle and travel [J]. Tourism Review, 2021, (02).

市场也受到影响，不得不通过全面封锁政策限制传播和感染人数[①]。《中国出境旅游发展年度报告（2022—2023）》显示，2022年中国出境旅游恢复程度不足疫情前水平的20%，较世界平均恢复水平有明显差异。

在疫情反复和个人防护水平提高的过程中，人们的旅游需求也在发生改变。在旅游目的地选择上，随着工作和生活模式的明显变化，人们的旅游距离和旅游时间缩短，从追求海外游转向探索国内游和近郊游，以适应新的旅游限制和安全顾虑。在旅游方式上，个人旅游体验发生了重大变化[②]，疫情加速了数字化和虚拟旅游体验的发展，旅游者通过在线平台沉浸式体验旅游目的地，累积的情感体验一定程度上有利于出境旅游的恢复。在餐饮住宿方面，消费者更加关注健康、卫生、安全和品质，对智能化、无接触式服务需求增加[③]。总的来说，突发性的全球事件不仅影响了短期内的旅游模式，更可能对未来的旅游业发展产生深远的影响。

二、中国出境旅游消费新趋势

（一）出境旅游目的地选择更加多元化

出境旅游复苏期间，中国政府对出境团体旅游的恢复采取了分阶段的策略，先后发布了恢复出境团体旅游的国家名单，这份名单涵盖了亚洲、欧洲、非洲、美洲等多个国家和地区，总计138个国家。随着疫情形势的逐步向好，东南亚一些国家相继推出免签、互免政策。例如，2024年1月28日，中泰两国签署互免持普通护照人员签证协定，协定于3月1日正式生效。上述政策的实施不仅促进了中国出境旅游市场的复苏，也为全球旅游业的恢复贡献了积极力量。

航旅纵横大数据显示，截至2024年1月29日，春节假期的出境热门目的地前十名为中国香港、泰国曼谷、韩国首尔、新加坡、日本东京、日本大阪、中国澳门、澳大利亚悉尼、中国台北、泰国普吉岛。其中，中国香港、泰国曼谷、中国澳门因距离近、出行便利等成为许多内地游客的出游首选。2023年是疫情后出境游恢复的第一年，许多中国游客在目的地选择上更青睐与选择安全性高、出入境方便的目的地，因此免签、电子签、落地签较多的亚洲国家广受欢迎。

---

① Ye Q.et al.. Epidemiological analysis of COVID-19 and practical experience from China [J]. Journal of Medical Virology, 2020, (04).

② Caroppo,E.et al., 2021: "Will nothing be the same again?: Changes in lifestyle during COVID-19 pandemic and consequences on mental health", International Journal of Environmental Research and Public Health, August.Rawat, D.et al., 2021: "Impact of COVID-19 outbreak on lifestyle behaviour: a review of studies published in India", Diabetes & Metabolic Syndrome: Clinical Research & Reviews, January–February.

③ 杨宏浩."双循环"格局下的住宿业高质量发展[J].旅游学刊, 2021, (01).

此外，新兴旅游目的地正步入大众视野。东盟十国纷纷推出了各种形式的签证简化措施，包括免签、落地或电子签等，以方便中国公民；此外，欧盟理事会于2023年11月13日批准了申根签证数字化相关的新法规，建立了统一的签证线上申领平台，从而大大提高了办理签证的效率。在众多境外旅游目的地中，因交通便利、旅游资源丰富和旅游成本相对较低，中国游客一直对共建"一带一路"国家青睐有加。2023年是共建"一带一路"提出10周年，到这些国家和地区旅游也成为出境游市场复苏的一抹亮色。中国已与哈萨克斯坦、阿联酋、卡塔尔、马尔代夫、亚美尼亚这5个"一带一路"亚洲共建国家达成互免签证政策。此外，截至2023年6月底，中国已与144个共建"一带一路"国家签署了文化和旅游合作，可以见得，共建"一带一路"为中国出境游的发展和重构提供了契机。

（二）中国出境旅游市场人口结构年轻化

马蜂窝在2023年发布的《第一批出国的年轻人都去哪儿了》海外旅行数据报告显示，90后成为第一批出境游客的主力军，占比超过57%。《中国出境旅游发展年度报告（2023—2024）》提到，2023年中青年出境游客居多，22岁至41岁年龄段人数所占比例高达82.8%。在具体旅游形式上，截至2023年5月前，18岁至40岁的出境跟团游客占比近七成[①]，除了普通跟团游，年轻人还喜欢按照自己和家庭的偏好参加小型定制团，这也符合年轻一代渴望自由、追逐新奇的特征。此外，年轻人更关注旅游质量，亲子游及陪伴父母的孝亲游越来越多。同时，年轻群体的消费能力也不容小觑。2024年春节出境旅游市场逐步摆脱疫情影响，许多年轻人参与出境旅游团，其出境游目的包括旅游、看演唱会、医美等，使得整体团费有约20%的提高。这些数据不仅反映了中国社会的年轻化趋势，也显示了年轻一代对探索世界和体验不同文化的强烈需求，其更倾向于通过旅游实现个人成长和探索自我，他们追求的不仅是传统的观光游览，更注重旅行体验的独特性和深度。

（三）旅游内容深度化

1. 沉浸式体验、可持续旅游成为出境消费新选择

在早期，中国出境旅游者的主要消费模式以购物为主，特别是对奢侈品的购买。日本、欧洲和美国等地因其高端品牌和优惠的购物环境而成为中国游客的首选目的地。购物不仅仅是购买商品，更是一种社会地位和生活品质的象征。然而，近年来，随着中国旅游市场的成熟，旅游者的偏好逐渐从单纯的购物转向更加注重体验和文化探索。沉浸式体验，如体验当地的文化活动、美食旅游、探险旅游等成为新的旅游趋势。

---

① 年轻人追求特色出境游：冰川飞行 夜晚观星 海上"自驾"，环球网旅游，2023年5月5日。

《2024年中国居民出境游需求趋势前瞻报告》的数据显示,"打卡"旅游景点的标志性建筑是各个年龄阶段受访者的共同爱好,而在一个目的地参与当地生活体验的"深度游"则位居第二名。可见,中国出境游游客已逐渐从走马观花的观光游览转变为探索沉浸性高、文化性强的深度体验。许多国外旅游目的地已开发了沉浸式旅游项目,通过开展公园夜游、博物馆夜游、河流夜游等旅游项目吸引游客。例如,位于日本的 SAKUYA LUMINA 大阪公园夜游体验区结合灯光、互动投影、AR 互动等技术,将虚实结合的魔幻场景及有趣的故事编排以故事线与游线相结合的方式展开,科技与自然景观的巧妙融合增强了旅游地的吸引力,游客在场景交互中获得了极为深刻的体验,再次体验同类产品的意愿也得以增强。

同时,可持续旅游也是深度体验旅游的一种重要形式,逐渐成为中国出境旅游市场的新趋势。随着全球对环境保护和可持续发展的重视,以及碳达峰碳中和政策在中国的有序实施,越来越多的中国旅游者开始关注旅行目的地的生态环境和社会责任。选择生态友好的交通方式、住宿和活动,参与保护当地亲近自然环境与文化遗产的深度体验活动,成为一种新的旅游模式。例如,近年来积极践行可持续旅游发展的瑞士,在当地有超过 5000 家餐厅加入"好物别浪费"运动[①],以帮助减少餐饮业的食物浪费;此外,越来越多的餐馆开始共同推出每周一次甚至几天完全避免肉类的素食日等活动,其通过传递可持续饮食、可持续用水等理念,吸引了许多热爱自然资源、渴望体验异国风情的中国游客。

2."演出+旅游"新形式激发出境消费活力

基于旅游内容创新,"出境游+"已成为一种潮流,它将景点游览、演唱会、体育赛事和康养健身等旅游需求相结合,成为一种较为流行的发展形式。随着演唱会等演艺消费的不断增长,跨国观演的出境旅游内容提高了举办地酒店的住宿率、饭店预订量及总体消费水平,在一定程度上刺激了举办地的旅游业。例如,美国知名歌手泰勒凭借其超强的国际影响力创造了"斯威夫特经济效应"。据商业智库 Common Sense Institute 的数据,泰勒 2023 年 7 月位于科罗拉多州的每场演唱会会吸引约 7.5 万名歌迷,带来超过 2 亿美元的直接消费。许多中国游客也不远万里参加演唱会,并在演出前后游览演出地附近的知名景区,带动当地旅游业的发展。借助演唱会的强大国际客流,已有旅游平台推出"演出+旅游"的相关套餐,例如,在 2023 年 9 月,同程旅行与周杰伦嘉年华世界巡回演唱会曼谷站主办方联合推出"酒店+演唱会"门票套餐,获得巨大经济收益,产品一经上线即告售罄。可见,"演唱会+旅游"的新模式正成为中国

---

① 春节假日观:2024 年春节出境游新风向:小包团走俏、游客年轻化,齐鲁壹点,2024 年 1 月 29 日。

游客出境旅游发展的新动能。

此外,"体育赛事+旅游"也逐渐成为中国出境旅游消费的新内容。例如,第一次在北半球冬季开幕的卡塔尔世界杯就获得了巨大的国际客流。根据携程的统计数据,2022年11月20日至2022年12月18日,预定中国前往卡塔尔的航班数量是2021年同期的28倍以上。在观赛之余,旅游者对于主办国的游览兴趣也十分浓厚,极大地促进了目的地的餐饮住宿与其他旅游消费。由此也可看出,旅游业与体育产业已密不可分,重大体育赛事会形成旅游旺季,给旅游业发展带来巨大机遇。

（四）出境旅游消费过程数智化

随着移动互联网的广泛应用,截至2022年,中国互联网用户数量已达10.67亿人,移动互联网用户数量已达10.65亿人,可见中国移动互联网市场已进入快速发展时期。旅游行业对于数字技术的使用也日益增加,移动互联网已覆盖了出境旅游者消费全场景和全过程。在出境旅游前,伴随社交媒体营销和网红营销在中国的兴起,越来越多的旅游者通过微博、抖音及携程旅行等平台获得出境旅游信息和购买旅游产品[①],在此情境下消费者的出境旅游信息查询渠道和出行预定方式被不断拓宽,效率和便捷性获得极大提升。具体来看,如携程、马蜂窝和去哪儿等在线旅游平台,通过整合各项旅游资源,实现了在线旅游产品或服务交易,包含机票、酒店、旅游套餐及其他旅游相关业务。同时,伴随大数据和人工智能技术的发展,这些平台根据消费者的搜索历史为其提供个性化推荐,优化用户体验,实现精准营销。此外,旅游目的地也积极开展数字化旅游模式的探索,例如,埃及推出了"在家体验埃及"系列精品文化项目,数十家博物馆和考古遗址被纳入数字化虚拟旅游云空间,通过数字技术再现实体场景,不仅能激发观看者的旅游兴趣,也有利于潜在旅游者熟悉景点情况,增强其出游意愿。再比如,泰国国家旅游局在2024年1月31日与携程集团达成合作,进行了线上直播,以展示其特惠旅游产品与服务,此次直播观看人数达2000万人,销售额2.2亿泰铢,可见直播项目有效刺激了中国出境旅游市场,为旅游发展增添更多动力。综上所述,通过在线旅游平台提供高品质供给、"云旅游"延伸产业链条、"旅游+直播"丰富目的地形象,线上与线下形成合力,吸引更多游客前往旅游目的地游览。

在出境旅游过程中,随着国内移动支付方式的快速发展,人们对境外移动支付提出了更高的要求。近几年来旅游消费支付方式体现出多样化特点,而且新型支付方式被越来越多居民广泛使用[②]。因此,在线支付方式便捷程度,已成为中国游客选择出境

---

① 袁利,孙根年.出境旅游网络关注度时空演变及影响因素研究——以泰国为例[J].浙江大学学报（理学版）,2023,（01）.

② 陈伟召.中国居民出境旅游消费水平与结构分析[J].全国流通经济,2018,（26）.

旅游目的地的考量标准之一。针对中国游客新的消费行为，已有许多旅游目的地展开了有益的尝试。例如，泰国三大机场——曼谷素万那普机场、廊曼机场和普吉机场内，截至2024年3月，已有90%的商户支持微信支付，中国游客基本可以实现一个App逛机场，此外许多泰国商家通过接入移动支付、上线微信小程序等方式，不断提升旅游便捷度与效率。根据支付宝惠出境平台的数据，支付宝用户在2023年1月至6月的人均消费支出，与2019年相比增加了24%。越来越多的中国游客倾向于使用移动支付进行消费，这不仅展示了中国在移动支付技术方面的领先地位，也指出了全球商家接受这种支付方式的重要性。

出境旅游后，游客倾向于通过社交平台或在线旅游平台分享自己的游玩内容并推荐有意思的旅游场景供网民参考。世界旅游城市联合会指出，73.98%的出境游客表示自己会通过社交媒体平台分享旅游经历，微信朋友圈成为主要的分享渠道[①]。

（五）旅游消费模式多样化，自驾游、邮轮游、定制游成为出境新热点

近年来，自驾游因其舒适性高、机动性强而受到部分旅游者的青睐。疫情期间，出于对卫生安全的考虑，国内旅游者更多地选择近郊游、出省游，在一定程度上促进了自驾游这一旅游模式的发展。随着疫情形势向好与出境政策的有效调整，更多的旅游者也在境外旅游时尝试自驾游览。实际上，早在2019年春节期间中国游客就已在全球59个国家、289个城市租车。《2024春节全球自驾游报告》数据显示，2024年春节期间国内租车订单量同比增长56%，国际租车订单同比增长730%。出境自驾热门目的地有澳大利亚、新西兰、泰国、阿联酋、马来西亚、意大利、西班牙、挪威、英国、土耳其。在2024年春节出境自驾游客中，全家游、亲子游占比激增，环比增长287%，较2023年同期提升86%。

邮轮旅游是中国旅游业迈向休闲度假时代的新型业态，是提升人民群众生活品质的幸福产业。中国从2016年起，成为仅次于美国的全球第二大邮轮客源市场[②]，中国的邮轮旅游对国际旅游市场的意义不言而喻。但新冠疫情的巨大打击让环境高敏感型的邮轮旅游陷入停滞期，世界上三大邮轮集团（嘉年华集团、皇家加勒比游轮集团、诺唯真游轮集团）总市值最高蒸发6000亿元人民币。据国际邮轮协会发布的《2023年邮轮行业现状报告》，全球邮轮游客的数量将在2022—2028年增长19%，邮轮旅游的恢复速度将快于国际旅游。伴随着国际邮轮旅游市场的复苏，中国在2024年恢复了部分国际邮轮航线。2024年4月起，皇家加勒比将恢复运营从上海出发前往周边国家的国

---

① 世界旅游城市联合会：《中国公民出境（城市）旅游消费市场调查报告（2017-2018）》。
② 孙晓东，林冰洁.中国邮轮产业有形之手：政策创新与产业演化[J].旅游科学，2021，（06）．

际邮轮航线。2024年12月至2025年1月，皇家加勒比旗下"海洋光谱号"也会在中国香港开启运营。未来，中国作为邮轮旅游目的地的国际品牌吸引力将逐步提升。

传统的跟团游和自由行产品已经很难适应越来越多的高质量、个性化的出境旅游需求，而定制游则可以满足人们对碎片化、品质化服务的需求，不仅能解决传统跟团游行程固定、自由度低的问题，还能有效解决语言障碍、路线规划等方面的难题，是出境旅游的一个新热点。① 定制游的火爆与人们对于碎片化服务的追求有很大的关联。碎片化服务体现在产品多样性、客户选择多，并通过定制性的专属服务，让旅行中的人感受到服务的温度。随着经济的发展，人们消费能力不断增强，想要更全面的服务，因此境外旅游将逐步往定制游方向发展。

三、思考与建议

（一）兴趣消费创新产品供给，多元业态释放市场潜能

出境旅游在中国的迅速发展既是中国现阶段社会经济发展的必然结果，也是中国旅游经济体系走向平衡发展的开始②。中国作为全球最大的出境游市场之一，不仅有利于自身旅游业的发展，对世界旅游目的地特别是亚洲国家也产生了显著的经济影响。但与此同时，中国游客出境旅游消费行为的变化及对高品质、优服务的期待，让旅游目的地国家不得不思考如何优化旅游产品供给体系，以打造出便利化、个性化的出境旅游产业链，吸引更多的中国游客。

1. 严格把控出境旅游产品质量，审查旅游供应商资质③

近年来，许多中国游客出境体验异域风情，海岛游是夏季出境旅游的热门选择，然而从安全层面来讲，海岛游是中国游客遇险的重灾区，保障生命与财产安全是出境游平稳发展的重中之重。然而，仍有一些无旅行社资质或出境游资质的海外旅游产品供应商不顾游客生命安危，售卖缺乏品质、没有保障的旅游产品。2018年泰国普吉岛游船倾覆事件就是旅行社轻视游客生命安全的典型案例。事实上在游船出海前当地政府已发布恶劣天气预警，警示普吉岛旅行社不要擅自离港，但旅行社不顾警告，带领游客进入非常危险的海域，最终导致翻船伤亡事件。据了解，事发船只的中国游客大多属于自由行，通过国内在线旅游平台预订旅游产品，且大多为一日游产品，旅行社

---

① 艾瑞咨询.中国在线出境游行业研究报告2019年［R］.上海：艾瑞研究院，2019，（09）：61.
② 杨军.中国出境旅游"双高"格局与政策取向辨析——兼与戴学锋、巫宁同志商榷［J］.旅游学刊，2006，（06）：65-68.
③ 陈金华，胡亚美.跨境网络舆情演化下目的地关注度时空特征——以普吉岛沉船事件为例［J］.华侨大学学报（哲学社会科学版），2020，（03）：68-79.

监管较为松散。同时，普吉岛当地对出海旅游的项目管理松弛，一定程度上由利益驱动。因此，自由行的游客若遇到不佳天气出于不浪费船票可能会冒险出海，此外，船只安全监管不够严格，许多游客在游船运行过程中就脱下救生衣，从而失去了基本安全保障。在此事件发生后，线上旅游平台也对海外旅游一日游产品的国内供应商进行了全面排查，仔细审查资质不全的旅行社并予以处理。安全一直是出境旅游平稳开展的第一要务，伴随疫情对人们消费行为产生的影响，出境旅游者更加注重旅行过程中的卫生安全情况，因此，旅游目的地亟须提升安全设施建设，加强经营管理力度；国内线上旅游平台需按时检查商家经营资质，对其经营资质真实性负责，同时动态监管具体的经营活动；国家层面，亟须完善中国在线旅游经营的法规法案，清晰划分在线旅游业务每个环节的经营责任，保障出境旅游消费者的人身安全。

2.兴趣化、个性化产品供给促进消费者创新

已有研究发现，消费者创新对出境旅游意愿也有正向影响[1]。出境旅游公司可以通过提供个性化、创新化、特色化的旅游产品与服务来增强消费者的兴趣体验，提高消费者的创新倾向，从而增强其出境旅游意愿。当下，出境旅游玩法日益多样化，一项符合旅游者兴趣爱好的体验即能成为其出境的理由。随着出游的全面放开，演艺活动的跨境观看比例显著上升，许多年轻人在观看演唱会、音乐节等演艺活动的同时，还会在观演目的地展开旅游消费。"演出游"不仅满足了人们娱乐放松、追逐兴趣的内心需求，并且作为一种新兴旅游产品，还有力带动了与旅游业相关的各个业态的消费水平。然而，出境演出游和国内演出游最大的区别在于出境观演花费金钱和时间成本更高，许多旅游者基于此等原因可能会对此种新兴旅游方式望而却步。当下，年轻人已经是出境旅游消费的主力军，其在消费行为特征上表现为"乐于探索、敢于冒险、崇尚独立、乐于彰显个性"的特点[2]，如何有效利用年轻消费者的个人兴趣，开发个性化、便捷化且具有性价比的"境外演出游"等其他基于消费者兴趣主导的定制化产品就值得旅游营销者及产品开发商深思。

3."旅游+"融合焕新出境旅游产业链

过去，游客认为文化娱乐与景点门票是消费最多的项目[3]，现如今在部分目的地，购物消费成为旅游消费的主要形式。近年来，中国旅游者在饮食、文化、生态等方面

---

[1] 郭功星，张攀，程豹.基于价值观视角的消费者出境旅游动因研究——消费者世界主义的作用[J].旅游学刊，2021，36（9）：134-136.
[2] 崔丽敏，曹灿明，梁雨濛.代际理论及"80后""90后"旅游行为对比研究[J].经济师，2012，（02）：200-201.
[3] 中国旅游研究院.2012中国出境旅游发展年度报告[M].北京：旅游教育出版社，2012：54-60.

表现出越来越多的体验性需求，这促使目的地国家进一步向内容转型，推出更多融合产品和深耕一地的深度游产品等，以满足中国游客的需求。中国出境游客消费行为由简单的景点游览与购物消费已逐渐转变为对沉浸式体验、可持续旅游等体验时代下新型旅游产品的需求，他们渴望从境外获得更具文化深度与体验厚度的旅游经历。共建"一带一路"是落实"旅游+"发展的重要实例。2023年，随着国内出境游市场的回暖，"一带一路"国家在中国出境旅游市场中所占比重将会越来越大，许多新兴旅游目的地，如格鲁吉亚，因具有新鲜感的旅游资源和简化的签证手续，获得了国内部分出境旅游者的青睐。此外，"一带一路"国家积极完善特色旅游产品供给，推出历史文化、健康度假、美食体验等深度产品，以满足中国旅游者的深度化体验需求。因此，出境旅游产业应着力延伸旅游链条，推出系统化、特色化、多元化的"旅游+"产品，全链条提升游客的体验品质。

（二）碎片化服务创造出境旅游新风口，跨文化交流优化中国旅游新形象

传统跟团游在各个旅游要素上讲究团队化、标准化与流程化，自由性较差，而碎片化旅游在旅游要素上更加突出个性化、非标准化和随机性的特点。当前，伴随人们对出境旅游更加多元、更高标准的游玩需求，加之旅游营销渠道转向网络社交媒体的市场特征，许多出境旅游产品供应商基于旅游者需求开发了许多碎片化产品，如定制化的半自由行、小包团及不同主题的"一日游"等产品。根据泰国国家旅游局数据，截至2023年11月9日，已有286万人次中国游客入境泰国旅游，且入泰游中国旅客呈现出从跟团游向自由行转变的趋势。伴随着出境签证办理便捷性的提升与目的地地接产业成熟度的提高，未来出境游当地参团业务量可能会持续增长。携程团队就表示，2024年携程当地参团业务有望再提升50%，东南亚将成为当地参团业务的另一大重要支撑力。碎片化消费在出境旅游领域的崛起，更给旅游产品提供商提出了更高的要求，碎片化的旅游产品既要数量多又要有地域特色、文化地域等体验质量方面的特性。因此，出境旅游供给侧需迅速挖掘可用的碎片化资源，提取小众、新奇景区的文化特色，积极融合其他业态资源，借助线上旅游平台或其他社交媒体定向推送游客想要的出境旅游信息，以提升网络流量实际转换为线下旅游的几率，增加出境游市场的经济收益。

同时，中国游客还促进了不同国域间的文化交流。出境旅游者在国外旅行期间，通过与东道主国家民众的主客交往在对方脑海投射对中国文化及文明的直接印象，该印象还可能通过文字、图片、视频等媒介在目的地国家话语体系中传播，自下而上地建立中国的国家形象[①]。然而，已有研究表明，处于不同亚文化的个体所推崇的不同的

---

① 舒伯阳，冯婉怡. 基于旅游业协同促进的文化软实力建设［J］. 文化软实力研究，2023，（01）：57-69.

价值使得他们的出游动机存在差异①，且文化交流过程中常会出现语言障碍、文化误解和价值观冲突等问题，使得出境旅游常常受限。随着中国出境游客个人综合素质的提升与跨文化适应能力的加强，加上许多境外旅游目的地通过优化移动支付系统以支持支付宝和微信支付、增设中文讲解等方式不断提升和优化旅游基础服务和设施，中国游客前往境外参与文化体验的意愿将会加强。在此过程中，中国的旅游形象也发生了极大的改变，通过游客参与当地文化体验等跨文化交流活动，其出境购物"爆买"的浅显形象逐步被打破，并建立文化交流使者的新形象，这将有助于提升中国文化软实力，促进国际友好往来。

（三）数字化营销拓宽出境旅游消费客群，利好政策落实提振出境消费信心

当前已是粉丝定义的时代，在网络社交媒体平台成为主要的旅游产品销售渠道后，境外旅游目的地更要加大宣传力度、抓住线上流量，通过与中国在线旅游平台的积极合作，借力多样化的数字营销促进目的地品牌故事的最大化传播，以吸引更多的中国游客。然而，数字化时代背后也面临许多挑战，例如，信息快速更迭的线上平台使得旅游产品竞争更为激烈，旅游产业链扩展至社交媒体更易存在不稳定因素等，这更要求境外旅游目的地尽快抓住流量红利，通过直播带货、私域平台传播等方式占据出境旅游市场。当前，部分国家的旅游局已注意到了私域平台的重要性，借助微信平台进一步激发潜在消费者的出境旅游需求。例如，新西兰旅游局通过微信公众号、视频号分别发布展现自然和人文景观为主的图文和视频内容，并不定期推出带用户直接去景点体验的直播活动。其小程序内容也尤为丰富，除了能让用户查看天气、交通等基本信息，还能查阅各路旅游达人的游记。各国旅游局不仅善于运用数字化营销平台，更注重通过运营内容找到相应的垂直客群，实现线上精准营销。此外，部分国家的旅游局携手OTA平台，邀请行业名人进行线上直播，通过更具直接性、吸引性与事件性的品牌营销方式，以推广旅游目的地、维持用户关注度。例如，2022年1月，巴基斯坦、乌兹别克斯坦、柬埔寨、斯里兰卡、俄罗斯的驻华使节陆续走进飞猪官方直播间，介绍自己国家的特色文化旅游资源。因此，数字化营销已是不可回避的时代潮流，通过公域和私域平台汇聚网络流量，借助特色内容形成长期流量尤为重要。

签证政策的放宽和其他国家利好政策的提出促使更多中国游客前往境外目的地旅行。因此，旅游供给侧需稳步落实利好政策、探索出政策与出境旅游行业的适应性创新成果，这不仅有利于出境旅游市场的繁荣，更有利于小众旅游目的地的发展。例如

---

① Li M, et al.. A grid-group analysis of tourism motivation [J]. International Journal of Tourism Research, 2015, 17（01）: 35-44.

2013年共建"一带一路"推出后,共建国家积极推动旅游合作与发展,特别是中国在旅游业方面的对外投资、庞大的出境旅游规模和消费能力[①],使得旅游业已成为推进"一带一路"共建国家和地区互联互通、文化传播、友好合作的重要桥梁[②]。随着共建"一带一路"的合作不断加深及共建国家入境政策的便利程度提升,2023年前往"中亚五国"和"高加索三国"这些国家的中国游客人数远超2019年水平,其中"高加索三国"旅游预订量较2019年同期增长超过300%。可见,政策利好与交通便利为出境旅游的进一步开拓打下了坚实的基础。旅游供应商应根据政策优势,逐步完善供给端,探索出更多深度游产品,借助特色、丰富的异国文化体验,增加定制团、精品团等类型的旅游产品数量,满足出境游客渴望沉浸式体验、定制化服务的新需求,促进出境旅游消费。

[①] 戴亦杨,宋周莺."一带一路"沿线国际旅游业发展格局演化及其驱动因素[J].中国生态旅游,2023,13(06):941-961.
[②] 张睿,金磊,丁培毅."一带一路"背景下的丝路文化软实力建设——国际旅游发展新动力[J].旅游学刊,2017,32(06):1-3.

中国式现代化背景下我国数字服务贸易发展研究

任祎卓　陈兴裕 [①]

随着数字经济的兴起,数字服务贸易成为推动经济增长的新引擎。本文旨在探讨在中国式现代化背景下,中国数字服务贸易的发展现状及其影响因素。文章分析了中国式现代化背景下数字服务贸易发展的现实基础、新机遇及存在的问题和挑战,并基于中国国情提出了促进数字服务贸易发展的对策建议,以期为中国数字服务贸易的健康发展提供参考,以促进我国数字服务贸易的高质量、可持续发展,为中国式现代化贡献力量。

在全球化的浪潮中,数字技术的迅速发展已经成为推动经济增长的关键因素之一。特别是在中国式现代化的背景下,数字服务贸易作为新兴的服务贸易形式,不仅展现了巨大的增长潜力,也成为推进国家经济结构优化、提升全球贸易竞争力的重要途径。本文旨在探讨中国式现代化背景下我国数字服务贸易的发展现状、面临的挑战及未来发展策略,为我国数字服务贸易的持续健康发展提供理论依据和政策建议。

中国式现代化是一种独特的现代化道路,它不仅注重物质文明的发展,更强调文化自信和社会治理的现代化,致力于构建和谐社会。在这一背景下,数字服务贸易的发展不仅是经济发展的需要,也是推动社会进步和提高人民生活水平的重要内容。随着互联网、大数据、人工智能等数字技术的不断进步,我国数字服务贸易呈现出蓬勃的发展势头,成为服务贸易增长的新动能。

然而,在快速发展的同时,我国数字服务贸易也面临着国际竞争加剧、跨境数据流动限制、数字鸿沟等诸多挑战。如何在全球化背景下抓住机遇,应对挑战,优化我国数字服务贸易的结构和模式,提升我国在全球数字经济中的地位和影响力,成为当前和未来一个时期内我国面临的重要课题。

[①] 作者:任祎卓,北京第二外国语学院中国服务贸易研究院副教授;陈兴裕,北京第二外国语学院中国服务贸易研究院2023级硕士研究生。

本文通过分析中国式现代化的特点及其对我国数字服务贸易发展的影响，深入探讨了在这一背景下我国数字服务贸易的发展机遇与挑战，并提出相应的策略和建议，以期为我国数字服务贸易的发展贡献力量。

一、中国数字服务贸易发展现状

在 21 世纪的数字化时代，随着信息技术的飞速发展，数字经济已成为全球经济增长的新引擎。数字服务贸易，作为数字经济的重要组成部分，凭借其跨时空的交易特性、低成本的交易方式和高效的服务能力，正逐渐成为推动国际贸易发展的新动力。中国，作为世界上最大的发展中国家，近年来在数字服务贸易领域取得了显著的进展，成为全球数字经济发展的重要参与者和贡献者。

中国数字服务贸易的快速发展，得益于国家对数字经济发展战略的高度重视及信息技术快速进步的双重推动。随着 5G、人工智能、大数据、云计算等前沿技术的广泛应用，中国的数字服务贸易呈现出多元化的发展态势，不仅在传统的 IT 和软件服务领域保持领先地位，同时在在线教育、远程医疗、电子商务、文化娱乐等新兴领域也展现出强劲的发展势头。

然而，中国数字服务贸易的发展也面临着不少挑战。首先，国际数字贸易规则尚不完善，导致跨境数据流动和数字服务交易存在法律和监管障碍。其次，与发达国家相比，中国在某些关键技术和高端服务领域的竞争力仍有待提升。最后，数据安全和个人隐私保护成为数字服务贸易发展的重要考量，要求中国在推动贸易发展的同时，也要加强国内外数据治理能力。

（一）数字经济发展现状

数字服务贸易是指通过网络跨境传输交付的产品和服务贸易，该活动高度依赖数据跨境流通，全面应用到国际经贸各行业、各领域、各环节的新型贸易形态，是数字贸易的重要组成部分。中国数字经济的发展现状表现为快速增长和全面扩张。2022 年，中国数字经济规模达到 50.2 万亿元，总量稳居世界第二，同比名义增速 10.3%，占国内生产总值比重提升至 41.5%[①]。这一数据表明，数字经济已成为推动中国经济增长的重要力量。

政策方面，近年来为了加快发展数字经济，政府出台了一系列政策措施。例如，2023 年国家发展改革委和国家数据局联合印发了《数字经济促进共同富裕实施方案》，

---

① 数据来源：《数字中国发展报告（2022 年）》。

旨在通过数字化手段解决发展不平衡问题[①]。此外，国家数据局的设立及相关措施的推出，顺应了我国数字经济蓬勃发展的内在需求，在丰富数据制度供给的同时，改变了分散治理模式，为数字经济塑造了良好发展格局。在产业层面，产业数字化是数字经济增长的主要动力，近年来一直保持快速增长。特别是原材料工业等传统行业的数字化转型，被视为促进高质量发展的重要途径。同时，中小企业作为数字经济的重要组成部分，其数字化发展也受到了广泛关注，数字化技术的兴起推动了中小企业多方面的自动化和智能化需求。

2023 年，中国信息通信研究院发布了《中国数字经济发展研究报告（2023 年）》，该报告指出，我国数字经济整体实现量的合理增长，规模首次突破 50 亿元，数字经济在国民经济中地位更加稳固。中国数字经济正处于快速发展阶段，政府的政策支持和产业的积极参与共同推动了数字经济的高质量发展，数字经济的蓬勃发展也为数字服务贸易提供了广阔的市场空间。未来，随着数字技术的不断进步和应用场景的不断拓展，中国数字经济有望继续保持强劲的增长势头。

（二）服务贸易发展现状

中国服务贸易规模持续扩大。2022 年，中国服务贸易进出口额为 59801.9 亿元，较 2021 年增长 12.9%，贸易逆差为 2757.1 亿元，与我国建立服务贸易往来关系的国家或地区增加至 200 多个。中国服务贸易进出口额由 2016 年的 43947.0 亿元增长至 2022 年的 59801.9 亿元，年平均增长率为 5.27%[②]。近年来，我国服务贸易总体平稳增长且逆差逐渐缩小，占比前五的行业分别为旅行、运输、其他商业服务、电信计算机和信息服务、知识产权。《中国"一带一路"贸易投资发展报告 2021》显示，中国与"一带一路"共建国家服务贸易发展良好，中欧班列降低了运输成本拉动了中国与共建国家的运输服务贸易的发展。

数字经济的发展为数字服务贸易提供了新的机遇。一方面，数字技术降低了服务贸易的门槛和成本，使得更多企业能够参与到服务贸易中来；另一方面，数字经济催生了新的服务模式和业态，为服务贸易的发展注入了新的动力。互联网、大数据、云计算等技术的应用，使得服务贸易更加便捷、高效，同时也带来了新的商业模式和服务模式。如图 1 和图 2 所示，从 2012—2021 年这十年，总体来看中国进口额大于出口额，呈现贸易逆差。中国可数字化服务贸易出口额逐年上升，增长率保持波动式增长，数字服务贸易进口额相对波动较大。数字经济推动服务贸易发展，而服务贸易的良好

---

① 数字经济促进共同富裕（政策解读），人民网，2024-01-22。
② 数据来源：根据商务部商务数据中心的数据计算得出。

发展又为数字服务贸易发展奠定基础，服务贸易逆差逐步缩小，从而持续向好地推动中国贸易的发展。

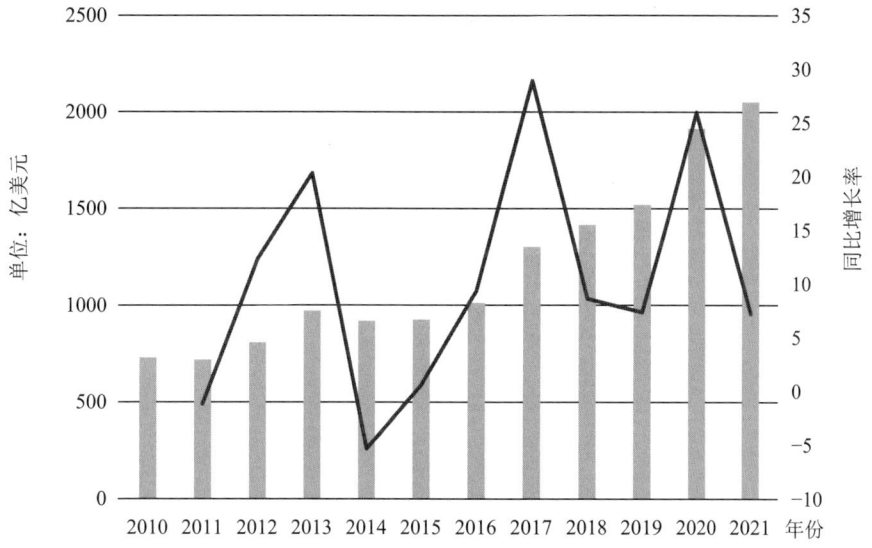

图1 中国可数字交付服务贸易出口及增长率

数据来源：UNTATD。

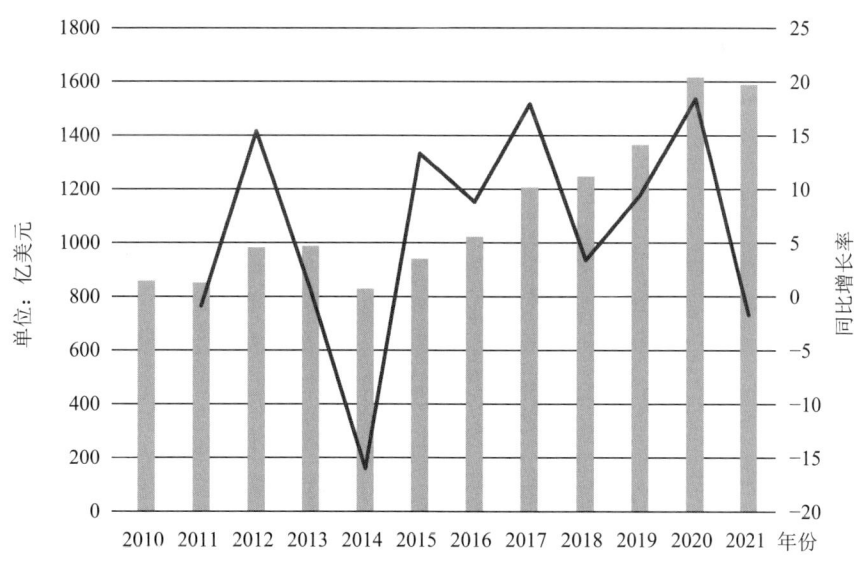

图2 中国可数字交付服务贸易进口及增长率

数据来源：UNTATD。

二、中国式现代化背景下数字服务贸易发展影响因素

（一）现实基础与新机遇

习近平总书记在《推进中国式现代化需要处理好若干重大关系》第六点中强调了自立自强与对外开放的关系：不断扩大高水平对外开放，提升贸易投资合作质量和水平，稳步扩大规则、规制、管理、标准等制度型开放，推动共建"一带一路"高质量发展，优化区域开放布局，实施自由贸易试验区提升战略，扩大面向全球的高标准自由贸易区网络，深度参与全球产业分工和合作，维护多元稳定的国际经济格局和经贸关系，拓展中国式现代化的发展空间。

中国式现代化为服务贸易发展提供了坚实的现实基础。政府加大了对数字服务贸易的政策支持力度，通过在流程上简化，在信息交易上更加透明，极大地缩减了国际贸易的交易周期和降低了交易成本，在一定程度上助推了我国跨境数字服务贸易的快速发展。此外，国家对数字服务贸易促进政策力度加大，数字化日益成为新时代中国服务贸易的重要特征，使服务贸易规模逐渐扩大。《数字中国建设整体布局规划》明确提出，要以数字化驱动生产生活和治理方式变革，为以中国式现代化全面推进中华民族伟大复兴注入强大动力。党的二十大报告提出要加快建设网络强国、数字中国，这就为数字服务贸易的发展提供了方向和动力。

同时，国家政策的支持和国际合作的深化也为服务贸易的发展带来了新的机遇。数字贸易的快速发展拓宽了服务贸易的发展领域。《"十四五"服务贸易发展规划》鼓励通过多种途径加快服务贸易数字化进程。目前，我国正在积极参与关于数字经济议题许多双边机制和国际组织的谈判，大力推动相关数字贸易国际规则的谈判与制定。例如，我国签署的自由贸易协定均包含了电子商务章节，显示了中国在数字经济领域的国际合作意愿和行动决心。同时，中国与一些国家在电子签名、电子合同和认证、无纸化贸易等贸易便利化问题及个人信息保护、在线消费者保护等方面进行了合作。2015年，我国与韩国、澳大利亚等国家签订的《自由贸易协定》（*Free Trade Area*，简称FTA）最先包含数字贸易章。随后，我国先后与智利、新加坡、毛里求斯、柬埔寨及新西兰签署FTA或对FTA进行升级。中国的FTA在数字贸易常规议题上的实践已经日趋成熟，对推动数字贸易的便利化和个人信息保护发挥了重要作用。

我国以申请加入《全面与进步跨太平洋伙伴关系协定》（*Comprehensive and Progressive Agreement for Trans-Pacific Partnership*，简称CPTPP）和《数字经济伙伴关系协定》（*Digital Economy Partnership Agreement*，简称DEPA）为契机，加速推进数字贸易制度型开放，对接高标准国际经贸规则，这表明中国在数字贸易领域的国际合作

不仅限于一般性的合作协议,还包括更深层次的规则对接和制度型开放。中国(浙江)国际贸易"单一窗口"等自贸试验区积极对标 DEPA,开展赋能企业数字化转型的探索和尝试,提升企业效能,解决中小企业融资便利化需求。这些措施体现了中国在推动数字服务贸易发展的同时,也注重通过数字化手段解决实际问题,以此促进经济高质量发展。全球经济格局的变化和新兴市场的崛起也为服务贸易提供了新的机遇。

(二)存在问题及挑战

1. 数字经济发展水平还有较大差距

尽管我国在数字服务贸易领域取得了显著进步,但与世界领先水平相比,我国的数字经济发展仍存在较大差距,这主要体现在基础设施建设、创新能力、国际合作、法律法规等多个方面。

在基础设施建设方面,虽然我国在 5G、物联网、云计算等关键技术的布局上取得了快速进展,但与发达国家相比,我国在网络速度、稳定性及覆盖范围等方面仍存在不小的差距。这直接影响到数字服务的质量和用户体验,从而限制了数字服务贸易的发展。创新能力方面,我国数字服务贸易领域虽然涌现出一批创新企业和业务模式,但在核心技术研发和原创性创新方面,与国际领先水平相比仍有较大差距。这一差距限制了我国在数字服务贸易竞争中的话语权和影响力。在国际合作方面,由于国际政治经济环境的复杂多变,以及数字服务贸易规则的不统一,我国在开拓国际数字贸易市场、参与国际数字经济规则制定等方面面临诸多挑战。这些因素制约了我国数字服务贸易的国际竞争力。在法律法规方面,虽然我国已开始构建数字经济法律体系,但与数字服务贸易的快速发展相比,现有法律法规在完善度、适应性等方面仍需加强。尤其是在跨境数据流动、个人隐私保护等关键问题上,缺乏明确的法律指引,从而增加了企业的合规风险,影响了数字服务贸易的健康发展。

2. 数字治理能力有待提升

在数字经济快速发展的同时,我们也面临着一个不容忽视的问题——数字治理能力的提升仍有待加强。这不仅关乎我国数字服务贸易的健康发展,也是实现中国式现代化道路上的一项关键任务。

数字治理能力的核心在于如何高效、公正地管理和使用数据资源。在当前的数字服务贸易领域,数据跨境流动频繁,如何确保数据安全、保护个人隐私、防止数据被滥用成了首要任务。我国虽已建立起一定的法律法规体系,如《中华人民共和国网络安全法》《中华人民共和国个人信息保护法》等,但在实践中,由于技术的快速迭代和业务模式的多样化,数字治理仍面临诸多挑战。如何进一步完善法律法规,提高执行力,是提升数字治理能力的重要一环。

数字服务贸易的发展离不开高效的国际合作。在全球化背景下，数字服务的跨境流动涉及多国利益，这要求我们在保障国家安全和利益的同时，也要考虑到国际规则和合作伙伴的需求。如何在国际舞台上积极参与数字治理规则的制定，推动构建公平、透明、可持续的国际数字经济秩序，是提升我国数字治理能力的又一重要任务。

随着数字经济的深入发展，数字鸿沟问题逐渐凸显。在我国，不同地区、不同群体间的数字化水平存在明显差异，这不仅影响了数字服务贸易的均衡发展，也对社会公平正义构成挑战。因此，如何缩小数字鸿沟，提升全民数字素养，促进数字经济红利更加公平地惠及每一个人，成为提升数字治理能力的又一关键任务。

3. 特色和优势发挥不足

目前，中国式现代化人口规模呈现巨大的现代化发展，这就意味着中国拥有强大的消费市场。强大的市场内需为我国数字服务贸易发展提供了巨大的发展空间和人力资源优势，但这些优势在数字服务贸易中尚未得到充分发挥。2023年上半年，中国数字服务贸易额是1.2万亿元，同比增长了9.8%；其中数字服务出口额为6828亿元，同比增长13.1%[①]。

一直以来，我国数字服务贸易在全球数字服务贸易中的占比相对较低，无法与我国大体量的模式相匹配，未能充分发挥出数字服务贸易的国际竞争潜力，与国际上英美等发达国家的市场份额相比差额较大。

而制造业作为我国表现优秀且有特色的产业，对于产业数字化转型及数字服务贸易的特色尚未被激发。我国制造业作为表现优秀的产业，在推动产业数字化转型及数字服务贸易发展方面，其特色与潜力尚未被充分激发。首先，制造业作为实体经济的核心，具备丰富的应用场景和庞大的数据量，这就为数字化转型提供了坚实的基础。然而，当前制造业在数字化转型过程中仍面临技术瓶颈、人才短缺等挑战，限制了其在数字服务贸易领域的发展。其次，数字服务贸易作为现代服务业的重要组成部分，具有高效、便捷、低成本等优势，对于提升制造业国际竞争力具有重要意义。然而，目前我国制造业在数字服务贸易领域的参与度不高，特色不明显，尚未形成具有国际竞争力的数字服务贸易品牌。

---

① 数据来源：根据WTO数据库数据整理得出。

三、促进我国数字服务贸易发展的对策建议

（一）提高我国数字服务贸易国际影响力竞争优势

1. 完善数字贸易政策体系

在中国式现代化的进程中，标准与规范作为数字服务贸易的基石和保障，其重要性不言而喻。因此，我国应积极投身国际及国内标准与规范的制定工作，以推动数字服务贸易的健康发展。具体而言，我们应继续深化与国际组织和相关行业在标准制定等方面的合作，更多、更主动地参与到国际标准的制定中。通过加强对数字服务贸易领先国家的国际标准和规范的研究，吸收其先进经验，提升自身在标准制定方面的能力；结合我国数字服务贸易的实际需求和发展特点，制定出一套既符合国际标准又适应我国国情相关标准或者规范，以确保我国数字服务贸易的可操作性和可持续发展。同时，还应加强国内标准的制定和执行力度，提升我国数字服务贸易的竞争力及市场认可度。虽然我国在5G、物联网等领域已经取得了一定的标准制定成果，但仍需进一步加强，以确保我国在全球数字服务贸易领域的话语权和影响力。

2. 加强数字治理能力

（1）建立和完善数字服务贸易的法律法规体系。随着数字技术的快速发展，传统的法律法规体系难以适应新情况新问题。因此，制定和完善与数字服务贸易相关的法律法规，明确数字产品和服务的质量标准、数据保护、知识产权保护等方面的规定，对于提高我国数字服务贸易的国际竞争力至关重要。

（2）加强数据治理，确保数据的安全和合规使用。数据是数字经济的核心资源，加强数据治理能力是提升数字服务贸易竞争力的重要途径。为此应建立健全数据分类、数据安全、数据跨境流动等方面的管理机制，同时加大数据安全技术的研发和应用，确保个人和企业数据的安全和隐私保护，提升我国数字服务贸易的国际信誉和竞争力。

（3）推动数字技术创新和应用。技术创新是提升数字治理能力的核心。加大对人工智能、大数据、云计算等关键数字技术的研发投入，促进这些技术在数字服务贸易中的广泛应用，不仅可以提高服务效率和质量，也能为我国数字服务贸易的发展带来新的增长点。

（4）加强国际合作与交流。在全球化的背景下，加强与其他国家在数字治理、数据安全、技术标准等方面的合作与交流，可以促进我国数字服务贸易规则和标准与国际接轨，提高我国在国际数字经济中的话语权和影响力。

（二）发展特色现代化数字服务贸易

1. 加大数字贸易开放力度

中国式现代化既有各国现代化的共同特征，更有基于自己国情的中国特色。发展特色数字服务贸易，仍需要依托我国超大规模的国内市场优势来吸引全球资源要素，增强国内国际双循环市场的两种资源联动效应；需要深入挖掘制造业在数字化转型和数字服务贸易领域的特色与优势，加大政策支持力度，推动制造业与数字技术深度融合，促进数字服务贸易创新发展；需要不断提升高水平对外开放程度，提高贸易投资合作质量和水平。

做强做优做大国家数字服务出口基地，打造数字贸易示范平台，提升数字贸易便利化水平。在统计方面，应当开发和完善数字贸易统计体系，确保数据的准确性、时效性和可比性，为政策制定者和企业决策者提供可靠的信息支持。同时，构建公正有效的争端解决机制对于维护数字贸易秩序至关重要，有助于及时解决跨国电子商务活动中可能出现的各类纠纷。

同时，在数字经济迅猛发展的时代背景下，需深刻把握其带来的重大机遇，积极促进数字贸易的创新发展。特别是针对文化服务贸易和中医药服务贸易，应积极探索数字化赋能的创新路径，通过精准定位市场需求，找到高效、精准的出口。这不仅有助于提升传统服务贸易的竞争力，更能推动整个数字经济的蓬勃发展，为经济增长注入新的动力。因此，我们应深入研究数字经济与数字贸易的内在联系，加大数字贸易开放力度，推动数字服务贸易进程，以实现更加广泛、深入的国际贸易合作。

2. 促进人才培养与交流合作

中国积极参与国际数字服务贸易合作，是推动全球数字服务贸易自由化和便利化的重要力量。加强与其他国家的合作对话，通过促进各方之间的交流与共享，能有效推动数字服务贸易的高质量发展。在全球化日益深入的今天，数字服务贸易已经成为连接各国经济的重要纽带。通过加强合作，中国可以与其他国家共同探索数字服务贸易的新模式、新路径，为全球经济发展注入新的活力。同时，这也将有助于中国自身在数字服务贸易领域实现更快、更稳健的发展。

此外，人才培养是数字服务贸易发展的关键。中国式现代化背景下的数字服务贸易发展，需要一批具备高素质、高技能的专业人才。因此，中国应加大对数字服务贸易人才的培养力度，通过教育、培训等多种方式，提高人才的综合素质和专业技能水平。为深化数字素养的培育与提升，并强化就业保障体系，我们需致力于通过增强个性化的数字素养与技能，充分释放人才红利。这就要求不断拓展优质数字资源的供给，优化教育与培训体系，确保全民在数字领域的素养与技能得到全面而系统的提升。同时，我们还应关注弱势群体的信息流通问题和贫困地区互联网接入率，积极推动各类应用进行升级，并积极探索和建立数字技术无障碍的标准化规范，以提升弱势群体的数字使用能力。

四、结语

在中国式现代化的背景下，中国数字服务贸易发展正迎来前所未有的机遇与挑战。中国式现代化不仅为数字服务贸易提供了广阔的舞台，更在深层次上推动了其创新与发展。分析中国数字服务贸易的发展现状后我们发现，中国在全球市场的份额逐年上升，服务模式与业态日趋丰富。然而，与此同时，技术更新迭代迅速、国际市场竞争激烈、数据安全和隐私保护等问题也日渐凸显，成为制约数字服务贸易进一步发展的关键因素。

为了推动中国数字服务贸易的健康、快速发展，本文剖析了影响其发展的各类因素，并提出了一系列对策建议。旨在全面提升中国数字服务贸易的核心竞争力，助力其在全球市场中占据更有利的位置。展望未来，在中国式现代化背景下，中国应持续完善相关政策体系，为数字服务贸易的发展创造更加有利的环境。同时，加强与国际社会的合作与交流，共同应对全球性挑战，推动数字服务贸易的高质量发展。

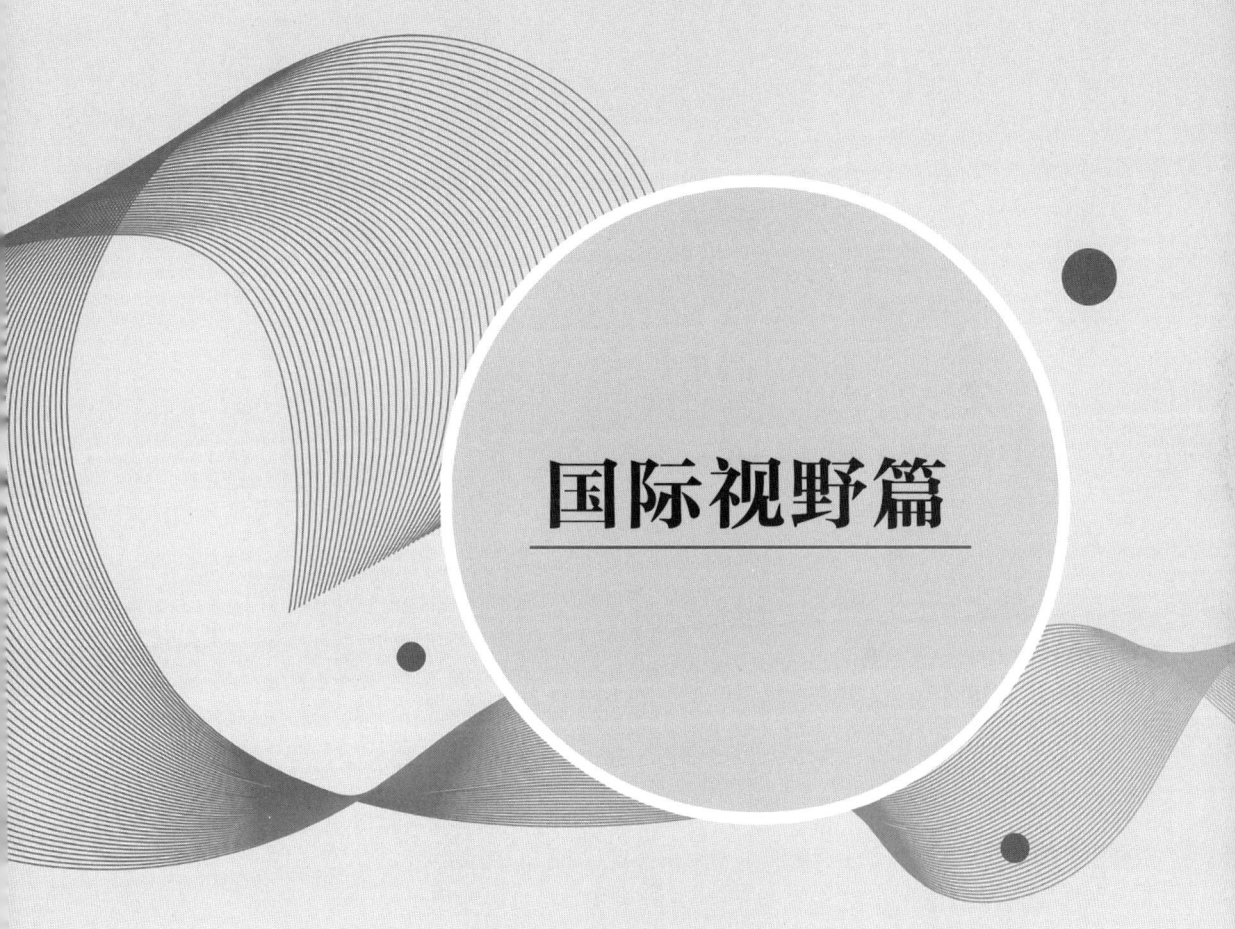

国际视野篇

资本主义国家选举政治新变化[①]

石晓虎

进入 21 世纪以来，受资本主义世界系统性危机及部分国别危机等的影响，资本主义国家选举政治的动荡性和不确定性有所突出。资本主义国家选举政治的制度设计与政治实践不匹配性凸显，使得资本主义国家选举政治中的理性和包容性有所淡化，对抗化、计算化、短视化等特征趋向突出。资本主义社会内部对选举民主危机认识复杂，辩护有之、质疑有之、客观评价有之。当前的资本主义国家选举制度改革偏重技术层面，不可能从根本上解决选举政治的内生缺陷，而只能显示一些改善信号，以安抚或欺骗部分选民，进而维护资本主义选举政治的合法性并巩固资产阶级政党对权力的掌控。在未来很长一段时间内，资本主义国家选举政治仍将在艰难中运行。

进入 21 世纪以来，尤其是 2008 年国际金融危机爆发以来，资本主义世界持续经受经济失调、社会失和及民主失灵等重大危机，导致资本主义国家选举政治乱象丛生。这使得国际社会对资本主义国家选举政治的关注明显增多，纷纷加大对资本主义国家选举政治的评估及对其未来走向的预判。

之前，西方学术界认为，定期、真正的选举不仅会赋予资本主义民主政治合法性，而且会促进政治参与和民主问责。进入 21 世纪以来，资本主义国家学者对资本主义选举政治的新进展作出了不同解读，突出体现在对选举与民主关系的认知上。部分西方学者坚持认为"竞争性选举有助于实现更大程度的民主化"[②]。他们往往并不认可资本主义选举政治问题的严重性，反而认为其体现了资本主义选举制度的包容性和韧劲。同时，不少西方学者通过对资本主义选举政治运行的判断，认定其中存在不同程度的危机，进而影响了选举民主的发展。例如，德国学者 Björn Bremer 等通过分析 2000—

[①] 本文已发表于《当代世界与社会主义》2022年第3期，原文题目为"震荡与趋势：资本主义国家选举政治新变化"。作者：石晓虎，北京第二外国语学院政党外交学院教授。

[②] CMI（Chr.Michelsen Institute）Brief, Do Elections Imply Democracy or Autocracy? Election Processes, Liberation Movements and Democratic Change in Africa. https://www.cmi.no/publications/file/3670-do-elections-imply-democracy-or-autocracy.pdf.

2015年30个欧洲国家的社会抗议与选举结果,认为"经济抗议和选举惩罚密切相关,抗议活动导致经济衰退期欧洲政党制度的不稳定"①。对此,部分西方学者仍坚持两分法,竭力为发达国家选举政治辩护并对一些发展中国家的选举政治异象予以批评。例如,美国学者 Etel Solingen 认为:"发达国家的选举政治以与官僚机构相适应的节奏演进,有助于促进社会政治联盟的构建、意识形态的巩固以及国家的进步,但是发展中国家的选举政治以种族中心主义为中心,聚焦于公共机构职位任命并走向党派化和种族化,进而使得公共机构无效化。"②一些西方学者还攻击部分"转型国家"选举,称竞争性选举没有强化威权国家的民主化,反而促进了威权统治的长期化。此外,也有不少西方左翼学者无情鞭笞资本主义选举政治,认为其等同于欺诈政治,只是帮助资本家转移议题,而无助于改变资本主义。

全面细致梳理资本主义国家选举政治变迁折射出的世情新变化,有助于更好地把握更宽广意义上的世界百年未有之大变局的内涵,也有助于更好地把握不同政治制度的竞争态势。

一、资本主义国家选举政治的突出变化

选举通常被视为现代代议制国家最重要的政治参与形式,也是推进民主进程的重要路径。但是受资本主义世界系统性危机及部分国别危机等影响,进入21世纪以来资本主义国家选举政治的动荡性和不确定性有所突出,选举改革也不敷需求,加重了选民的失望和不满。

(一)选举的不正常变动性有所增多

在资本主义国家选举政治中,政党、政治家重视取悦选民,以巩固和提升民意支持率,但是控制选举进程的是政党、政治家而非选民。2008年国际金融危机爆发以来,资本主义国家各类选举、全民公投日益呈现出明显的不确定性,主要表现为不少提前举行、少数延后举行。选举日期看似是一个时间问题,实则涉及制度安排、政治力量对比及选举形势变化等突出问题,影响重大。造成选举日期非正常调整的主要原因包括4个方面。一是部分国家执政党或执政联盟无力解决经济、社会难题,被议会不信任投票赶下台,不得不提前举行选举。这种情况在比例代表制国家尤为多见,表现为执政联盟或少数派政府的骤然垮台。例如,2018年12月,圭亚那议会以微弱多数通过

---

① Björn Bremer, Swen Hutter, Hanspeter Kriesi, Recession and Political Protest in Thirty European Countries [M]. London: CambridgeUniversity Press, 2020: 227.

② Mark Opoku Amankwa, Agyabeng Kofi. A RegionalComparative Analysis on The Role of Electoral Politics in theDecline of Africa's Public Sector [J]. in Young African Leaders Journal of Development, 2021, (03): 162.

反对党人民进步党提出的政府不信任案，推动政府被解散并提前举行大选。二是部分国家执政党和执政联盟基于国内政治形势尤其是阶段性的民意支持变化，主动选择提前或延后举行选举，以维护自身选举利益。此举有赖于执政党和执政联盟对政治形势的战略判断以及由此作出的战术调整。只是上述做法有可能是双刃剑，既有可能产生预定的积极效果也有可能难以如愿。三是部分政治动荡或转型国家内部斗争激烈，选举大为延迟。如索马里、利比亚等部分国家内部派系林立，彼此互不买账，对政治合作的疑虑很大，使得国际社会期望的大选一再拖延。四是新冠疫情的传播和扩散迫使部分国家推迟举行选举。根据选举制度国际基金会的不完全统计，"仅 2020 年全球共有 69 个国家和八个地区因为新冠疫情等因素推迟举行各类选举 119 次"[①]。综合上述情况，资本主义国家选举日期的变动有些系全民共识并得到广泛的社会支持，社会消极反应和政治抗争较少；有些则属于部分政治力量的临时起意且未得到社会认可，容易引发社会抵制和政治冲突。

（二）选举争议增多且影响突出

鉴于资本主义选举政治弊端日益显现，近年来资本主义国家的竞选、投票和计票等活动往往并非和平有序，而是充满争议并产生了一定的地区乃至全球影响。其突出表现在以下几个方面。一是以民粹式选举语言和口号煽动民心。不少资本主义国家政党、政治家、候选人在选举策略与选举口号中突出民粹主义色彩，释放破旧立新、再现国家辉煌、打破外来干涉等信号，进而诱导和蛊惑选民。当选民对现状不满而又无力改变时，其对持鹰派立场的候选人可能予以更多支持。但是，民粹式、拍脑袋式的宏大承诺并非灵丹妙药，反而可能演变为当代资本主义研究难以完成的任务，往往会引发选举争议以及选举后的政治问责。二是以负面竞选抹黑和打击竞选对手。不少国家政党、政治家、候选人面对深刻复杂的竞选环境往往祭出负面竞选策略，如揭露竞选对手的历史污点、家庭丑闻，通过公开的竞选广告讽刺竞选对手无能，暗中以竞选对手的名义散布一些虚假信息等。上述举措不仅会影响选举进程，而且会引发选民对选举制度的质疑。例如，德国民调机构福尔萨（Forsa）根据北莱茵—威斯特伐利亚州媒体管理局授权于 2021 年 7 月开展的一项调查显示，"71% 的受访者表示曾在互联网政治竞选过程中遇到过虚假信息，而 2020 年同一民调则为 66%"[②]。尽管这种负面攻击

[①] The International Foundation for Electoral Systems. ElectionsPostponed Due to COVID-19 as of May 11，2021. https://www.ifes.org/sites/default/files/elections_postponed_due_to_covid-19.pdf.

[②] Vérane Meyer and Zora Siebert. Reducing Disinformation andHate in Election Campaigns：How Can We Detox the DebatingCulture?. https://tr.boell.org/en/2021/09/30/reducing-disinformation-and-hate-election-campaigns-how-can-we-detox-debating-culture.

可能最终会被揭露是虚假的，但是无疑会对被攻击的政党或候选人产生一定消极影响，进而削弱其选举竞争力。三是以选举操控影响选举结果。这类问题往往具有强烈的人为干预色彩，涉及组织重复投票、买票贿选、暴力威吓选民、攻击或杀害候选人、推动选举委员会作出不公正裁决、争取国内外选举观察员刻意偏袒等情况。四是以技术性问题炒作选举舞弊。这些议题可能涉及选票分发科学性不足、邮寄选票出现丢失、选举观察员和监督员数量多寡、选举投诉解决时限等。五是不接受选举结果。有些政党及其候选人（含执政党及其候选人）缺乏公平竞争心态，要么一失利就指责选举不公和舞弊，要求重新计票或选举；要么对司法解决争议不满意，意图借助国外舆论和诉诸国际机构争取支持，以改变选举结果。

理论上来讲，资本主义国家的选举争议不可怕，关键是处理争议的方式以及相关政治行为者对争议处理结果的态度。但是，资本主义国家选举往往是零和游戏，强调胜者为王，因而选举争议无论真实与否、程度大小都不大容易通过行政或司法渠道和平解决，反而可能演化为选举暴力或选举冲突，进而使得资本主义国家选举政治面临不同程度的安全危机。中佛罗里达大学的一个冲突分析团队的研究结果显示："2020年全球54%的全国性选举都出现某种形式的暴力，33个国家的全国性选举受到暴力破坏。"① 当前，选举暴力不仅在发展中国家增多，而且在发达国家也有所增加，这显示出资本主义选举制度已经越来越难以抑制选举政治的内部压力。

（三）选民投票行为与选举结果的不确定性增多

在多党竞争体制中，选民以往对选情的认识及其具体投票行为有着一定的确定性，但是随着社会利益多元化、政党碎片化的发展，选民心态日益复杂，投票意向和行为日益变得不确定，如"综合评估英国2010年、2015年和2017年的三次选举，49%的选民没有投票给同一个政党"②。其根本原因是选民对政治和政治家的不信任增加，难以确定候选人当选后采取何种政策及其政策的实践效果，这导致选民的内部分化日益明显。其一，部分选民仍聚焦于传统价值观和意识形态，强调身份认同。他们往往立场坚定，为捍卫传统价值和理念而斗争，是不少政党的核心选民，但人数相对减少。其二，部分选民不满选举低效化，日益转为摇摆选民。不少资本主义国家的选民不满主流政党的无能以及朝野政治恶斗的丑陋，对政党忠诚趋向冷淡，转而只关心自身利益。这部分摇摆选民不再局限于某些特定的群体，而是更为多元和分散。虽然其投票意愿、

---

① Clayton Besaw. Election Violence Spiked Worldwide in 2020-Will This Year Be Better?. https://www.ucpublicaffairs.com/home/2021/2/18/election-violence-spiked-worldwide-in-2020-will-this-year-be-better-by-clayton-besaw.

② The British Election Study Team. Electoral Shocks: The VolatileVoter in a Turbulent World. https://www.britishelectionstudy.com/bes-findings/electoral-shocks-the-volatile-voter-in-a-turbulent-world/#. Yl-D6IVBy71.

投票意向不大稳定,但参与投票的比例往往能影响一些国家的选举结果。其三,部分选民对民粹主义、魅力型民族主义政治家及政治新人、素人的青睐不同程度地增多。这表现在内外交困的环境下,不少国家的选民求变、求新心态高企。一些反建制、反传统的民粹派政治人物及政治新人、素人因为面貌新得到一时青睐,进而使得一些国家选举中"黑马"频出。其四,广大选民的抗议性投票与求稳性投票并存。这主要表现为经济选民更多诉诸抗议选票,进而谋求给执政党一个教训。同时,也有一些国家不少选民考虑到在艰困时期哪个政党都不可能在短当代资本主义研究期内化腐朽为神奇,从而选择回归现实,给予相对有能力的执政党一个机会。这就使得部分国家执政党虽然面临较多困境并饱受指责,但仍有机会连续赢得选举胜利。综合资本主义国家选民的心态变化及其投票行为的变迁,可以看到资本主义国家的选举结果越来越难以预测。传统的一党独大制国家的执政党遭遇了不少挑战,部分可能遇挫或落败。在部分两党制国家中,主要两党力量此消彼长及第三党变强的态势有所发展,选举结果的不确定性有所显现。而在多党制国家尤其是实行比例代表制的国家,随着政党日益碎片化、主要政党的进一步弱化以及进入议会政党数量的增多,越来越难以界定真正的选举胜利者和失败者。原因是多党联合执政日益成为常态,进入议会的各党都有可能参加联合政府,甚至是第二大党也可能牵头组建政府。这使得部分国家政党更为趋向政治投机主义,谋求在变化的多党竞合态势中取得更好的位置。

(四)选举外包在争议中推进

随着信息技术的快速发展,越来越多的资本主义国家实行电子投票并推进选举外包。一些营利性私人公司开始更多地介入选举服务,从事选民登记、民意调查、电子投票、选举策略支持等选举服务,以促进电子民主的发展。近年来,西方选举外包公司快速发展,开发的选举相关软件明显增多,受到越来越多国家选举机构青睐。其中,2000年成立于美国的斯马马德公司(Smartmatic)重视提供服务选民和选举官员的创新技术,"多年来为30多个国家成功提供选举技术服务,有关国家选举官员还使用该公司系统记录和制作了50多亿张选票且未出现安全问题"[①]。2001年成立的西班牙赛特尔(Scytl)公司积极参与全球30多个国家的选举,提供在线选举服务等支持,其客户涵盖美国、加拿大、英国、法国、德国、瑞士、西班牙和澳大利亚等西方国家。外包公司提供的在线选举等服务,切实减轻了选举机构的负担,展现出高效、方便、环保、省钱、准确、安全等特点。受电子民主发展的影响以及扩大选民参加选举和决策过程的需要,不少国家选举委员会开始加大对选举外包的探索。但是纵观全球,在选

---

① Smartmatic 官方网站介绍。

举外包中使用的各种电子技术尚未建立全球标准，需要使用方自行评估和判断其有效性，这容易引发选举风险以及对选举公正性的质疑。因为外包公司的选举服务产品并非没有缺陷，一旦在运行过程中出现服务质量不达标或安全问题等瑕疵，就可能影响到选举的可信度，进而引发选举争议乃至选举暴力。同时，过度依赖外包也容易导致政府部门的惰性。例如，在荷兰政府使用电子投票系统的20年中，"该国公共部门变得日益依赖私营部门，以至于荷兰政府失去对电子投票系统和选举过程的所有权和控制权"[1]。

（五）选举制度改革逐步推进

不同资本主义国家选举制度形成的时间长短不一，修订或改革的内外压力不同程度地存在。选举制度改革主要源自两个方面的因素：一是执政党和政治精英认为选举制度改革有利于其更好地维护权力；二是尽管执政党和政治精英反对选举制度改革，但基于在野党及公众压力被迫进行改革。选举制度改革可以通过全民公决、修宪及制定或完善《选举法》等方式来进行。就选举制度改革的性质而言，多数属于内生性改革，部分属于内外因素共同作用带来的改革，还有一些则属于外力强加的改革。外部因素的持续介入对那些被外国武力推翻原有政权以及发生"颜色革命"的国家而言，无疑加剧了选举制度变化的复杂性。就选举制度改革力道而言，西方老牌资本主义国家选举制度相对成型，改革力度相对不大；而一些面临内部政治冲突或处于政治转型的发展中国家选举制度改革力度较大。在选举制度改革方向上，少数资本主义国家从总统制转向议会制（吉尔吉斯斯坦、伊拉克、亚美尼亚等）或由议会制转向总统制（土耳其、巴巴多斯等）。多数资本主义国家选举改革限于小修小补或一定幅度的改革，以解决一些具体的选民关切或政治不公。其中，有的侧重改善选举环境，如规范政党筹资、调整选区划分、完善投票方式、改革选举委员会构成以及由国家财政为选举广告、政治辩论等出资等；有的侧重完善选举方法，如允许邮寄选票、电子投票等；有的侧重解决候选人代表性不足，重视提高当代资本主义研究青年、妇女、少数民族、原住民以及海外侨民等群体在议会中的代表性。

二、资本主义国家政治发展的新特点及其对选举政治的影响

随着资本主义国家政治生态的深刻复杂发展，其政治生活中的理性和包容性有所淡化，而对抗化、计算化、短视化等特征日益显现，以至破坏了资本主义选举政治的

---

[1] Anne-Marie Oostveen. Outsourcing Democracy: Losing Controlof E-Voting in the Netherlands[J]. in Policy & Internet Journal, 2010, 4(02): 201.

稳定性。

（一）政治极化破坏选举框架下的政治行动力

进入21世纪以来，随着社会结构的持续变迁，不少资本主义国家的社会分化越来越明显，政治观点差异与碰撞日益激烈，政党分化、分野明显，促进了政治极化的发展。当然，政治极化的表现形式与严重程度在各国参差不齐。在其中，各种形式的身份认同起到了重要的助推作用。鉴于此，不少资本主义国家政党为争取多数支持，积极推进"认知作战"，竭力操纵世俗与宗教、温和与激进、左和右、种族和民族、地方和国家等议题，以谋求政治上的收益。美国日益成为政治极化的典型国家，"不断发展的极化还将美国社会从一个利益相互重叠的共同体转变为两个没有互动的阵营，这两个阵营给美国的政治制度带来压力，以至于建立共识似乎成为不可能。政策制定者尽管也寻求妥协，却给国内造成破坏并使得国际协议难以达成或维系"[①]。欧洲政治极化并不新鲜，早在20世纪60年代即有发展，冷战结束后随着民粹主义政党的发展而有所增强。受民粹主义政党影响，欧洲传统左右翼政党纷纷向传统回归，以体现自身特色，但往往被攻击做得还不够。一些欧洲国家传统左右翼政党有时搁置分歧，在选举中或选举后共同排挤民粹主义政党。在拉美地区，新兴左翼政党与传统右翼政党的斗争日益激烈，在野党往往强力掣肘、杯葛执政党乃至阴谋搞政变。而在西亚、北非地区的一些国家，宗教政党之间以及世俗政党与宗教政党之间的斗争日趋复杂，严重影响了政局稳定。政治极化与政党恶性竞争及其背后的制度因素息息相关。政治极化无疑会影响政府政策反应的方向与力度，在一定程度上降低政策执行效率，减少选民对选举制度韧劲和可持续发展的信心。

（二）政治媒体化冲击选举政治的生态环境

随着互联网和社交媒体的发展，媒体对公众的政治认知和参与影响增多，带动媒体日益成为政治的参与方和实践者。对政治行为者来说，让媒体"站在同一边"变得越来越重要。但是，随着媒体权力的扩张，媒体与政治行为体的关系日益复杂，推动传统的媒体政治化日益转向政治媒体化。上述变化无疑对资本主义国家选举政治生态产生了深刻影响。其一，媒体日益影响乃至主导决策，给决策带来了风险和危机。随着资本主义国家政治行为者媒体意识水平的一再提升，其更重视借助新老媒体渠道或民调公司征集民意，这就使得"被大媒体关注""被曝光""被炒作"的议题受到更多重视。但是这并不代表民意将得到彰显，尤其是近年来欧美国家社会抗议事件频繁发

---

① Delia Baldassarri, Scott E. Page. The Emergence and Perilsof Polarization. https://www.pnas.org/content/118/50/e2116863118.

生,而其背后隐藏的问题并未得到很好的解决,其中一个重要因素是一些媒体进行选择性报道并模糊斗争焦点,从侧面为执政党和政府解套。其二,媒体视野中的政治家作秀增多,加剧了选举政治的乱象。不少资本主义国家政治家谋求成为新闻焦点和流量明星,希望借此提高政治能力和竞争力。而媒体为了利润和竞争力,一方面不惜通过炒作民粹主义言论引发社会关注度,另一方面,还对政党、政治家、候选人等进行媒体影响力排名,这种排名更是激发了政治竞争,使得媒体对政治的牵引力和影响力更为明显。其三,低劣的媒体攻防战,降低了选举政治的可信度。在资本主义国家的各类选举中,诱导选民、欺骗选民、胁迫选民等手段尽出,其中大众媒体既是战场也是手段和客观体现。近年来,隐形的算法诱导更是越来越被广泛使用,尤其是向特定目标对象持续提供其感兴趣的内容,发布假民调诱导选民形成错误认知等。上述方法虽有利于增加特定政党或候选人的选票,但无疑也加剧了选举斗争的烈度,激发了选民对选举的失望和不满。

(三)大众政治视域下的选举政治投机日益凸显

资本主义国家大多进入了政党、媒体以及当代资本主义研究大众抗议紧密互动的时代。为在政治艰困时期提升竞争力,多数资本主义国家的政党、政治家基于社会结构变化,谋求扩大社会代表性,以凝聚社会支持。第一,部分传统主流政党持续调整目标工作对象,带来了意识形态紊乱与社会支持率下降等问题。政党是意识形态的重要载体,通过由意识形态、价值观塑造的政策建议来吸引选民,进而争取选民支持,但意识形态摇摆不定也会带来选举难题。如法国社会党与工人和工会的距离越来越远。2012年大选中社会党凭借改革承诺以及选民对时任右翼政府的不满而胜出,但是新的社会党政府的左翼主张未得到充分实践。在2017年大选落败后,"社会党不再与激进的经济转型联系在一起,虽然反对马克龙政府的自由化政策主张,但并没有反思上届社会党政府的类似举措。这无疑引发社会党的形象危机并导致其进一步被工人阶级抛弃"[1]。第二,民粹主义政党选前选后政策大变脸,容易遭到选民的抵制。民粹主义政党擅长在选前批评,但当权后不得不实行务实政策,进而遭到一定的反噬。如意大利"五星运动"党2018年以来先后与极右翼的联盟党以及左翼的民主党组建联合政府,但是受联合政府内部斗争等影响,该党被迫在有关政策上转向,进而遭遇较大的社会反弹。特别是其"欧盟一体化(采取更多"中立"立场)和移民(采取更多右翼立场)政策诉求以及在经济社会问题上更广泛的左翼立场,呈现一定的矛盾性,使得该党的

---

[1] Emre ÖNGÜN. France's Left Has Lost Touch With the WorkingClass. https://jacobinmag.com/2022/01/french-presidential-election-socialists-melenchon-neoliberalism/.

政策难以在意大利选民中产生明显的共鸣"①。第三，社会抗议的自发组织增多，激发了政党的危机感和扩大干预心态。不少国家的示威抗议活动，其背后的公民组织或社会团体的色彩浓厚，而政党色彩则有所淡化，但这不妨碍各类政党搞政治操作，进而从中渔利。各种社会和政治力量的介入或干扰，加剧了社会抗议的复杂性和尖锐性，导致解决的难度加大，这无疑给执政党和政府带来了难题，并加剧了施政的难度。

（四）绿色政治升温牵动选举政治新变化

随着气候变化、环保等全球议题深入人心，资本主义国家政党对环境的重视程度日益增强，这使得国家政治中的绿色环保、绿色经济等议题经久不衰，同时与之相关的反对冲突、消除贫困和社会不平等等议题也被更多提及。因而，资本主义国家绿党影响力有所提升。第一，全球绿党参政情况有所增多。欧洲国家绿党发展较为快速，政治平衡能力增强，甚至成为重要的"造王者"。例如，绿党在2019年欧洲议会选举中得票有所增多，组建了欧洲议会绿党和欧洲自由联盟小组并拥有73个席位（截至2022年2月）②。随着新冠疫情的持续肆虐，不少欧洲国家绿党借助对经济复苏政策的建议，以及对人权和社会公正的重视，赢得越来越多选民的认可，在奥地利、比利时、芬兰、爱尔兰、卢森堡、瑞典、德国等国参与联合政府。在新西兰，绿党也参与了工党组织的联合政府。绿党虽然在美国影响力较小，但长期扎根基层也赢得不少支持，尤其是"在2021年11月选举后，至少有133名绿党党员在美国18个州获任民选公职"③。第二，绿党天生的抗议角色与参政角色存在一定的分歧，给绿党的发展带来一定挑战。绿党大多脱胎于环保组织，且与之关系密切。绿党要参政就必须降低对其部分环保政策的追求，以符合最低联合执政共识。鉴于此，部分绿党党员及其支持者往往存在两种看法：一是认为有关绿党的现实环保政策虽然打了一定折扣，但仍有利于减排等绿色发展议题更快地被提上日程，这无疑是一种进步；二是认为有关绿党为了权力而削弱对环保的承诺，可能造成片面地关注选举利益而淡化对改革的坚持。

（五）外部干预增多对选举政治的影响加深

进入21世纪以来，资本主义国家选举政治中的外部干预因素增多。从干预性质来看，有些属于主动邀请，有些属于外部强行干预。从干预立场来看，主要有支持、反对及打拉结合等立场。目前，当代资本主义研究认为，资本主义国家选举政治中的外

---

① James Downes. Ideological Ambiguity, Issue Blurring & PartyDissent: The Electoral Decline of the Populist Italian Five StarMovement. https://www.radicalrightanalysis.com/2020/07/06/ideological-ambiguity-issue-blurring-party-dissent-the-electoral-decline-of-the-populist-italian-five-star-movement

② The GREENS/EFA in the European Parliament. We areChangemakers. https://www.greens-efa.eu/en/who-we-are/our-group.

③ Green Party of US. Greens in Office. https://www.gpelections.org/greens-in-office/.

来干预日益呈现出两个突出特点。一是发达国家越来越多地自称选举受到外部干预。如英国2016年"脱欧"公投、美国2016年总统选举、2019年欧洲议会选举、2019年澳大利亚议会选举等，相关国家及欧盟都声称选举遭到外部力量以社交媒体散布虚假消息等方式的干扰。其中，俄罗斯等国被渲染为干预来源国。还有一些国外民间或宗教力量也受到质疑。二是发展中国家受外部选举干预的情况增多。一些发展中国家基于选举资金、物资和人才匮乏等现实状况以及向西方国家示好等考虑，主动邀请西方提供选举援助支持以及派员观察选举；只有少数发展中国家拒绝西方的选举援助支持。对于来自西方国家的消极或恶意选举评论，大多数发展中国家执政党和政府予以反对并采取各种应对措施。在少数发展中国家出现政变并导致民选领导人被非法赶下台后，西方往往对军政府或新成立的过渡政府实施制裁。

三、内因将推动资本主义国家选举政治艰难前行

未来一段时间，资本主义国家仍将坚持选举政治，继续推进各类选举，以强化选举民主的稳定并巩固选举政治的合法性。影响资本主义国家选举政治走向的因素不少，评估其未来发展走向需要坚持哲学思维，抓住主要内因，进行科学研判。

（一）经济社会问题将持续牵动资本主义国家选举政治的演进

经济社会问题是影响资本主义国家选举政治发展的主要内因。经济形势好、社会包容性强，无疑有利于政党和政治家更好地制定政策以及安抚社会选民，进而促进社会稳定与团结。反之，经济低迷、社会混乱则将助长选举政治的动荡。一是预计资本主义世界仍将陷入较长时间的经济困境，这使得资本主义国家维持选举政治正常运行的难度增大。尤其是社会分配不公平问题持续发酵，将进一步激发社会下层乃至部分中产阶级的不满，进而加剧社会的反现状、反建制情绪。如有尼日利亚学者指出："维持选举民主的支出抵消了尼日利亚经济发展。鉴于尼日利亚的经济状况，模仿（西方）选举文化的四年固定任期及只能续期一次是不可持续的。"[①] 二是人口变化将深入影响资本主义国家选举政治走向。人口结构的变化不仅会影响投票结果，而且将持续影响政党间力量对比态势。在欧洲，外来移民日益增多可能进一步激发移民问题，进而助推移民友善政党和反移民政党的同步发展。美国民主党积极选民研究小组（Democracy Fund's Voter Study Group）研究主任罗伯特·格里芬（Robert Griffin）等通过模拟美国

---

① Aloysius-Michaels Okolie, Kelechi Elijah Nnamani, Gerald Ekenedirichukwu Ezirim, Chukwuemeka Enyiazu, AdanneChioma Ozor. Does Liberal Democracy Promote EconomicDevelopment? Interrogating Electoral Cost and Development Trade-off in Nigeria's Fourth Republic. https://www.tandfonline.com/doi/pdf/10. 1080/23311886. 2021. 1918370.

2036年的人口变化，认为"人口结构的变化特别是代际人口的变化，有可能给共和党候选人带来持续的迎面冲击，即支持群体规模不断缩小而反对群体规模则不断增大。尽管这并不意味着共和党注定要失败，但是在美国人口群体的投票行为没有发生实质性变化的情况下，政治形势将继续发生变化，使得共和党的成功更加困难"[①]。为此，共和党可着眼新兴选民和潜在选民，加强做少数族裔、青年选民以及女性等群体的工作，以增强政治竞争力。

（二）"非最优选择"胜出将拉低资本主义国家选举的政治品质

面对严峻的形势，资本主义国家各类选举的竞争性越来越强，给政治家及候选人提出了更高的要求，这使得政治家面临越来越多的政治问责，候选人则面临越来越多的政策论述和实践信任挑战。多数理性选民将更多聚焦国家发展、国家治理、社会安定，期待政治家、候选人拿出能真正应对危机的方案，而不是流于相互指责和争吵。但在选举压力之下，执政党和政府领导人不敢触动权贵和精英阶层利益，预计不会推动大幅度、符合现实需要的经济社会改革，甚至可能以中间主义和包容性来掩盖其政策的低效。一些政治家、候选人仍将诉诸民粹主义路线，胡乱承诺，以煽动选民，或者片面地讨论问题而不提有效的解决办法，可能还将诉诸全民公投来体现所谓的政治正义。这些使得一些政治上看起来不正确的候选人仍有胜选概率，一些不是最佳的候选人也可能当选，而真正可能满足大多数选民期待的政治家则难以胜出。上述情况可能进一步加剧部分资本主义国家选民对选举政治的失望和无奈。

（三）充满算计的选民沟通将弱化资本主义国家选举政治的吸引力

资本主义国家选民的投票意愿和倾向不仅决定选举结果，而且会影响选举政治的合法性以及政府的稳定性。鉴于数字社会的发展、选民交流偏好的变化及各类选举的日益频密，资本主义国家政党和政治家普遍加强了选民工作，以影响乃至塑造选民。其工作重心在于巩固忠诚选民以及争取动态变化的不确定选民或摇摆选民，从而在各类选举中获得尽可能多的选票。一是强化沟通的无缝衔接。针对同情者、支持者、潜在争取对象及反对者，资本主义国家政党、政治家、候选人谋求统筹好相关工作，尤其是兼顾传统的面对面沟通以及新兴的网络在线交流方式，以听取选民意见并形成反映多数选民意见的主张。但是，随着选民参政经验的增多以及选民碎片化的快速发展，政党、政治家、候选人的政治游说工作难度加大，尤其是蜻蜓点水式的交流沟通难以深入说服选民以及争取选民的选票。当然，也有一些例外情况。如美国宾汉姆顿大学

[①] Robert Griffin, Ruy Teixeira, William H.Frey. America's Electoral Future: The Coming Generational Transformation. https://www.americanprogress.org/article/americas-electoral-future-3/.

的一项最新研究表明:"美国政治往往发生相反的情况,选民倾向于根据其所属政党的政纲来改变认识。这听起来可能倒退,但研究发现,掌权者在政治上'一路领先',选民在很大程度上按照他们的指示去做。"①但分析来看,上述情况主要发生在美国政党属性较强的选民身上。二是加强政策主张的论述和叙事性传播。资本主义国家政党、政治家、候选人将进一步加强议题建设,以议题引领针对选民的选举传播。尤其是通过新老媒体持续宣介自身政策主张,讲好政党及其候选人的故事,争取多数选民的支持。但是随着政治"跳票"现象的增多,一部分资本主义国家选民更加重视对政党、政治家、候选人"听其言、观其行、察其效",从而确定投票选择;一部分资本主义国家选民则基于对部分传统政党、政治家无能表现的失望,进一步强化对保守主义、民粹主义政策的支持。三是重视选民沟通中的策略谋划,其中包括强化正向的诱导以及消极的恐吓等,以推动选民作出有利于本党的认知和判断。这种策略谋划往往具有短期性,虽然可能给某些资本主义国家政党带来政治助益,但也容易恶化选举生态,加剧选举斗争的激烈程度。

(四)政党快速分化组合将加剧资本主义国家选举政治的复杂性和对抗性

随着社会民意多元化及政党碎片化的发展,资本主义国家政党的新陈代谢加速,大党、老党处境明显艰难,新兴政党快速发展,政党的分化组合不断演进。这种分化组合日益体现为构建选举联盟、政党联盟、执政联盟以及提供有条件的政治支持等。基于政治利益需要,同类政党、不同政党等都可能围绕特定的政治目标加强协作,进而努力形成暂时的政治优势。这在比例代表制国家选举后往往具有更为重要的意义,有助于形成议会多数派、构建相对稳定的政府;而在一些总统制国家,执政党如能获得更多的政党支持,就可以形成更为强势的总统多数派。但是资本主义国家政党往往将自身利益置于国家利益和人民利益之上,对政治合作具有很强的务实性和投机性,一旦形势有变就很快转变合作立场。如保加利亚主要政党精于政治算计,政党联盟分分合合,2021 年经过三次议会选举才成功产生多党联合政府,这无疑将加剧资本主义国家联盟政治的复杂性和多变性,导致政局的不稳定。

(五)选举制度改革迟缓将危及资本主义国家选举政治运行

制度设计攸关选举政治生态,对选举结果影响直接而深远。从实际情况来看,选举制度改革往往过程漫长且曲折。同时,选举制度改革效果不见得都是正向的,也有可能解决了部分问题但又同时引发新的问题。当前,一些资本主义国家的政治家、选

---

① John Anderer. Follow the Leaders: Study Finds Political PartiesLead, and Voters Fall in Line. https://www.studyfinds.org/political-parties-lead-voters/.

举观察人员及政治学者等认为，选举改革的重点是提升选举的公正性、透明性、包容性以及增强选举问责力度，方式是加强选举司法改革和制度建设，推动建设更为健康的自由民主，以适应变化的国内国际形势，进而维护选举政治的信誉。但是选举制度改革尤其是重大制度改革往往属于零和游戏，朝野政党各自利益立场差异较大，双方相互博弈的态势将决定改革的走向和力度。即便是在野党之间有时也因为地域、宗教、民族、意识形态等因素，难以达成一致，这无疑妨碍了选举制度改革的进展。在选举制度改革往往难以实现较大突破的情况下，资本主义国家的选举争议、选举冲突可能难以避免。由此，资本主义国家部分选民可能基于对选举制度的不满而降低投票意愿，进一步冲击选举民主的代表性。

四、选举政治日益成为"失败政治"的代名词

资本主义国家选举政治名义上突出开放性、包容性、竞争性，重视政治问责和政权轮替，但这种理性设计与政治实践并不匹配。尤其是随着社会不满情绪的显著增加、选民投票对象的日益分散以及政党斗争的复杂化，选举的不确定性以及选举僵局日益成为常态，使得参选各方心态都容易发生变化。一是对选举失利的检讨可能更趋表面，容易将之归咎于对立政党和政治家的政治打压或选举舞弊，而不愿意立足自身探究败因。二是更多政党、政治家及候选人沦为批评派而不是实干派。批评是最简单也最有效的武器，非常容易煽动民心、干扰政治，但是对彻底解决有关国家面临的具体问题却助益不多。这无疑将进一步增加资本主义国家选民对选举政治的不满。事实上，自东欧剧变以来，西方国家就幻想着自由民主将带来经济的持久繁荣，进而推动选举政治的稳步发展，但是这种设想在2008年国际金融危机爆发后日益走向虚幻。选举政治在很多国家日益成为"失败政治"的代名词，选举本身也走向娱乐化。这些都使得不少资本主义国家选民对选举以及选举结果不再抱有太多积极期待。剑桥大学未来民主中心研究发现，"随着时间的推移，人们对民主的不满情绪不断上升并正在达到全球最高水平，特别是美国和巴西民众对民主的不满达到高峰，墨西哥、澳大利亚和英国民众对民主的不满达到有记录以来的最高水平，日本、希腊和西班牙等国民众对民主的不满逐步接近历史最高水平。"[①] 就美国选举政治分歧而言，"51%的美国人认为，由于政客们不满他们的政党没有获胜，未来几年内选举结果在某种程度上有可能会被推翻。其中，31%的民主党人和76%的共和党人不相信选举反映了人民的意愿；78%的

---

① Darren Thackeray. These Developed Countries are IncreasinglyUnhappy with Democracy. https://www.weforum.org/agenda/2020/02/global-dissatisfaction-democracy-record-high.

共和党人认为拜登并未获得足够多的选票,以提升其担任总统的合法性;59%的美国人(50%的民主党人、66%的无党派人士和74%的共和党人)对民主十分不满或有些不满"①。

未来一段时间,资本主义国家选举政治仍将在艰难中运行。这是西方捍卫资本主义民主政治合法性的必然举措以及应对全球不同政治制度竞争的需要。但是也要看到,选举政治危机无疑是资本主义系统性危机的重要一环,不可能通过单独的方式加以解决,只有通过综合应对、系统治疗的方式才可能得到一定程度的缓解。当前,一些资本主义国家开展的选举制度改革,往往属于技术性的"头痛医头""脚痛医脚",不可能从根本上解决选举政治的内生缺陷,而只能显示一些改善信号,以安抚或欺骗部分选民,进而维护资本主义选举政治的合法性并巩固资产阶级政党对权力的掌控。此外,一些资本主义国家从三权分立进一步向三权恶斗发展,加剧了政府、议会以及法院之间的复杂矛盾,进而掣肘权力主体之间的联系与协作。因此,资本主义国家选举政治的动荡性和不确定性可能会延续,有关国家的选举动向及其后续影响值得进一步观察。

---

① Glenn C.Altschuler. Majority of Americans Express Dissatisfactionwith Democracy, and Gerrymanderers Race to the Bottom. https://thehill.com/opinion/campaign/576106-majority-of-americans-express-dissatisfaction-with-democracy-and.

资本主义国家共产党国内统一战线建设新探索①

石晓虎

21世纪以来尤其是2008年国际金融危机爆发以来，资本主义遭到越来越多质疑，世界社会主义则迎来新的发展机遇。面对新形势新任务，不少资本主义国家共产党重视加强国内统一战线建设。这不仅攸关资本主义国家共产党的当前生存与发展，而且关系其长远发展和前途命运。在推进国内统一战线建设方面，多数资本主义国家共产党既重视本土化探索，也重视对外交流互鉴，开辟了多样化道路，取得了重要成果。这些新探索、新实践既有利于开辟资本主义国家共产党国内统一战线建设新境界，也有利于促进世界社会主义发展。

统一战线历来是共产党的法宝。马克思、恩格斯、列宁等都倡导统一战线建设并提出了许多具有深远意义的理论。这其中既有国际统一战线理论，也有国内统一战线理论，后者则对各国共产党稳固和增强国内社会政治基础具有重要意义。进入21世纪以来，全球资本主义挑战与危机日益凸显。相对有利的国际形势以及复杂变化的国内社会政治生态变化，推动不少资本主义国家共产党立足现状，加强理论与实践创新，其中一个重要方面就是推进非革命时期的国内统一战线建设，以争取有利的政治斗争形势。

一、资本主义国家共产党国内统一战线建设面临复杂局势

21世纪以来，资本主义国家社会政治生态经历深刻演变，对资本主义国家共产党产生复杂多元影响。一方面，资本主义危机为一些资本主义国家共产党带来相对有利的政治和舆论环境。另一方面，内部社会政治形势的变化加重了一些资本主义国家共产党的挑战。上述复杂因素导致在资本主义受到越来越多质疑的情况下，一些资本主义国家共产党却表现不尽如人意，引发世界社会主义力量的持续发声。

---

① 本文已发表于《社会主义研究》2022年第2期，原文题目为"资本主义国家共产党国内统一战线建设新探索"。作者：石晓虎，北京第二外国语学院政党外交学院教授。

(一)社会不满情绪延烧,阶级阶层变化负面影响显现

21世纪以来尤其是2008年国际金融危机以来,资本主义国家连续遭受打击,社会危机不时爆发,社会不满情绪持续高涨,这为共产党动员社会力量、开展政治斗争提供了一定便利。同时伴随着资本主义国家社会阶级阶层的持续变化,尤其是低技能工人数量的减少,共产党传统社会基础面临弱化的难题。受2008年国际金融危机影响,不少发展中国家制造业面临一定危机,工人阶级不同程度遭到冲击。全球新冠疫情进一步冲击资本主义世界,带来的结果是亿万富翁财富急剧增加,中产阶级队伍有所流失,以及工人失业率有所上升。根据国际劳工组织统计数据,"疫情下全球工人由于失业而导致收入减少8.3%,约为3.7万亿美元,相当于4.4%的全球GDP"①。虽然工人阶级及丧失身份的部分原"中产阶级"大多对此不满,但从实际情况来看,资本主义共产党的实际获益相对有限。其中,部分国家工人阶级在选举中要么弃权,要么倒向民粹主义政党;部分国家工人阶级则倾向中间主义政党,以寻求新的出路。2022年1月的法国《挑战》杂志民调显示,"马克龙在今年的总统选举第一轮投票中有望以24%的支持率击败所有竞争对手。"②同时部分发展中国家共产党尽管在艰难时期有所发展,有些还获得一定层次的选举胜利,但是相比民粹主义、民族主义及保守主义政党等要逊色不少。上述无疑给资本主义国家共产党巩固和扩大社会基础的努力带来困难。

(二)资本主义国家传统左右翼主流政党持续转型,加大政策竞争难度

20世纪90年代,发达国家传统左右翼主流政党普遍基于社会结构变化,着力打造"全民党",兼顾左右翼诉求。不少发展中国家民族民主政党等也开始向"全民党"转型,谋求超越阶级、民族、种族、文化、宗教等差异,扩大代表性。这些都在一定方面对共产党的传统社会基础造成侵蚀。随着2008年国际金融危机以来资本主义危机的持续发展、福利制度的调整,不少"全民党"遭遇较多挑战,尤其是与核心选民越来越远。在北欧、西欧国家,社会党的政策主张面临绿党的强烈竞争,更多的中产阶级倒向绿党。发达国家主流保守派也因为相对温和的政策主张,面临一定的身份危机,难以处理好与愤怒的、两极分化的选民关系。当前,基于政治斗争需要,不少发达国家社会党、保守党大搞实用主义,部分向传统回归,虽然总体效果相对不彰,但大多能勉力维持局面。面对传统左右翼主流政党的转型,不少资本主义国家共产党也不同程度创新思想,提出不少左翼替代政策并获得一些反响,但总体上还难以起到明显的

---

① ILO Monitor. COVID-19 and the world of work.Seventh edition. https://www.ilo.org//wcmsp5/groups/public/@dgreports/@dcomm/documents/briefingnote/wcms_767028.pdf.

② New French election poll shows Macron would beat main conservative challenger Pécresse. https://www.france24.com/en/france/20220105-new-french-election-poll-shows-macron-would-beatmain-challenger-pécresse.

政治效果。

（三）民粹主义政党快速发展，在一定程度上挤压共产党发展空间

21世纪以来，资本主义国家迎来新的政党发展期，新兴政党不断涌现，尤其是民粹主义政党异军突起。资本主义国家民粹主义政党支持率达到20世纪30年代初以来的最高水平。其中，欧洲民粹主义政党发展较快。希腊激进左翼联盟诞生于20世纪80年代末，在2015年1月议会选举中战胜新民主党，成为希腊议会最大政党并牵头组建联合政府。意大利五星运动党成立于2009年10月，在2018年3月议会选举中赢得32.7%得票率，①成为意大利第一大政党并参与组建联合政府。德国"另择党"2013年成立，短期内获得较大社会支持但随后实力有所下降，目前仍保持10%左右支持率②。在2019年欧洲议会选举后，新成立的欧洲议会"身份与民主"党团占据73个席位，较之其前身欧洲"民族与自由"党团增加37个席位。法国国民联盟领导人玛丽娜·勒庞还表示，尽管"身份与民主"党团在欧洲议会席位中占比10%左右，但它实际上属于一个更为广泛的非正式"主权主义集团"的一部分，该集团大约由200名具有民粹主义、保守主义及疑欧主义色彩的欧洲议会议员组成。③发展中国家民粹主义政党虽获得一些发展，但激进程度及影响力总体有限。面对新冠肺炎疫情冲击，不少资本主义国家在野民粹主义政党猛烈批判执政党和政府，要求其出台更为积极的最低工资、失业救济、医疗保险以及低收入家庭保障、中小企业扶持等政策。这些政策主张往往不切实际，效果也有待进一步检验，但无疑满足部分愤怒选民的逆反投票心态，对包括工人阶级在内的各个社会阶层都产生一定的诱惑力。

（四）资产阶级政党合纵连横复杂演进，共产党等部分进步力量受到一定挤压

随着资本主义国家社会政治生态的复杂演变，尤其是传统主流政党的普遍弱化以及新兴政党的蓬勃发展，一些国家政党竞争态势日益多变，政党兴衰沉浮加速演进，政党分化组合有所发展。不少资本主义国家中小政党为求生存、谋发展，选择与大党联合，或组建小党联盟自保。政治碎片化也使得不少国家尤其是发达国家难以出现一党独大的政治局面，各类政治力量不得不寻求通过妥协与交易来组建联合政府。在资本主义世界，联合政府越来越成为常态，少数派政府也有所增多。从实际情况来看，虽然各种光谱的政党都有可能合作组建联合政府，但不少资本主义国家共产党经常因

---

① Italy: results of parliamentary elections in 2018. https://www.statista.com/statistics/813006/results-of-parliamentary-elections-in-italy/.

② Germany Made Its Decision: No Future for the Far Right?. https://politicstoday.org/germany-made-its-decision-no-future-for-the-far-right/.

③ New national populist EU group 'Identity and Democracy' takes shape. https://www.eutimes.net/2019/06/new-national-populist-eu-group-identity-and-democracy-takes-shape/.

为意识形态等因素受到公开排斥。这在一定程度上削弱了部分资本主义国家共产党的影响力及其可持续发展空间。

二、资本主义国家共产党对国内统一战线的新认识及其特点

面对复杂严峻的国内社会政治形势,如何把握机遇、化解挑战,成为资本主义国家共产党的现实问题。鉴于此,不少资本主义国家共产党着眼当前难题及未来发展,谋求通过采取开放与包容的态度,扩大社会政治联合,以巩固和提升政治实力,进而为本国社会主义发展累积政治能量。

(一)多数认同扩大国内统一战线的政治力量组成,以体现包容性

随着时代的深入发展以及资本主义国家社会政治生态的演变,资本主义国家共产党对国内统一战线的认知日益加深。尤其是对国内统一战线的形式和名义都有所发展,形成了统一战线、左翼阵线、左翼联盟、中左联盟、人民阵线、人民民主联盟等多种形态。不少资本主义国家共产党认为,在新的历史时期国内统一战线的政治意义更为突出,形式和名义需要服务于内容,以增强党的影响力、号召力和行动力。要根据时代任务以及具体形势来确定国内统一战线的形式和名义,而不能固守成见。国内统一战线也不大可能只有一个,需要根据战略任务和战术需要来确定建设思路及进度,如意大利重建共产党在本国债务危机发生后向国内所有左翼政治力量发出了建立替代左翼的呼吁,建议党内外的中左翼力量团结起来,在尊重各自发展经历基础上构建一个反新自由主义的、广泛的"左翼联盟"。[①] 比利时工人党指出,"该党是一个马克思主义政党,对社会主义充满信心并无意去适应资本主义。有必要与所有真正的左派力量探讨如何应对资本主义和帝国主义、打击种族主义以及组织工人阶级。"[②] 此外,也有一些资本主义国家传统共产党对扩大左翼合作范畴存在疑虑,如希腊共产党直截了当地反对加入激进左翼联盟组织的统一战线,甚至都不愿意讨论这种可能性。[③]

(二)多数认同扩大国内统一战线的社会代表性,以扩大社会基础

对于社会阶级阶层的具体变化,多数资本主义国家共产党也比较敏感,谋求一定程度的以变应变。一方面,针对工人阶级变化以及其他被压迫群体提出应对之策。如澳大利亚共产党表示,该党是工人阶级政党,承认工人阶级在社会变革中的领导作用。

---

① 于海青. 债务危机下南欧四国共产党的发展动态[J]. 党建,2011,(01).
② We Are a Marxist Party That Believes in a Socialist Future. https://jacobinmag.com/2018/12/belgium-workers-party-ptb-elections-left.
③ Greece. SYRIZA, the Communist Party and the desperate need for a united front. http://socialistresistance.org/greece-syriza-the-communist-party-and-the-desperate-need-for-a-united-front/3535.

工人阶级需要与被大企业剥削的社会其他阶层建立联系，这就要求共产党在劳动群众中赢得实质性的影响力，同时积极与其他左翼和进步政治力量建立联盟。① 在法国共产党三十七大上，该党全国委员会主席皮埃尔·洛朗敦促共产党人抛开与其他左翼势力和群众组织的分歧，必须逐步建立一个受欢迎的左翼阵线，并与那些愿意在社会变革过程中与其合作的人建立联盟。他告诉法国共产党员不要害怕与潜在盟友的分歧，也不要"抛弃"右翼工人。② 巴西共产党呼吁巴西进步力量团结起来站在反对资本主义和帝国主义的前沿，共同维护工人的工资、教育、健康和住房权益；强调该党优先考虑参加工会、大众运动以及在工作、住房及学习等场所开展的活动。③ 另一方面，逐步突破阶级阶层界限，将包括中产阶级在内的劳动人民都作为工作对象，谋求进一步扩大对中产阶级的工作，以建立更为广泛的统一战线。例如，美国部分进步力量公开称，"就后工业时代而言，对平等主义政治起决定性作用的是左翼积极的中产阶级政策""我们的任务是说服中产阶级——或者说是中产阶级的大部分人"。④ 比利时工人党指出，"自2008年党代会之后，该党在坚持马克思主义基本原理的同时，也提出要努力真正成为一个全体劳动人民的党，并为此采取灵活策略，加强沟通和组织工作。"⑤

（三）不少认同兼顾国内统一战线领导权的原则性和灵活性，力争平衡实现短期和长期目标

与冷战中后期相比，当前一些资本主义国家共产党对构建国内统一战线的态度出现不少变化，对"先锋队""领导党"等提法相对较少提及，而更看重本国政治现实，谋求通过建设广泛左翼联盟增强政治斗争能力。尤其是部分资本主义国家共产党鉴于国内政治形势及自身影响力，趋向务实，短期内不片面追求对国内统一战线的领导权，而谋求发挥独特作用。如英国共产党认为，在社会主义斗争初始阶段，需要推动工人运动持续性地左转并且掌握国家政权。新的左翼政府需要以议会中的工党、社会党以及共产党的大多数为基础，同时以议会外广泛的群众运动作为支持。⑥ 但是也有不少社会主义理论家和学者认为，共产党需要坚持对国内统一战线的领导权，强调工人阶

---

① An Introduction to the Communist Party of Australia. https://cp a.org.a u/cp aintroduction/.
② Communist Party of France plans to build broad left coalition. https://www.peoplesworld.org/article/com munist-party-of-france-plans-to-build-broad-left-coalition/.
③ Brazilian communists call workers to "fight for popular power" against the forces of reaction. https://morningstaronline.co.u k/article/w/brazilian-communists-call-workers-fig ht-popular-power-against-forces-reaction.
④ The Left must appeal to a middle class squeezed by capitalism. https://jacobinmag.com/2021/03/middle-class-decline-capitalism-1-percent.
⑤ Winning elections, advancing the struggle–contribution of the Workers' Party of Belgium to the 100th Anniversary of the founding of the Communist International–The fight for peace and socialism continues!. https://www.solidnet.org/article/21-IMCWP-Contribution-of-WP-of-Belgium/.
⑥ 赵婷，丁广昊. 英国共产党的理论革新与发展态势［J］. 当代世界社会主义问题，2020，（04）.

级政党必须掌握革命和斗争的领导权，否则就不可能有真正的革命斗争。例如，知名左翼理论家泰勒·詹姆斯（TylerJames）认为，统一战线的显著特点是，革命者必须与改革派合作，以赢得当前的目标，但不应处于被动的二等公民地位并放弃所有领导权。革命者只有在团结一致并开展行动时，才能赢得具体的目标。① 当然，暂不强调领导权并不表明上述共产党甘当配角或放弃了社会主义目标，争取参与执政仍是很多共产党的现实诉求。例如，日本共产党在2016年7月第24届参议院选举前夕，联合民进党、社民党、生活党等在野党最终就建立选举国内统一战线、共同推荐候选人达成共识，日共还特别强调了"野党共斗"（在野党共同斗争）的重要性。四方一致同意选举结束后，各方将在国会等其他领域协同斗争。这标志着日共推进的国内统一战线进入了稳定与发展时期。② 近年来，日本共产党进一步要求党员积极参与和领导不断变化的国民运动、社会运动、新的社会阶层运动；着力推进国内统一战线建设，扩大与市民和在野党的交流对话，努力推动建立在野党联合政府，进而为实现党的奋斗目标而努力。

（四）不少认同加强统一战线理论与实践的交流互鉴，促进共同发展和进步

资本主义国家共产党大多参与选举竞争和议会斗争，重视就重大理论与实践问题进行交流对话，国内统一战线无疑是其中的一个重要议题。就地区层面而言，欧洲、亚洲和拉美等地区共产党分别形成各自的地区共产党交流机制，开展经常性交流对话。在国际层面，共产党和工人党国际会议也为各国共产党交流和研判形势、加强理论对话提供了重要平台，促进了共产党、工人党的相互声援与国际协作。在此过程中，一些资本主义国家共产党还重视利用各种双多边平台同中国共产党等社会主义国家执政党进行交流合作，探讨国内统一战线建设之道。例如，尼泊尔共产主义运动知名领导人普拉昌达1998年指出，"民主革命的成功显然离不开无产阶级领导的反封建反帝且包含不同阶级、阶层的广泛革命统一战线。上述革命统一战线的基础显然是而且应该是工农团结，但是革命统一战线的构建和发展取决于不同国家的具体国情"③。2008年国际金融危机爆发以来，资本主义国家共产党围绕构建国内统一战线的地区和国际对话更为积极，深化了各自斗争经验交流，增进了各自政治斗争能力。

三、资本主义国家共产党国内统一战线的实践新探索

尽管政治实力、国内影响力和阶段性目标不同，但资本主义国家共产党构建国内

---

① What do we mean by a united front. https://socialistworker.org/2017/03/02/what-do-wemean-by-a-united-front.
② 曹天禄. 日本共产党统一战线：历史·机遇·挑战［J］. 马克思主义研究，2017，（09）.
③ Two momentous years of revolutionary transformation. http://www.bannedthought.net/International/RIM/AWTW/1998-24/nepal_Prachanda24Eng.htm.

统一战线的意图大体一致，即团结尽可能多的政治力量，争取尽可能多的社会支持，以扩大社会主义影响力，夯实本国社会主义事业基础并为未来的斗争做好政治准备。在实践中，资本主义国家共产党大多重视体现特色、维护人民利益以及促进党的发展，形成一些相近或相似的特点。

（一）借力结构性政党联盟，推进党的自身发展

资本主义国家共产党参加的结构性政党联盟基本系左翼政党联盟，其在相关国家具有重要的政治地位和影响力，乃至可以左右政局走向。共产党作为政党联盟重要成员，往往提供重要的思想、价值支持并输送重要人才资源。在新的历史时期，一些资本主义国家共产党对结构性政党联盟的认知和借力出现新的变化。例如，1989 年，南非共产党与非国大及南非工会大会结成政治联盟（简称三方联盟）。1994 年，三方联盟以非国大名义参加首次不分种族大选并赢得胜利。南非共产党认为，在三方联盟中该党虽然不是领导者，但是可以作为先锋力量，提供思想支持和参与国家治理。近年来，南非共强调要根据形势发展变化，推动成立更广泛的爱国阵线尤其是建立和巩固左翼群众阵线。在左翼群众阵线建立过程中，突出左翼群众阵线具有一定的独立性，而不是三方联盟的自然附属。2017 年，南非共发布《南非共比任何时候都需要承担民族民主革命的领导责任》文件，强调非国大虽然对民族解放运动作出重要贡献，但非国大并非一劳永逸占据革命的领导权。同时基于三方联盟内部出现的问题，南非共与南非工会大会于 2021 年 3 月发表联合声明，指出"南非共和南非工会大会重申对重组三方联盟的承诺，认为如果不能很好地进行重组，就不能有效应对接下来的地方选举"①。近年来乌拉圭共产党在广泛阵线丧失执政地位后，借助联盟力量和影响，持续发展壮大自己，"在 2020 年 9 月举行的乌拉圭地方选举中，广泛阵线成员、共产党人卡罗琳娜·科塞当选首都蒙得维的亚市市长"②。

（二）把握时机，持续发展较为松散的政治联盟

鉴于一些资本主义国家政党力量的此消彼长快速演进以及政党斗争日益复杂尖锐，不少共产党根据形势发展需要，灵活地推进建设国内统一战线。这种政治联盟往往表现为短期的松散政党联盟或选举联盟。如 21 世纪以来，印度主要共产主义力量在遭遇挫折后，探索加强选举联盟建设。在 2020 年年底比哈尔邦议会选举中，印共、印共（马）、印度革命社会党（马列）与全国人民党组成的选举联盟获得邦议会 29 席中的 16 席，其中印度革命社会党（马列）获得 12 席。法国共产党在 2008 年选择同左翼党

---

① SACP and COSATU bilateral statement. https://www.polity.org.za/article/sacp-and-cosatubilateral-statement-2021-03-16.
② 徐世澄. 拉美政党政治新变化与左翼政党的政策调整 [J]. 当代世界，2020，（11）.

等左派小党组成选举联盟——左翼阵线并支持梅朗雄参选总统。同时为遏制法国右翼和极右翼的进攻,法共也开始寻求与社会党等实施有限的合作。例如,在2020年3月法国第二大城市马赛市政选举中,共产党、不屈法国、社会党等携手合作,提出"马赛之春"的口号并共同推选唯一候选人,谋求实现左翼在马赛的执政。① 智利共产党为应对2021年制宪会议及总统选举,智共与多个反新自由主义政党组成名为"我赞同尊严"的左翼竞选联盟。左翼竞选联盟赢得制宪会议和总统选举两场选举的胜利,联盟总统候选人博里奇还当选智利新一届总统。对于联盟合作伙伴,一些国家共产党还坚持立场,认为该批评的要批评,该斗争的要斗争,而不能无原则妥协。例如,尽管委内瑞拉共产党加入执政党统一社会主义党组建的大左翼联盟,但是基于形势发展需要也牵头于2020年8月以本党为主组建革命左翼的"大众革命替代",谋求为委内瑞拉社会大众提供新的左翼替代,并持续揭批委内瑞拉资本主义危机以及政府政策的亲资产阶级性质。近期,委内瑞拉政府对"大众革命替代"的攻击有所升级,尤其是"马杜罗总统和国民议会议长豪尔赫·罗德里格斯予以严厉批评,乃至声称后者与美帝国主义勾结,破坏国家和平发展与稳定"②。

(三)通过提供议会外支持,与执政党、执政联盟结成动态的临时政治联盟

一些资本主义国家共产党为体现独立性和自身色彩,既与资产阶级政党保持一定距离,但也不排斥在议会外对左翼或具有一定左翼色彩的执政党、执政联盟予以支持。其主要方式是在议会投票时,适当与执政党和政府加强沟通和配合,帮助政府预算方案及其他重要议案顺利过关。在那些执政党或执政联盟未获议会半数以上席位的国家,获得一定关键席位的在野共产党无疑可以发挥重要的政治平衡作用。例如,在2012年葡共十九大上,葡共强调用四月革命的价值观和精神来塑造葡萄牙并提出爱国的左翼替代主张,以争取工人、农民和中小企业的支持。同时,葡共尽管对社会民主主义危害有着深刻的认识,但是出于抵制新自由主义以及为工人和农民争取利益的需要,与左翼集团一道在议会外选择性支持社会党执政。当然,一旦社会党政策危及基层民众利益,共产党就可能收回对其的政治支持。捷克和摩拉维亚共产党近年来通过在议会外支持"ANO2011"党领导的少数派政府,两次协助政府安然度过反对党推动的议会不信任投票,进而争取政府在国有企业改革等方面做出让步。

---

① In Marseille, the French Left is Finally Uniting. https://www.jacobinmag.com/2019/12/marseillespring-printemps-marseillais-france-election.

② Maduro Accuses Left and Communist Party of Being Agents of Imperialism. https://venezuelanalysis.com/analysis/15124.

（四）在反抗外来侵略和干涉中，支持政府构建临时的爱国统一战线

这种情况在受西方干涉较多的发展中国家较为普遍。上述国家在野共产党对本国政府经济社会等政策往往颇有微词，但是在反对外来干涉方面大多选择给予政府一定道义支持和声援，以展现共产党的爱国主义和民族情怀以及对国家主权、安全和发展等利益的维护。例如，伊拉克共产党对本国政府镇压民众围绕民生问题发起的抗议予以强烈指责，但也配合政府反对外部力量袭击本国领土或制造军事冲突。亚美尼亚共产党对阿塞拜疆2020年入侵本国予以坚决反对，"呼吁所有本国进步人士、爱国力量和个人抵抗一切形式的侵略，充分支持国家及其武装部队；呼吁全世界所有爱好和平的人民以及全球左翼和进步力量，共同维护和平、谴责阿塞拜疆的军事侵略；还呼吁世界各地共产主义者一道要求结束战争，谋求基于《联合国宪章》等解决阿塞拜疆和亚美尼亚之间所有悬而未决的争端"[①]。

四、对新形势下资本主义国家共产党国内统一战线的评估和展望

对多数资本主义国家共产党而言，国内统一战线既是战略也是策略，既是当前需要也是长远需求。在百年变局叠加世纪疫情的复杂国际背景下，资本主义国家共产党加强国内统一战线建设的意义重大。

（一）展示一些资本主义国家共产党的理念创新和思想力量

随着社会结构、政治生态的变化，资本主义国家的发展理念之争日益显化，各种社会政治思想激烈交锋。从思想理念和政策诉求来看，一些资本主义国家共产党的左翼替代方案往往体现较高的时代性，展现了高度的正义性和公平性，而这正是其他政治力量的主张所缺乏的。但是这种思想政策的超前性和激进性，还需要进行广泛的传播和推广，以争取更大的思想认同和政治支持。为此，一些资本主义国家共产党积极开展舆论宣传、思想教育、理论沟通等工作，并将上述努力融入国内统一战线构建工作中去，进而形成更大的思想传播力和影响力。上述思想工作的对象既包括一般的社会大众，也包括志同道合的左翼政党、社会运动和民间团体等，还涵盖其他可能存有一定共识基础的潜在政治力量。从实践效果来看，持续不断的思想创新及其宣传影响，一定程度上为加强左翼力量的团结以及组建更大范围的国内统一战线奠定了更为有利的思想基础。

（二）彰显一些资本主义国家共产党的政治合作文化

以往部分资本主义国家共产党被认为相对"保守"，对其他各类政治力量多持批判

---

① 亚美尼亚共产党：我们要和平！我们拒绝侵略！. http://www.ccnumpfc.com/index.php/View/2545.html.

和攻击态度,还进行了不同程度的政治斗争。这为一些资本主义国家资产阶级政党非议和排挤共产党提供了"说辞",也引发了一些资本主义国家选民的疑虑。上述情况持续推动资本主义国家共产党的反思,促使一些国家共产党努力把握形势,在保持一定批判性的同时,也努力显示更多的沟通和对话姿态,以争取更多的社会政治力量参与到反对新自由主义以及针对资产阶级政府的斗争中去。一方面,部分资本主义国家共产党加强与在野党、社会运动及民间团体等的沟通与对话,联合开展议会斗争或街头斗争,以反制右翼或极端主义政府政策,乃至促进实现政权的更替;另一方面,部分资本主义国家共产党利用相对有利的政治形势,通过与即将执政或正在执政的左翼政府进行沟通和对话并提供有条件的支持,进而展现负责任的政党形象。这表明不少资本主义国家共产党走向了更大程度的开放和包容,意图通过进一步打破政治界限或壁垒,促进政治沟通与协作,进而更多体现共产党的新政治文化。上述政治文化的形成和强化有利于一些资本主义国家共产党在本国争取实现社会主义过程中获得更多的政治支持并积累更多的政治能量。

(三)帮助一些资本主义国家共产党实现一定范围的选举胜利

资本主义政治体制的核心在于选举,只有赢得尽可能多的选举才可能获得更多政治资源并拥有相应的政治竞争优势。一些资本主义国家共产党的国内统一战线理论与实践创新,其现实目标是通过获得各类选举的胜利,进而赢得一定的政治话语权尤其是参政或执政的资格并为自身发展谋求更有利的政治环境。国内统一战线建设有助于一些资本主义国家共产党在提名候选人、联合宣传、争取选民支持以及反制政治攻击等方面获得更多支持,进而实现更多的政治收益。从全球范围来看,西班牙共产党、智利共产党等部分资本主义国家共产党实现了参与联合执政或派遣党员干部担任中央政府高官;俄罗斯联邦共产党、比利时工人党、巴西共产党、乌拉圭共产党等一些资本主义国家共产党在地方议会选举中表现出色并占据一些重要城市或省份的执政权。这些不断出现的亮点不仅鼓舞了相关国家左翼力量和进步民众,而且促进了世界社会主义的新发展。

(四)推动一些资本主义国家共产党的政策主张成功转化为国家法律或政府政策

资本主义国家共产党不缺乏思想创新和政治斗争的勇气,但是受在野地位影响,往往呈现政策批判多而政策实践少的问题。只有将政党政策转为影响民众日常生活的法律和政策,才能引起选民的更多关注和重视乃至支持。因而,多数参与联合政府或提供议会外支持的资本主义国家共产党都非常关注政府政策的制定或完善。例如,西班牙共产党领导人阿尔贝托·加尔松表示,"在新冠肺炎疫情发生后,政府的反应集中在'社会盾牌'上,旨在推出保护工人阶级和社会大多数人免受疫情大流行影响的一揽子措施""上述反应明确侧重于社会保护,其与2010年的危机应对方式形成了鲜明的对比,这得益于我们在政府中的存在"①。

当然,对于国内统一战线的重要性和作用,一些资本主义国家共产党也有着相对清醒的认识。即当前国内统一战线尚不足以从根本上改变资本主义国家共产党的整体处境,但是也不可或缺。因而,多数资本主义国家共产党既看重国内统一战线,但也不过分迷信和依赖国内统一战线,并重点加强自身建设,以打造更为强大的政党。如美共近期认为,"在特朗普总统执政期间,美国内部对人民阵线的需求没有停止,但其形式正在发生变化。在过渡期间,新的联盟正在不断出现,任何人对此不会感到惊讶。围绕着特定的问题和目标,新的联盟经常会产生并消亡,可谓兴衰起伏无常。事实上,战线越广、团结的基础越广,联盟就越脆弱,一旦实现主要目标,组成联盟的各个部分就可能分崩离析。"②

展望未来,在"资强社弱"的国际大环境短期内难以改变以及资本主义仍具有一定韧劲的情况下,资本主义国家共产党普遍处于相对不利的政治处境,对各自社会主义的探索任重道远。尤其是在国内统一战线建设理论与实践探索方面,资本主义国家共产党取得的任何新进展、新成就无疑都是十分宝贵的。这既是世界社会主义的经验,也是资本主义国家共产党可持续发展的内在需求。考虑到资本主义国家政治体制弊端日益暴露,尤其是政党碎片化日益突出、政治极化日益明显以及选举民主遭受更多质疑,资本主义国家共产党只要深刻把握世情、国情以及党情,妥善利用国内社会政治矛盾,在维护自身独立性的同时不断探索政治联合与合作,就可能实现国内统一战线建设的新发展。这种渐进的量的发展有可能为少数资本主义国家共产党实现质的发展奠定良好的政治基础。当然,受资本主义世界发展的不确定性以及国际反共力量干预等因素影响,部分资本主义国家共产党的国内统一战线探索可能面临一些新的内外干扰,进而面临艰难的局面。这就需要有关资本主义国家共产党科学研判形势并拿出有效的应对策略。

五、资本主义国家共产党对社会主义的探索仍在路上

鉴于当前资本主义多重危机"高烧不退"以及资本主义国家政党恶斗不断的现状,社会主义作为一种思想和价值受到越来越多的重视和推崇。尤其是部分西方国家青年

---

① Spain's First Com munist Minister Since the 1930s:"The Right Can't Accept a Party Like Ours in Government". https://www.jacobinmag.com/2020/09/spain-communist-alberto-garzon-izquierda-unidapodemos.

② The popular front is dead! Long live the popular front!!. https://cpusa.org/article/thepopular-front-is-dead-long-live-the-popular-front/.

对社会主义的认可有所增多,成为世界社会主义的一个亮点。根据2019年有关民调显示,"61%的美国青年(18—24岁)表示对社会主义持积极看法"[①]。这在一定程度上表明,社会主义影响力在全球范围内有所提升,社会主义仍是一种可行的制度选择,社会主义的未来依然光明。但是也要看到,资本主义国家基层民众对公正、公平等具有社会主义色彩理念的追求,不等于对社会主义的自然支持,也不等于社会主义的必然高歌猛进。资本主义国家共产党对社会主义的探索仍在路上,需要把握世情、国情、党情进一步加大道路探索力度。其不仅要继续勇于参与社会思想领域的交锋,加大对资本主义残酷与冷漠的批判,还要把握本国实际提出更符合民意、更有竞争力的左翼替代方案,并努力通过各种方式将其上升为政治实践,进而提升共产党思想价值和政策主张的吸引力。

资本主义国家共产党对实现社会主义的路径看法不一,斗争的战略和策略也有所不同。但无疑需要根据实际情况,在推进国内统一战线建设方面与时俱进、有所创新。这既是斗争的需要也是合作的需要,体现了共产党的创新变革能力。在构建和发展国内统一战线过程中,资本主义国家共产党需要适度解放思想,既充分认识合作的必要性也把握合作的复杂性敏感性,既坚持立场的原则性又突出策略的灵活性,既突出服务当前目标也兼顾长远发展,争取有所作为。同时针对国内社会结构的持续演变,深入把握社会大众的心态变化,努力争取社会中下阶层的理解、认同和支持,不断扩大国内统一战线的社会基础。当然,我们也要看到资本主义国家共产党及其国内统一战线建设受到复杂国内外因素的影响,不大可能会一帆风顺,理论创新与实践发展有时难以同步,其未来走向及成效需要进一步观察。

---

① 民调:美国青年对社会主义的态度比资本主义更积极. http://sputniknews.cn/society/201901311027527540/.

统一俄罗斯党数字政党建设：挑战与转型①

石晓虎

作为支持普京的政党，密切联系社会大众尤其是选民以争取各级选举胜利是统一俄罗斯党的最重要目标。统一俄罗斯党成立以来就面临国内社会政治生态复杂演变以及激烈的政党博弈局面，党建压力始终存在。针对社会利益多元化、信息社会发展带来的冲击以及自身运作模式的缺陷，统一俄罗斯党在俄罗斯政党中第一个提出建设数字政党，谋求更好地联系民众并将民众纳入党的政策制定和实施过程当中，以提升具体工作效果。尤其是结合有关项目和活动深化与社会大众沟通与合作，借助人事制度改革扩大对年轻精英的招募和使用，塑造党的良好形象，在一定程度上提升了党的政治竞争力。但鲜明的务实色彩及内外因素的持续干扰，也在一定程度上影响到统一俄罗斯党的相关努力。如何妥善处理这些问题，直接影响统一俄罗斯党数字政党建设的成效。未来，统一俄罗斯党数字政党建设的推进，无疑受到普京治党治国理念以及接下来诸多选举结果的影响。

进入21世纪以来，随着数字技术的进步以及互联网、社交媒体的蓬勃发展，数字科技、数字文化和政治的关联日益密切，推动数字民主、参与式民主加速演进，政党的传统运作方式由此受到较大影响。"网络党""数字政党""平台政治"等概念相继出笼，意在强化政党在开放社会、开放网络中的运作，扩大政治竞争力和影响力。一些国外社会及政治领域人士将科技与政治的结合概括为政治工具、宣传与竞选平台以及政党与大众互动平台，认为平台组织迎来新的发展机遇。如美国学者阿尔伯特·莱奥等将平台组织概括为将数字媒体（如网站、社交媒体、应用程序等）引入政党建设，促进内部沟通、扩大政治决策参与性、提升政治行动组织力，并改善参与政党活动的体验②。就实践层面来看，传统组织严密型、等级制政党与运动型、分权制政党，

---

① 本文已发表于《俄罗斯东欧中亚研究》2021年第4期，原文题目为"统一俄罗斯党数字政党建设：挑战与转型"。作者：石晓虎，北京第二外国语学院政党外交学院教授。

② Albertoa Lioy, Marc Esteve Del Valle, Julian Gottlieb. Platform politics: Party organization in the digital age [J]. Information Polity, 2019, 24 (01): 45.

以及意识形态色彩较强的政党与去意识形态化政党受冲击及政策反应的差异较大，政党的功能增强与核心职能部分弱化同步显现。加之受一些国家经济社会矛盾突出、政治对抗加重等因素影响，不少国家政党博弈日益复杂敏感，牵动不同政党力量此消彼长，带来政党政治、民主政治的持续演变。对此，英国国王学院数字文化中心主任保罗·戈宝多指出，"数字时代执政党与在野力量之间的攻防，必然体现为党派分歧、不同政治主张的碰撞及表面的对冲"①。

俄罗斯自独立以来，政党政治经历了深刻复杂发展。随着信息技术的持续发展以及互联网和社交媒体的快速普及，俄罗斯政治家及学者对信息环境下政党建设及民主发展不断有新的认识。奥莉加·克里什塔诺夫斯卡娅表示，民主需要现代化，垂直化权力难以在网络社会中运作，俄罗斯需要网络民主。沃尔科夫（ЛеонидВолков）与克拉申尼科夫（ФедорКрашенинников）提出"云民主"的思想。利索夫斯基（Ю. А. Лисовский）认为，俄罗斯虚拟民主中的权力独立于人民，主张发展直接民主。沙德林（ВладимирШадрин）基于"云民主"的概念，认为通过发展互联网并借助众包（crowdsourcing）技术来推进民主是可能的也是必需的。2019年7月1日，统一俄罗斯党主席、时任政府总理梅德韦杰夫在《消息报》公开发表文章，要求该党各级分支机构和领导人着力改进与民众的沟通方式，提出该党将实施对接公民倡议、选拔优秀干部和建设数字政党三大工作②。

统一俄罗斯党虽然长期保持较大政治优势，但也不时遭遇信息社会背景下的党建、政治竞争以及主流意识形态维护等难题。尤其是近年来俄美、俄欧关系持续紧张，导致网络空间博弈日益复杂尖锐。鉴于此，统一俄罗斯党谋求把握数字平台的开放性、参与性，加强数字政党建设，努力实现趋利避害。本文意在综合分析研究统一俄罗斯党面临的相关党建挑战、数字政党建设理念与举措并对具体成效作出评估。

一、统一俄罗斯党面临多重党建挑战

2000年以来，普京根据政治需要建立和打造了强大的政权党——统一俄罗斯党，以巩固和强化政治竞争力。2009年11月，梅德韦杰夫在统一俄罗斯党十一大上还将该党定位为"执政党"③。尽管政党在俄国家政治生活中作用相对有限，但统一俄罗斯党重

---

① Paolo Gerbaudo. The Digital Party Political Organization and Online Democracy[M]. London：Pluto Press，2019：5.

② Медведев Д. А. Единая Россия —— Курс на перемены. https://iz.ru/894518/dmitrii-medvedev/edinaia-rossiia-kurs-na-peremeny.

③ 庞大鹏. 统一俄罗斯党的历史演变与发展前景[J]. 当代世界，2018，（03）.

视按照自身最主要定位，积极联系动员民众，并统筹党政关系、党与立法部门关系等，全力确保"普京在选举中取得令人信服的胜利"。在推进上述战略目标过程中，统一俄罗斯党面临社会结构变化、社会思潮变化以及信息社会发展带来的诸多挑战，亟需妥善应对。

（一）组织建设不适应性有所显现

统一俄罗斯党在党建上承袭了苏联传统建党理念，组织架构较为齐全，主要包括中央领导机关，联邦主体分部、地方分部和基层党组织。该党作为选举党又与西方的选举党不大相同，并非完全意义上的执政党，对政府施政不承担具体责任，也不接受议会问责。俄罗斯社会对统一俄罗斯党的定位，也存在不少疑惑，乃至质疑"到底是普京的党还是代表政府的党"[①]。但无论如何，统一俄罗斯党作为俄罗斯主要政治力量得到社会大众的较多关注和期待。从实际情况来看，该党组织运行存在一些问题。其一，层级化运作模式不符合基层民众参政议政方式的转变。"该党是自上而下建立的，依附于国家官僚体系"[②]。在当代俄罗斯，普通党员及社会大众一方面对权威领导人予以一定的崇拜，另一方面则强调社会政治的平等，对层级化的政党运作模式表现出一定的反感，年轻人尤其如此。其二，分支机构领导人往往自行其是。随着统一俄罗斯党将绝大多数地方领导人纳入党的体系，上述党政官员需要兼顾地方政府施政和党的建设。但是在很多情况下，地方党政机构及领导人贪污腐败以及不作为、胡作为起到一定恶劣影响。其三，基层组织较为薄弱。很多党的基层组织有其形而无其实，难以起到有效的作用。这与俄罗斯联邦共产党的基层组织建设形成了鲜明对比。其四，党员队伍的代表性相对不够。该党党员主要为养老金领取者、学生、教育工作者、工人、公务员、卫生工作者、企业家和艺术家，这与俄罗斯的社会结构及就业机构变化还不相称。与此同时，其他一些俄罗斯政党面对形势变化，不断完善党的数字化建设，努力巩固和扩大社会支持。如俄罗斯新人党创新人才选拔机制，邀请社会精英参加政治真人秀节目，胜选者不仅获得奖金还获得代表该党参加2021年国家杜马选举的资格。上述节目通过互联网直播，不仅提升了该党影响力，还扩大了优胜者的媒体曝光度，一定程度上对统一俄罗斯党组织建设带来挑战。

（二）沟通代表机制受到一定冲击

鉴于俄罗斯社会的同质特点比较突出，俄多数政党均声称代表社会各阶层利益，标榜自己为"全民党"。统一俄罗斯党也不例外，谋求统筹兼顾社会政治精英和普通

---

① Итоги 2016 года.Обзор основных событий в жизни партии "Единая Россия". https://kprf.ru/opponents/er/161506.html.

② 薛福岐.统一俄罗斯党：从"政权党"到"执政党"[J].领导参考，2019，(05)．

大众,不仅要代表大多数公民意见,而且要代表多数社会群体意见。该党强调党的中心任务是解决民众真正关切的问题,推动国家和平、发展和进步。为此需要通过研究、分析和总结俄罗斯民众的利益关切、现实需要,通过推动政府政策转变或立法等方式,切实找到维护和实现大多数人利益的方式。但是在很多时候,俄罗斯民众尤其是选民的诉求并不能有效地转化为统一俄罗斯党的政策。究其原因有很多,其中一个无疑就是统一俄罗斯党联系民众的平台、机制有所弱化,与新形势新变化相比存在一定不足。部分俄罗斯国内学者指出,统一俄罗斯党联系民众机制单向色彩突出,甚至不能称之为"沟通"。同时俄社会大众的要求在不断变化,希望通过线上线下等各种方式与党进行真正的沟通对话。如作为统一俄罗斯党联系民众的一个重要渠道——主席接待站面临一定程度上与社会脱节的问题。2018年该党成立十周年的时候,主席接待站实现了全俄地方全覆盖并拥有 2500 多名接待人员,接待了 750 多万人次求助,解决了一些民众诉求,但是问题也有所显露。对此,党的高层也有所了解。2019 年 7 月,统一俄罗斯党主席、时任政府总理梅德韦杰夫在《消息报》发表文章称,"接待站必须考虑到各地区的具体特点和现实问题作出改变,因为大多数参与者都是退休人员。而对于年轻人来说,在线解决问题更方便"[1]。2019 年 11 月,统一俄罗斯党支持青年倡议工作组共同主席阿米尔琴科娃表示,党应该对年轻人感兴趣,了解现代年轻人需要什么,年轻人对不同问题有非常规的解决方案,但不幸的是,高层领导并不总是能听到这些声音[2]。此外,还有不少党内精英漠视基层民众困苦以及急切谋求改变的意愿,更是引发部分社会大众的不满乃至怨怼。这使得不少党员和民众不大相信党的地方和基层组织,乃至选择直接向总理、总统反映有关情况,但从实际效果来看也并不总是有效。

(三)宣传动员方式一度相对落伍

统一俄罗斯党建立时间不长,加之长期掌握政治优势,在宣传动员上相对倚重普京、梅德韦杰夫等党政领导人的施政理念、政策主张。其自身宣传动员虽然也有不少重大举措,但战略性、针对性以及主动性相对不敷需求。与俄罗斯其他部分政党相比还存在一些不足。例如,自由民主党就强调,该党相信只有与选民沟通、会面,甚至通过在线方式对话,才能了解民众关切与需求并努力推动解决上述问题。统一俄罗斯党一度轻视互联网和社交媒体,对反对派通过媒体揭露政府执政无能和政治家丑闻予以冷嘲热讽。尽管越来越多的统一俄罗斯党籍政府官员开始使用社交媒体,但大多数

---

[1] Медведев: политические партии в России должны меняться [2019-7-1]. https://www.vesti.ru/article/1369267. (Ольга Амельченкова)

[2] "Единой России" рассказали о рабочей группе по работе с молодежью [2019-11-23]. https://ria.ru/20191123/1561507116.html.

政府官员都不是很有经验的社交媒体用户,许多候选人甚至不为社交媒体分配自身政治资源[①]。上述主要表现为统一俄罗斯党和俄联邦政府一度大多诉诸口头喊话、传统媒体宣传、集会宣传等方式,对新兴媒体的使用相对不多,难以起到很好的传播效果。这对于统一俄罗斯党宣传核心价值理念及引领社会政治议程带来一些现实的挑战。尤其是其他一些政党通过炒作腐败、民生困境、外交挑战等议题,弱化统一俄罗斯党的舆论引领能力。与此同时,俄国家杜马内外不少政党借助社交媒体加强党的宣传和动员工作,努力激活年轻人的参政议政热情,进而扩大政治支持度。例如,俄罗斯联邦共产党政治学习中心积极举办关于社交媒体宣传的课程,教导学员如何聪明地推进党的议程,并加强反宣传。"亚博卢"党、俄罗斯联邦共产党等政党的政治家和候选人还借助线上的创新性宣传,获得部分年轻人的好感和支持,在各级选举中取得一些成果。部分在野党青年政治家还积极设置网络议题,呼吁改变俄政治文化和政治模式、批判政府应对新冠疫情不力等,在互联网和社交媒体上引发热烈讨论,使得统一俄罗斯党陷入一定的被动。

(四)遭遇网络空间意识形态安全挑战

自苏联解体之后,俄罗斯的社会思想长期处于多元混乱状态。俄国内部分政党的意识形态非常鲜明,大都积极宣传本党意识形态,努力塑造爱国者和国家利益坚定维护者的形象。统一俄罗斯党也是如此,突出强化党的意识形态。普京及统一俄罗斯党积极维护国家传统和价值观,持续构建以保守主义、爱国主义等为主要特征的国家意识形态。但是受内外复杂因素尤其是言论自由、新闻自由、外部思想渗透等影响,统一俄罗斯党和俄联邦政府持续遭遇意识形态挑战。尤其是境外的西方网站和社交媒体,无论是其他语种的还是俄文的,大多充斥各种反普京、反统一俄罗斯党的言论,旨在影响俄罗斯人的世界观、价值观、信仰及生活方式。其发布者相对复杂,涵盖对统一俄罗斯党和俄联邦政府施政不满的普通群众、俄罗斯其他政党成员、俄国内的"西方代理人"及对俄不友好的国家。由此,俄罗斯互联网和社交媒体空间的思想交锋和博弈日渐突出。例如,有的公开质疑俄罗斯发展道路,挞伐"普京主义",要求推动国家政治转型;有的持续宣扬西方意识形态和价值观,贬低俄罗斯的主权民主、爱国主义等;有的指责俄罗斯搞大国霸凌、强权主义,攻击俄罗斯的民族主义。西方新老媒体报道中的俄罗斯新闻高频词往往是"威权""不民主""邪恶""富于侵略性"等。此外,西方社交媒体还积极配合俄罗斯反对派的政治宣传,乃至公开配合压制统一俄罗

---

① Tatiana Indina, "The role of social media in the Russian parliamentary campaign", [2016-8-31]. https://russia-direct.org/opinion/role-social-media-russian-parliamentary-campaign.

斯党的社交媒体声音。例如，推特在2020年6月以不符合其现行政策为由关闭1152个据称与统一俄罗斯党关联的账户，理由是这些账户夸大支持俄罗斯联邦政府的活动，为普京总统及统一俄罗斯党喝彩，指称上述部分账户背后是统一俄罗斯党地方党组织或政治家[1]。这些都引起统一俄罗斯党及俄联邦政府的警觉，重视应对境内外敌对势力的"颜色革命"图谋。

二、统一俄罗斯党数字政党建设的主要举措

统一俄罗斯党虽然提出数字政党建设的主张时间不长，但该党无疑早就已经推进相关工作。统一俄罗斯党十八大标志着其对数字政党的高度重视以及建设进程的加速推进。在数字政党建设理念上，该党强调面对挑战必须要进行改革，努力顺应形势，把握不同社会群体的诉求，强化数字政党建设，以深化与民众尤其是选民的沟通并争取选民的广泛认同和支持，同时强调要与人民一起应对挑战，避免自说自话，乃至脱离民众。

（一）成立专门的数字政党工作组

统一俄罗斯党积极从机制层面为党的数字化建设提供支持。2018年3月，统一俄罗斯党总委员会主席团批准成立数字政党工作组，其主要任务是统一推进党的数字化建设，推动党以新的形态运转，进而使得党更灵活、更高效地回应内外诉求。工作组组长由国家杜马议员阿尔焦姆·图罗夫出任，成员包括企业关系和政府关系副主任伊戈尔·阿列克谢耶夫、媒体执行主任安德烈·齐珀、战略传播局局长尼基塔·巴布金以及IB集团政府关系总监德米特里·布亚诺夫。工作组充分吸收欧洲国家数字政党建设经验，谋求探索统一俄罗斯党的新做法。由此，该党自认为是俄罗斯所有政党中唯一一个主动应对数字领域紧迫挑战的政党。统一俄罗斯党十八大决定，要推出自己的移动应用程序"掌上政党"，满足在党内引入数字平台和服务的要求，以利于党员参与党内讨论、审查有关事项以及进行电子投票等事务。同时为加强议员与选民的联系，数字政党工作组推出了一系列的举措。例如，为增强党的开放性，2019年3月数字工作组推出了名为"选民与议员"的联系平台，并在10个地区进行试点，允许任何人通过平台向地方议员或市议员沟通并寻求帮助。以后将进一步拓展至其他地区并实现平台的App化，以扩大相关工作成效。此外，党的各级机构也加强网站建设并建立健全国内外主要社交媒体账户。党中央除设立专门的网站外，还在脸书、VKontakte、

---

[1] Stanford Internet Observatory, "Dispatches from the June 2020 Twitter Inauthentic Activity Takedow", [2020-6-18]. https://cyber.fsi.stanford.edu/io/news/june-2020-twitter-inauthentic-activity-takedown-russia.

Odnoklassniki、推特、Instagram、YouTube 等社交媒体设有官方账户，以增强党内外在线互动。

（二）加强党员干部和支持者在线应用能力培训

为打好互联网和社交媒体宣传战、动员战，统一俄罗斯党重视补短板、练内功，加强在线专业知识和能力培训。重点是培养党员干部、积极分子及支持者，帮助他们学习借鉴社交媒体逻辑，加强网络沟通的针对性，以获取更多网民信息和观点，提升网络互动效果。这项工作自 2011 年以来就持续开展，早期渠道有"夏季博客学校"等，重视培养懂网络的"绝地武士"。俄罗斯统一党十八大后，"统一'统一俄罗斯'党数字政党建设：挑战与转型俄罗斯"党设立高级党校，目的是培养新的人才和积极分子，以应对日益激烈的政治竞争。其中一项重要工作是研究社交媒体的新趋势，深入了解互联网用户语言，帮助政治家及候选人更好地通过互联网、社交媒体进行沟通，阐述政策理念并与工作对象进行互动。自此之后，高级党校围绕党的现实挑战及可持续发展，持续就一些具体问题对党的干部进行培训，促进他们更好地适应新形势、新任务并扩大社会支持。例如，2019 年 2 月 25 日，统一俄罗斯党高级党校围绕如何将新技术作为有效的政治交流工具，针对有一定资历的政治家和社区工作者进行为期 6 天的专门培训，涵盖政治领袖、政党组织者、政治经理以及提升党务工作技能 4 个单元。其间，统一俄罗斯党数字政党工作组组长阿尔焦姆·图罗夫表示，"互联网从根本上改变了信息沟通与交流方式，每个政治机构都必须考虑到世界正在发生的新变化，以跟上时代的步伐"[①]。由于统一俄罗斯党经费较为充足，加之聘请的培训专家专业性和能力较强，相关培训工作力度较大。

（三）以项目与活动为手段带动党与民众的沟通

统一俄罗斯党宣称不仅具有领导国家的能力，而且超越了狭隘的政党界限，愿意倾听包括该党反对者在内的各方意见；强调信息技术为所有公民提供了直接沟通的机会和便利，任何国家机构和政党都不应害怕将社会力量更多地纳入政治进程，因为这可以带来各方共同参与制定议程并推进计划；认为将社会力量纳入建设性、必要的政治对话，有助于巩固俄罗斯社会团结。此举不仅看起来很好，而且更具有实际意义。当然，相关议程必须与国家发展目标结合起来，以促进国家的可持续发展。2020 年 3 月，党主席梅德韦杰夫在与党的地区机构书记候选人会谈时指出，"新冠疫情期间，数字技术的作用不会下降，有必要将这一因素用于政治目的""民众已经开始使用数字服

---

① Слушатели модуля узнали о политической работе в условиях развития новых технологий，[2019-2-27]．https://er.ru/activity/news/tretij-den-modulya-politicheskij-lider-byl-posvyashen-instrumentam-politicheskoj-kommunikacii_178095．

务，我们需要传递信息，包括党的政治项目、预选工作以及其他事务"①。针对不同社会群体及有关具体事务，统一俄罗斯党从中央到地方设立了诸多的专门工作组，并结合政府有关部门开展具体的合作，尤其是针对疫情下俄罗斯民众面临的具体挑战，切实开展一些富有成效的工作，如率先推动实施大规模的志愿服务活动，借助网络体系协调为受疫情影响的个人和家庭提供医疗、救助等支持。该党还携手政府科学与教育部以及其他战略倡议机构一道实施"在家学习"项目，帮助全国50多万学生和教师掌握远程学习技术；为实现经济恢复和发展，向政府提出300个工作建议，涉及社会政策、就业、中小型企业发展、基础设施建设和数字化等领域；对民众极为关心的养老金制度改革议题，也注意顺应形势需要，听取社会意见并作出相应调整。此外，该党还积极推动党主席接待站的现代化升级和运作，以更好地发挥服务民众的作用。

（四）打造更有竞争力的青年干部队伍

为消除部分党员及民众对党的消极看法，提升党员队伍的纯洁性及竞争力，统一俄罗斯党不断深化人事改革，尤其是强化党的道德建设，淘汰社会民怨反响较大的部分党员，并严格入党程序、控制党员规模，同时根据俄罗斯政党政治发展的现状，深化与青年交流，推动青年参与执行党的青年政策，大力支持青年党员的发展并争取党外素人参政，以促进党内青年精英的政治成熟。其主要举措：一是成立支持青年倡议工作组。该机构积极考虑青年倡议，推行有助于青年自我实现的计划。如"针对疫情下的大学生就业问题，支持青年倡议工作组向有关部门提出工作建议，包括大学要推动尽可能多的学生在求学期间与雇主合作、为稀缺专业学生提供更多支持等，相关工作建议得到党内高层的积极认可"②。在此过程中，党也塑造了青年政治家积极作为的新形象。二是推动候选人推选方式改革。随着俄罗斯选民对政治家审视标准的转变，尤其是对没有背景、真诚、有能力、认真的新面孔青年候选人认同的增多，统一俄罗斯党开始加强候选人的预选工作，如推出预选投票制，要求候选人提交未来施政方案以及以往的项目执行成效，并对党内外人士开放，获胜者在2021年国家杜马选举中代表统一俄罗斯党出战。其理论主张是，作为主要政治力量，该党不应自行决定候选人，而要广泛征求人民的意见，让他们来决定谁能够维护和代表他们的利益。截至2021年5月14日，共有7624名候选人提交了申请，其中统一俄罗斯党党员、无党派人士

---

① Медведев считает важным использовать цифровые технологии в политических целях，［2020-3-24］. https://tass.ru/politika/8065493.

② "Единая Россия" подготовила предложения по трудоустройству студентов，［2020-7-14］. https://pln-pskov.ru/society/385228.html.

分别为 52%、48%。候选人的平均年龄为 41 岁，三分之一参与者在 35 岁以下①。为确保相关预选工作的顺利进行，统一俄罗斯党还成立开放的"预选候选人学校"，进行专门培训指导。三是持续凝聚青年社会精英。2018 年，统一俄罗斯党启动了"政治启动"（Политстартап）试点项目，意在推动党员队伍更新。该项目为 35 岁及以下的俄罗斯公民或其他政党党员提供不同的政治支持选择，由党内一批重要官员亲自进行培训指导，截至 2021 年 5 月 15 日共有 2288 人报名②。部分候选人还登记参与 2021 年统一俄罗斯党候选人预选投票，如获胜将成为该项目优胜者。上述这些举措取得一些实效，例如，俄罗斯媒体分析公司（Medialogy）通过分析 2020 年 7 月俄媒报道，梳理出 2021 年各党可能参加国家杜马选举的候选人被俄媒体提及次数，其中统一俄罗斯党 38060 次、自由民主党 16431 次、俄罗斯联邦共产党 13476 次、"公正俄罗斯"党 6219 次、苏联共产党 391 次、俄罗斯养老金领取者社会公正党 214 次、绿党 210 次。同时该公司也指出，负面媒体往往占到很大的报道比例，但政党越是活跃，越是被寄予更多期待③。上述调查和分析虽然不能说明统一俄罗斯党的候选人非常受欢迎，但却从侧面诠释了该党候选人的社会关注度很大。

（五）加强网络领域意识形态的构建与引领

统一俄罗斯党高度重视意识形态建设，不允许俄罗斯国内出现修改或歪曲俄罗斯历史、践踏俄罗斯传统以及俄罗斯人民价值观的现象，意在建设有利于国家团结的意识形态，并着力将之与对公民个体的关怀结合起来，进而促进国家发展、维护社会安定。自 2000 年以来，普京针对俄罗斯社会与外部世界交流日益增多、社会思想日益复杂多元、交锋激烈的现状，积极通过塑造与对冲并举的方式来强化契合统一俄罗斯党价值的俄罗斯主流意识形态，维护国家意识形态和文化安全。俄罗斯官方确定 2012 年为"俄罗斯历史年"，启动新的爱国主义运动，强调俄罗斯是一个特殊的国家，建立在强大的政府、爱国主义、尊重宗教和传统家庭价值观之上，以此作为国家认同的基础。统一俄罗斯党从党的层面也积极推动传统文化与数字的深度结合。如 2020 年 10 月该党最高委员会可持续发展工作组就信息技术挑战下俄罗斯文化数字化与数字化文化召

---

① Половина-новые лица. "Единая Россия" завершила приём заявлений на предварительноеголосование，［2021-5-14］. https://er.ru/activity/news/polovina-novye-lica-edinaya-rossiya-zavershila-priyom-zayavlenij-na-predvaritelnoe-golosovanie.

② Политстартап. https://politstartup.er.ru

③ Партии выборов—2021：медийная эффективность，［2020-8-10］. https://cpkr.ru/issledovaniya/vybory-2021/partii-vyborov-2021-mediynaya-effektivnost/.

开会议,并将会议成果提交联邦政府文化部等部委①。普京和统一俄罗斯党不仅在国内突出"一个国家"和同胞意识,而且还注意团结海外俄罗斯人,促进世界对俄罗斯人生活方式的认可。2017 年,俄罗斯政府将 RussiaBeyond 调整并入以网络受众为导向的俄罗斯电视台集团,并重新定位为面向对俄罗斯文化、生活等不涉及任何敏感时政问题的软性信息感兴趣的海外受众人群,以注重文化软实力宣传②。上述做法尽管饱受西方非议并被斥之为"数字爱国主义",但无疑起到一定的积极效果。对外来思想的侵扰,普京和统一俄罗斯党也予以坚决反击。普京在 2019 年接受《金融时报》采访时积极维护俄罗斯主流意识形态并公开抵制新自由主义,指称"自由主义思想已经过时了,它与绝大多数人的利益相冲突"③。由此,促进俄罗斯人形成了一种新的自我意识,即他们是谁、在世界上的位置如何。

(六)强化普京的网络形象

统一俄罗斯党的形象与普京的形象密切相关。鉴于俄罗斯国内外社交媒体往往关注和报道涉及普京的新闻,以此影响俄罗斯国内外受众对统一俄罗斯党的认知,统一俄罗斯党和俄联邦政府重视加强普京网络形象建设。目的通过广泛的信息传递与互动,进一步塑造普京的国家利益维护者、俄罗斯辉煌塑造者以及"伟大沟通者"形象,争取社会大众尤其是选民理解和支持普京的政策。克里姆林宫为普京在推特上设立了名为"俄罗斯总统"(推特认证为俄罗斯政府机构),其俄文、英文账户粉丝分别为 340 万和 93.8 万,主要介绍普京的内外政策及正式活动。同时,亲近统一俄罗斯党和俄联邦政府的各种力量还大力发展以"俄罗斯需要普京"为主题标签的社交媒体账户。截至 2021 年 1 月 1 日,推特和 Instagram 两大社交媒体上的相关账户据统计达到 50 个,粉丝关注量非常大,个别账户甚至达到 700 万以上④。上述社交媒体账户经常发布关于普京的正面消息,呼吁社会大众支持普京。尽管俄罗斯民众不了解其与普京本人及统一俄罗斯党的具体关系,但上述社交媒体账户还是受到较多关注,起到一定积极影响。当前,尽管俄罗斯国内外对普京的形象认知存在较大差异,但普京形象的基本要素没有改变,他成功地定位了"他是一位有着远见和竞争力的战略家,实行独立的外交

---

① Состоялась первая Всероссийская конференция "Цифровизация культуры и культура цифровизации: современные проблемы информационных технологий". [2020-10-8]. https://er.ru/activity/news/sostoyalas-pervaya-vserossijskaya-konferenciya-cifrovizaciya-kultury-i-kultura-cifrovizacii-sovremennye-problemy-informacionnyh-tehnologij.

② 李军. 提升软实力传播的新媒体实践——以透视俄罗斯(Russia Beyond)转型为例. http://www.cac.gov.cn/2018-12/25/c_1123900963.htm.

③ "The Highlights of Putin's 'Liberalism is Obsolete' Interview With FT", 2019-6-28. https://www.themoscowtimes.com/2019/06/28/the-highlights-of-putins-liberalism-is-obsolete-interview-with-ft-a66207.

④ "Popular hashtags for putin on Twitter and Instagram". https://ritetag.com/best-hashtags-for/putin.

政策"①。

三、对统一俄罗斯党数字政党建设的评估

俄罗斯已经进入数字民主时代。作为支持普京的政党、议会政党、选举党，统一俄罗斯党面对开放社会、新闻自由以及多党竞争的内外环境，推进数字政党建设体现了高度的时代性、应变性和主动性。但是也要看到统一俄罗斯党的数字政党建设重在确保普京及党籍候选人赢得国家各级选举的胜利，侧重技术性转型，而非推进全面变革，因而具有浓厚的务实色彩。目前来看，取得一定进展但也有不足，还需要妥善应对一些连带复杂影响。

第一，高强度投入取得一定成效。统一俄罗斯党作为国家杜马第一大党，掌握了大量的行政资源。在党的领导人高度重视下，相关数字政党建设资金投入力度最大，开展的项目和活动数量较多，在俄政党比拼中赢得一定的主动。据开放媒体报道，受新冠疫情影响，俄罗斯主要政党均减少现场公开活动而增加网络宣传活动，其中2020年统一俄罗斯党支出13亿卢布，较之2019年的7.38亿卢布增加近一倍②。从实效来看，此举促进进一步打破党与支持者和社会大众的界限，深入宣传党的政策主张，强化政策主张的渗透力，广泛凝聚社会各方面力量。针对青年人尤其受过高等教育青年参政热情较高的现状，该党积极深化与青年党员及社会青年的沟通对话，将年轻人对地方及国家发展的一些建议提交给党的领导人并在不少情况下成为现实政策。通过发展项目的推进，协助青年参与志愿服务以及创业，提升了他们对统一俄罗斯党的好感。促进打通党的意识形态、国家意识形态及社会意识形态的界限，助推党的意识形态更多被社会认可，提升党的理论价值感染力、吸引力。这些都有助于统筹内外舆论场，在开放社会和开放媒体中宣传好统一俄罗斯党和俄联邦政府，塑造良好的统一俄罗斯党和俄罗斯国家形象。例如，2020年年初，统一俄罗斯党在国内外社交媒体上广泛组织讨论，仅2个月就有社交媒体用户发布近60.9万条涉及该党的信息，平均每天达1万多条。其中，VKontakte、推特、Odnoklassniki用户分别贡献了48%、18%及11%的反馈信息。通过分析评估来看，数字空间构建的该党形象有：在俄政治体制中扮演了执政党角色，积极参与立法进程，实施一些重要政党项目并提出倡议，在庆祝、纪念重要历史活动中扮演了重要角色，参加了重要的国家项目，以及积极支持和推动养老

---

① Владимир Путин подошел к экватору За три года он успел провести пенсионную реформу, пожертвовав частью рейтинга, ［2021-3-18］. https://www.vedomosti.ru/politics/articles/2021/03/17/861936-putin-ekvatoru.

② Открытые медиа": ЕР потратила больше 1 миллиарда рублей на пропаганду в 2020 году Подробнее", ［2021-3-18］. https://www.newsru.com/russia/18Mar2021/edro_finance.html.

金改革①。由此，进一步突出统一俄罗斯党是变革性政党，能够与时俱进，切实把握社会民意并体现社会诉求。同时统一俄罗斯党数字政党进展也激发了俄其他一些政党的危机感，推动其他政党加以效仿。西方社会虽然对俄罗斯的民主政治以及统一俄罗斯党多有指责，但也有部分学者予以肯定。例如，法国学者托曼通过观察俄罗斯的数字民主认为，"俄罗斯将民主与数字化结合起来，现在将自己定位为欧洲和全球数字民主实验室"②。

第二，数字化建设有待进一步加强。由于统一俄罗斯党数字政党建设的出发点在于联系社会大众尤其是选民，争取巩固和提升选举得票率，因而，统一俄罗斯党在数字政党建设方面的整体思维相对不足，对各级党组织的数字化运作重视相对不够，在具体做法上偏重条块化推进，没有很好地实现党组织的扁平化运作。这无疑在一定程度上影响到该党数字建设的整体性以及党组织的网络运作能力。其一，目标群体设定相对不够全面。该党的数字工作对象侧重青年人，但俄罗斯社会不仅年轻人使用互联网和社交媒体，而且越来越多的老年人也选择通过数字媒体而不是传统媒体来查找信息以及开展在线互动。上述对该党加强与多元化社会群体沟通对话带来一些挑战。其二，党政官员惰政、涣散情况较为明显，无法通过数字政党建设有效进行变革。部分担任党职的国家杜马议员活跃度不够，引领作用不够明显。党内一些要员在涉及部分重大议题上有时各说各话，传递了党内不团结的信息，也引发社会认知的混乱。其三，部分党员干部将自身利益置于党的利益和国家利益之上。尤其是党的部分议员为维护自身政治利益，在与社会大众各种类型的沟通对话中，有时过分揭批政府的施政问题以及社会阴暗面，在一定程度上影响到党政关系。其四，网红青年干部的政治影响与忠诚度尚待观察。统一俄罗斯党通过"选秀"的方式挑选青年干部，虽然取得一定的积极社会政治效果，但无疑也会带来一些消极影响。尤其是部分青年干部重视媒体包装和营销，而实际能力及施政效果不尽如人意。少数机会主义青年混入党内并占据一定的平台，也会损及党的形象。对于上述问题，该党也有一些认识和思考，如强调党员不仅要接受党的观点，还要共担政治风险；要让民众相信党不是竞选机器或者官员的升职平台，而是维护选民利益和国家利益的政治力量；强调通过电子或数字方式进行交流沟通虽然较为便利，但对不同地区以及不同群体民众效果可能不同，现场交流不能被完全取代。应该说，该党虽然有了一定的党建风险意识，但由于各种内部因素，目前来看还难以有效加以应对。

---

① Партия "Единая Россия" в социальных медиа. https://parta.er.ru/issue-2/43.

② Publié par Pierre-Emmanuel Thomann,"Russia, laboratory of digital democracy", 2019-9-20. https://www.eurocontinent.eu/2019/09/russia-laboratory-of-digital-democracy/.

第三，需要妥善处理可能引发的一些社会政治问题。俄罗斯社会虽然具有同质性，但是围绕具体政策及利益分配的差异和分歧始终存在。统一俄罗斯党加强数字民主、推进数字政党建设，虽然属于自身党建行为，服务于治党治国，但其外溢效应也有所显现。一方面，可能加剧网络空间的社会分化乃至社会撕裂。俄罗斯各个政党都在积极使用网络平台，宣传自身政策并进行舆论斗争。统一俄罗斯党加大工作力度，肯定会侵蚀其他政党的政治空间，引发来自其他政党的激烈竞争。一些不支持统一俄罗斯党和普京的社会大众也可能参与到上述竞争中。这种竞争具有高度的零和博弈色彩，可能推动或加剧网络空间的观点对抗以及舆论博弈，导致不同社会阶层群体的对立或对抗，进而损害俄罗斯社会的团结。另一方面，可能面临外部力量或因素的更大干扰。以美国为首的西方力量对俄罗斯当前的威权政治和"一党独大"体制长期以来较为不满，持续通过新老媒体进行攻击。这种攻击在新时期具有新的特点，如公开支持反对派的网络政治宣传以及暴力动员活动，进一步对亲近普京和统一俄罗斯党的西方主要社交媒体用户进行限制。这些都使得统一俄罗斯党网络空间宣传、动员工作倍感压力。

总体来看，统一俄罗斯党作为政权党，其一切政治行动与部署都需要服从服务于普京长期执政。因而，该党的数字政党建设在很多方面必须体现普京的治党治国思路以及对选情的认知。下一步，该党对数字政党建设的部署或调整，还要看俄罗斯社会大众尤其是选民对其党建创新认不认账以及接下来的诸多选举结果。

论拉美西语文献对中国共产党百年社会治理成功经验的研究①

陈伟功　任佳琳

拉美西语国家的众多学者对中国共产党百年社会治理做了大量研究，产出了丰富的文献成果。立足我国社会治理国情，对这些"他者"文本进行类型学分析及比较研究，对深化我国社会治理意义重大。拉美学术界文献对中国共产党百年社会治理的总体印象及变迁从革命成功榜样向合作伙伴的纵向形象变迁、不同国家在对华关系与认同方面存在横向形象差异、对他者进行描述性评价与对自我进行价值性反思的综合判断三个方面进行了梳理，归纳总结了坚持中国共产党领导、坚持人民至上和社会主义道路、拓展世界眼光共建"一带一路"等主要成就。基于此，要善用中国理论阐释中国实践、要听"别人讲"更要"自己讲"、不仅要"陈情"还要"说理"等，以进一步助推中国智慧、中国方案、中国路径的海外传播。

党的二十大报告提出新时代完善社会治理体系的新任务，要求"健全共建共治共享的社会治理制度，提升社会治理效能"②。从我国社会治理历史经验来看，中国共产党在百年社会治理探索和创新中，取得了举世瞩目的伟大成就，开创了中国式现代化道路，"为人类谋进步、为世界谋共治、为全球谋大同贡献了中国智慧、中国方案、中国路径"③。尤其是随着中国首倡全球"人类命运共同体"建构的宏伟蓝图，世界各国对中国社会治理各个领域的实践探索更加关注，各国学者也从理论视角对中国社会治理进行了诸多研究，产生了许多作为"他者"看中国的文献成果。马克思和恩格斯在《德意志意识形态》中就曾指出："各民族之间的相互关系取决于每一个民族的生产力、分工和内部交往的发展程度。"④中国共产党带领中华民族经过百年奋斗，在社会治理方面

---

① 本文已发表于《决策科学》2024年第2期，原文题目为"中国共产党百年社会治理：印象变迁、归因分析及传播启示——基于拉美西语文献的分析"。作者：陈伟功，北京第二外国语学院马克思主义学院讲师；任佳琳，北京外国语大学2021级高级翻译学院硕士研究生。
② 习近平.高举中国特色社会主义伟大旗帜　为全面建设社会主义现代化国家而团结奋斗：在中国共产党第二十次全国代表大会上的报告[M].北京：人民出版社，2022：54.
③ 魏礼群.中国共产党百年社会治理的历程、成就和经验[J].社会治理，2022，(1)：5-12.
④ 马克思恩格斯文集：第1卷[M].北京：人民出版社，2009：520.

取得的成功经验,为世界各个民族国家提供了中国智慧、中国方案和中国路径。在全面建设社会主义现代化国家的新征程上,国家治理、社会治理既需要进行内部的自我总结提升,也需要分析外部"他者"视角来进行自我观照。换言之,梳理国外学者研究中国社会治理的文献成果,审视中国方案国际传播的"他者"印象,对于当下我国完善社会治理体系具有重要的现实意义。

近年,国外对中国共产党百年社会治理的研究热度不断增加,其中,拉美西语国家有着十分强烈的"看中国"的热情。随着"中拉命运共同体"的提出,拉美西语学者围绕中国共产党百年社会治理的研究文献不断涌现,在某种意义上成为"他者"看中国最为典型的代表之一,其从各个视角研究中国共产党百年社会治理的文献成果也较为丰富和全面。正是在这样的背景下,拉美西语文献也成为立足中国式现代化目标,进行从外向内自我审视比较便利的一手素材。因此,本文对一手拉美西语文献进行整理分析,并与国内现有研究成果进行比较,在"别人讲"的基础上对"自己讲"进行反思,从而为构建中国话语和中国叙事体系、提升国际传播效能提供一些对策和建议。

一、对中国共产党百年社会治理的总体印象及变迁

拉美西语国家智库及众多学者极为关注中国共产党百年社会治理取得的伟大成就,并纷纷发表自己的看法,绝大多数学者赞赏中国取得的伟大成就,认为这些成就对于中国与世界都具有十分重要的意义。

一是认为中国共产党的领导是中国社会主义现代化建设取得全方位成果的根本原因。例如,拉普拉塔国立大学中国研究中心亚太部成员凯伦·杜瓦特(Karen Duarte)认为,中国共产党引领中华人民共和国成为目前世界第二大经济体,在中国社会治理体系结构中,中国共产党的领导发挥了主导性的积极作用,满足了国家经济、社会和技术进步的需求[1]。在拉美西语学界,这样的观点也成为对中国社会治理研究的普遍共识。

二是认为中国式现代化建设具有世界标杆意义。例如,古巴外交部国际政治研究中心亚太部主任、哈瓦那大学经济系政治经济学教授鲁维斯雷·冈萨雷斯·萨埃斯(Ruvislei Gonzáles Sáez)在《中国共产党在国际传播与政党外交中的百年角色》一文中强调,中国共产党成立100周年,其影响远远超出了这个亚洲国家的国界,不仅

---

[1] Karen Duarte.El camino hacia la innovación monetaria: del papel moneda a-l Yuan digital [EB/OL]. http://sedici.unlp.edu.ar/handle/10915/145357.

因为这个世界第一大党已经经历百年历程，还因为其作为一个国家的领导力量，推动一个半封建的国家发展成为世界第二大经济强国，这对于各国国家治理都具有借鉴意义①。古巴著名诗人尼古拉斯·纪廉（Nicolás Guillén）甚至写下了这样的诗句："中国的昨天是拉丁美洲的今天，中国的今天是拉丁美洲的明天。"②由此可见，中国共产党领导中国人民历经百年把一个半封建半殖民地国家建设成为社会主义大国和世界第二大经济体，日益走近世界舞台中央，为广大发展中国家进行社会治理积累了成功经验，提供了中国方案，足以激发国外学者的关注和研究。基于中国在拉美国际形象传播的研究成果，关于拉美西语学者对中国共产党百年社会治理的总体印象和评价，可以概括为以下三个方面。

其一，从革命成功榜样向合作伙伴的纵向形象变迁。从历史上来看，1949年新中国的成立实现了中国革命的伟大胜利，中国革命的成功经验成为拉美人急于学习的宝贵财富。自1949年墨西哥劳工运动领袖、人民党书记维森特·隆巴多·托莱达诺（Vicente Lombardo Toledano）访华并出版了《新中国旅行日记》以后，短短10年左右就有来自拉美的200多个代表团、1200多人访问中国，盛赞中国革命道路、中国经验和模式的书籍就有20多种③。这些数据和历史事实说明，这一时期中国以革命取得成功的形象屹立在拉美人的心中，成为他们为争取民族独立与解放学习效仿的榜样。

在中国实行改革开放之后，中拉通过外交签署一系列文件、协议等建立了战略合作伙伴关系。2004年，胡锦涛将中拉关系定位为政治上可信赖的全天候朋友、经济上互利共赢的合作伙伴、不同文明积极对话的典范④。由此可见，这一时期，中国在拉美人心中主要是作为商业贸易方面的合作伙伴和经济金融方面的支持者形象而存在的。沿着这条时间轴，可以明显地看到中国在拉美的国际形象是随着时代而变迁的，其中政治、经济因素起着决定性的影响。

其二，不同国家在对华关系与认同方面存在横向形象差异。由于拉美各国在历史、政治、经济、文化等方面存在着多样性、差异性，它们与中国的关系也存在着亲疏远近的区别，因而中国在拉美各国的国际形象并不完全一样。有学者以秘鲁、智利和墨西哥的三大主流媒体为典型文本进行分析，归纳出拉美人的三种认知结构，即对华友好且认同度高的"秘鲁模式"、对华友好且务实的"智利模式"、对华疏离且认同度低

---

① María Francesca Staiano, Norbert Molina Medina. El Centenario del PCCh 1921–2021［M］. Venezuela：Asociación Venezolana de Estudios sobre China（AVECH），2021：29.
② 王翠文，李倩，姚紫兰. 历史记忆与当代互动：拉丁美洲的中国形象探源［J］. 中央社会主义学院学报，2022，（4）：68-83.
③ 同上。
④ 胡锦涛. 携手共创中拉友好新局面：在巴西国会的演讲［N］. 人民日报，2004-11-13.

的"墨西哥模式",皮尤研究中心全球指标数据库(Global Indicators Database)的相关数据验证了这些分析和判断[1]。实际上,相关的数据、分析结果也符合人们的常识认知,正如一千个读者眼中就会有一千个哈姆雷特一样,中国形象在诸多拉美国人眼中也不可能完全相同,因而会随着国家的不同而在横向地域维度表现出差异性[2]。

其三,对他者进行描述性评价与对自我进行价值性反思的综合判断。学者们的研究成果表明,在拉美人的视域中,中国形象在总体上的表现是积极的、正面的。这些相关的判断既有一定的客观依据,也反映了拉美人民的善良愿望。就一般情况而言,拉美人主要将中国形象归为三类:商业伙伴,另一种现代化国家模式的体现者,非霸权的多极世界新秩序的一极的构建者[3]。这些判断主要是依据产品质量、环境保护、生活习惯等诸多方面表现出来的印象,表现出了对中国形象刻画的多样性和可变性。此外,拉美西语学界在对中国社会治理进行总体性研究和评价的同时,也逐渐结合本国实际进行比较性分析。例如,既有从本国国民精神意识、文化传统、政治经济、历史传承等方面探寻与中国社会治理差异性的原因[4],也有立足中拉地缘差异,分析可资借鉴的治理经验[5]。

总的来看,随着历史的演进,拉美西语国家对中国共产党百年社会治理的形象建构呈现出阶段性变迁样态。而随着对中国研究的深入,拉美西语学界对中国的认知也越来越表现出契合实际的客观性、精准性。尤其是在中国提出构建中拉命运共同体理念之后,中拉在经济、科技、文化等各个方面的交往不断深入,拉美西语国家对中国共产党百年社会治理经验的观察和研究也更为客观全面,对中国社会治理也有了新的判断和评价,拉美西语学者们看到了中国在全球治理环境下的责任与担当,认为中国方案和中国经验的分享为全球发展作出了重要贡献[6]。

二、中国共产党百年社会治理主要成就的归因分析

拉美西语学者在肯定中国共产党在社会治理方面取得伟大成就的同时,也对取得成就的原因进行了分析。研究认为,对于中国这样拥有5000多年悠久历史的国家来说,

---

[1] 王翠文,李倩,姚紫兰.历史记忆与当代互动:拉丁美洲的中国形象探源[J].中央社会主义学院学报,2022(4):68-83.郭存海.中国的国家形象构建:拉美的视角[J].拉丁美洲研究,2016(5):43-58.
[2] 薄智跃.中国的四种国际形象[J].领导文萃,2010,(22):125-131.
[3] 朱振明.反思中国在拉美的形象建构[J].对外传播,2021,(3):32-35.
[4] 王义桅.拉美对华态度复杂背后有十大根源[EB/OL].[2015-1-9].https://www.guancha.cn/WangYiWei/2015_01_09_305785.shtml.
[5] 郭存海.中国的国家形象构建:拉美的视角[J].拉丁美洲研究,2016,(5):43-58.
[6] 赵焱,等.合作共赢,中拉命运共同体走向深入[EB/OL].[2022-11-15].http://news.china.com.cn/2022-11/15/content_78519888.htm.

一百年时间或许显得并不长，然而，对于中国共产党而言，在以中国式现代化全面推进中华民族伟大复兴的历史关键时刻，这一百年意义极其重大，影响极其深远。对于世界各国，尤其对于发展中国家而言，在政党政治方面，研究中国共产党百年社会治理取得的成就，分析其取得成就的原因，借鉴其社会治理的成功经验，具有重要的现实价值和深远的历史意义。对于中国共产党百年社会治理取得成就的原因，拉美西语学者将其主要归纳为以下三条，并普遍给予了高度认同。

（一）坚持中国共产党领导

拉美西语学者普遍认为，这一百年来，中国革命与建设的成功，最根本的保障和最大的经验就在于坚持中国共产党领导，这直接关系到中国社会发展的根本方向、前途命运、最终成败。

首先，从旧中国衰落的政治历史背景来看，中国共产党的成立及其领导的革命运动就是对这种实际情况的应对，其目的就是为了救国救民，追求民族复兴。例如，阿根廷特雷斯德费布罗国立大学教授塞尔吉奥·塞萨林（Sergio Cesarín）认为，中国共产党第一代领导人带领中国人民从觉醒到实现了史诗般的愿景，这一愿景旨在重建政治秩序，强化新的社会价值观，打破传统价值观，直至最终实现巩固①。围绕中国共产党建党的历史背景及其取得的伟大成就，拉美西语学者们认为，中国共产党带领中国人民不但善于破坏一个旧世界，还善于建设一个新世界；不仅勇于打破封建思想的桎梏，而且还善于传播新思想、新文化以及新价值观，为中国人民谋幸福、为中华民族谋复兴而努力奋斗。

其次，中华人民共和国成立之后，中国共产党成为领导中国人民进行社会主义现代化建设的坚实保障。有拉美学者认为，社会主义中国一方面打破了中国国内旧的帝国秩序，另一方面也从根本上改变了国际体系中的力量对比，引发了国际社会对千年文化文明和前所未有的工农大众主角的社会政治现象的重新认知②。这说明，拉美西语学者认识到，中国共产党领导的社会主义中国在国际舞台上坚决反对霸权主义，努力引导国际社会共同塑造更加公正合理的国际新秩序，创造了中国式现代化新道路。

最后，自改革开放尤其是进入新时代以来的中国实践，更加体现了中国共产党根据实际国情调整战略与政策的灵活性③。何塞·路易斯·巴伦苏埃拉（José Luis

---

① Camila Vallefin.Cobertura especial：los "100 años del Partido Comunista Chino"desde el CeChino［EB/OL］. http://sedici.unlp.edu.ar/handle/10915/145703.

② María Francesca Staiano，Norbert Molina Medina.El Centenario del PCCh 1921–2021［M］. Venezuela：Asociación Venezolana de Estudios sobre China（AVECH），2021：79.

③ 同上。

Valenzuela)称邓小平为"20世纪独特的政治家",认为邓小平是20世纪一位治国理政知识渊博、经验丰富的人,其水平是十分罕见的[①]。进入新时代,中国已成为国际舞台上的重要角色,不仅成为世界领先的经济体,还成为世界领先的商品出口国和进口国。由此,习近平提出创新、协调、绿色、开放、共享的新发展理念。对此,胡安·塞巴斯蒂安·舒尔茨(Juan Sebastián Schulz)认为,新发展观是基于对国际和国内形势的正确判断,是中国共产党社会治理政策灵活性的体现[②]。如今,作为中国式现代化的领导力量,中国共产党通过中国梦这一宏伟的愿景,在社会治理过程中指导公共政策、经济和社会议程[③]。从这些观点来看,拉美西语学者极为关注中国共产党治国理政的新理念新思想新战略,从中国共产党的理论和思想自觉中探寻其行动自觉的基础,努力在宏观上归纳中国共产党百年社会治理的成功经验。

总之,在拉美西语学者看来,中国共产党与时俱进,根据社会发展的主题和实际情况不断调整政策方针,给受西方制度及价值观禁锢的拉美国家提供了宝贵的借鉴意义。自中国共产党成立到进入新时代,这百余年来,中国共产党在根据国内需要和全球新趋势,在调整社会治理模式、结构和职能方面表现出了极强的适应性和灵活性,这是中国共产党成功的一个非常重要的原因。

(二)坚持人民至上和社会主义道路

拉美西语学者非常关注中国共产党人民至上的理念,认为实践这一伟大理念是中国共产党百年社会治理取得成功的根本原因。

一方面,中国共产党以人为本,践行全心全意为人民服务的根本宗旨。阿根廷拉普拉塔国立大学中国研究中心协调员玛丽亚·弗朗西斯卡·斯达伊阿诺(María Francesca Staiano)提出,百年历程的成就是基于对以人民为中心思想的坚持[④]。中国共产党始终坚持的一种信念是,真正的力量在于人民大众,因此,中国共产党根据其意识形态始终捍卫人民民主专政这种模式,并已写入中国宪法[⑤]。中国共产党始终关注中国人民的疾苦,不断工作、不断学习、不断提高、不断进步,并朝着崇高的目标和国际社会普遍认可的共同价值观不断努力,这些内容包括平等、消除贫困、改善国家福

---

① María Francesca Staiano,Norbert Molina Medina.El Centenario del PCCh 1921–2021［M］.Venezuela:Asociación Venezolana de Estudios sobre China(AVECH),2021:147.
② Juan Sebastián Schulz.El Nuevo Concepto de Desarrollo de Xi Jinping［J］.Cuadernos de China,2021,(12):1.
③ Camila Vallefin.Cobertura especial:los "100 años del Partido Comunista Chino"desde el CeChino［EB/OL］.http://sedici.unlp.edu.ar/handle/10915/145703.
④ María Francesca Staiano. 100 Años del Partido Comunista de China:Una Revolución［EB/OL］.［2022］http://sedici.unlp.edu.ar/handle/10915/145351.
⑤ María Francesca Staiano,Norbert Molina Medina.El Centenario del PCCh 1921–2021［M］.Venezuela:Asociación Venezolana de Estudios sobre China(AVECH),2021:79

利、维护社会权利、实现小康、保护环境、营造无障碍环境和保障社会流动,都成为中国共产党百年行动的关键词①。拉美西语学者注意到中国共产党与人民群众的血肉联系,注意到中国共产党的人民本色,看到了中国共产党站稳人民立场,践行党的宗旨,始终同人民站在一起、想在一起、干在一起,彻底地为人民利益而工作。也正是在人民至上理念引领下,中国共产党得到了中国人民的拥护,成功开辟了中国特色社会主义道路、理论、制度、文化。

另一方面,中国共产党不忘初心、牢记使命,坚定不移地走中国特色社会主义道路。拉美西语学者们认为,在中国共产党身上,突出地表现了社会主义意识形态与植根于自身特性的社会主体的稳定结合。比如,斯达伊阿诺(María Francesca Staiano)认为,毛泽东曾指出,"从本质上看,从长期上看,从战略上看,必须如实地把帝国主义和一切反动派,都看成纸老虎"②。毛泽东想要表达的意思是,尽管帝国主义或反动派掌握着巨大的资源,但只有人民大众才是影响历史发展的力量源泉;当前,中国道路是一个具有自身特色的可行方案,即中国梦,就是要实现国际关系的"民主化",使国家之间"必要的相互依存"能够创造一个全球性的"共生系统",以建设"人类命运共同体"③。胡安·塞巴斯蒂安·舒尔茨(Juan Sebastián Schulz)则更为直接指出,与社会主义中国相比,西方国家现在沉迷于单极或两极形式的静态体系,这种体系的关键词有:新自由主义、国家粉碎、经济积累、财富金融化、剥削劳工、长期失业、调整、韧性。这些词语让我们看到了西方国内和国际政治的面貌:被秩序自由主义势力奴役、傀儡民主、缺乏改进的动力而使人民感到窒息。因此,资本主义制度的危机也就是人类文明的危机,即当代资本主义生产模式、消费文化和程序性淘汰,使大自然的自我再生产能力陷入危机,进而使人类的自我再生产能力陷入危机④。这些学者们既注意到中国特色社会主义道路的特点和比较优势,又对资本主义道路在制度、文化等方面的明显弊端和缺失有清醒的认识,因而,深入思考人类文明的未来走向。显然,中国特色社会主义创造了人类文明新形态,这已成为拉美西语学者深入研究的新的时代课题。

总之,拉美西语学者注意到,中国共产党始终注重思想文化建设,不断深化中国特色社会主义理论。从毛泽东思想、邓小平理论、"三个代表"重要思想、科学发展观到习近平新时代中国特色社会主义思想,它们一脉相承,并与时俱进,将马克思主义

---

① María Francesca Staiano. 100 Años del Partido Comunista de China:Una Revolución[EB/OL].[2022]http://sedici.unlp.edu.ar/handle/10915/145351.
② 毛泽东文集·第7卷[M].北京:人民出版社,1999:456。
③ María Francesca Staiano. 100 Años del Partido Comunista de China:Una Revolución[EB/OL].[2022]http://sedici.unlp.edu.ar/handle/10915/145351.
④ Juan Sebastián Schulz. El Nuevo Concepto de Desarrollo de Xi Jinping[J].Cuadernos de China,2021,(12):1.

普遍真理与具体国情相结合，否认世界必然走向同质化的政治制度，走出了具有中国特色的道路。中国共产党始终坚持把马克思主义基本原理同中国具体实际相结合、同中华优秀传统文化相结合，其科学性、正确性是中国人民不断树立起文化自信的根本原因，也成为始终坚持走中国特色社会主义道路的原因[1]。学者们认为，对于拉美西语国家避免民主政治危机和"左翼""右翼"摆动带来的长期政治不稳定，中国经验提供了一种非常好的借鉴方案。历史证明，中国共产党领导中国人民完成中国其他政治力量不可能完成的艰巨任务，归根到底，这是因为中国共产党不断深化对党的理论创新的规律性认识，坚持了中国化时代化的马克思主义。

（三）拓展世界眼光共建"一带一路"

中国共产党从诞生那一天起就胸怀天下，致力于人类和平与发展的崇高事业。2023年是共建"一带一路"提出十周年，拉美和加勒比地区是海上丝绸之路的自然延伸，拉美西语国家学者极为关注并深入研究共建"一带一路"，在这个领域取得了丰富的研究成果，主要表现在以下三个方面。

首先，"一带一路"对中国及共建国家意义重大。有学者指出共建"一带一路"对中国自身社会治理和现代化建设意义重大，认为共建"一带一路"提出的背景是中国试图在新型国际关系下构建和谐世界，这是中国实现伟大复兴的中国梦和全面建设社会主义现代化国家的主要工具之一[2]。墨西哥国立自治大学国际关系专业戴安娜·尼诺什卡·卡斯蒂略·莫拉莱斯（Diana Ninoshka Castillo Morales）在《"一带一路"：引领中国》中认为，"'一带一路'的主要目的是通过与世界其他国家建立密切和互利的关系，发展中国在国际体系中的战略信誉"[3]。其实，这里所讲的"工具""信誉"，以及有学者认为的"维护本民族叙事以及地缘经济利益"[4]，都指出了共建"一带一路"是新形势下中国扩大全方位开放的重要举措，旨在实现各国互利共赢、共同发展，这不是中国一家的"独奏"，而是共建国家的"合唱"。共建"一带一路"明确声明，中国欢迎相关国家搭乘中国发展的列车，实现共同发展。所以说，共建"一带一路"的提出，并不仅是为了谋取中国的利益，同时也是为了实现共建国家人民的共同利益。

---

[1] Aymara Gerdel.La Cultura en el Camino hacia la Modernización de China［EB/OL］.［2023-07-28］. https://cvechina.org/modernizacion-socialista/12306/.

[2] María Francesca Staiano，Norbert Molina Medina.El Centenario del PCCh 1921-2021［M］.Venezuela：Asociación Venezolana de Estudios sobre China（AVECH），2021：273.

[3] Diana Ninoshka Castillo Morales.La Franja y la Ruta：El Liderazgo Estratégico de China［J］.América Latina y el Caribe–China Relaciones Políticas e Internacionales 2023，Unión de Universidades de América Latina y el Caribe，2023：191.

[4] 朱振明.反思中国在拉美的形象建构［J］.对外传播，2021，（3）：32-35.

其次,"一带一路"对世界文明交流意义重大。有些学者认为,共建"一带一路"不光是有利于中国及共建国家,对世界各国文明交流与互鉴也具有非常重要的意义。秘鲁利马太平洋大学中国与亚太研究中心主任罗莎里奥·圣·加德亚(Rosario Santa Gadea)强调,尽管该倡议的重点是发展和加强中国与中亚、欧洲和非洲的关系,但它已成为向所有国家开放的全球倡议[①]。科利马大学跨太平洋关系方向学者何塞·马努·奥罗斯科·普拉森西亚(José Manuel Orozco Plascencia)在其发表的文章《解读"一带一路"倡议》中提到,对共建"一带一路"可解读为:以能源合作为核心,以基础设施建设和贸易投资便利化为两翼,以核能、航天卫星和新能源三大高新技术领域为突破口,建立广泛的战略伙伴关系。他强调,共建"一带一路"与联合国宪章的原则一致,即和平共处,相互尊重主权、领土完整,互不侵犯,不干涉内政;共建"一带一路"的原则是和谐和包容的,是尊重各国发展模式和支持对话的[②]。这些学者都注意到,共建"一带一路"具有重要的世界文明发展推动意义,认为它同联合国2030年可持续发展议程高度契合,这不仅有助于促进沿线各国经济繁荣和区域经济合作,也有助于加强不同文明交流互鉴,促进世界和平发展。

最后,"一带一路"对拉美和加勒比地区意义重大。拉美西语学者十分关注共建"一带一路"对拉美和加勒比地区的意义,这方面的研究成果非常丰富。罗莎里奥·圣·加德亚强调,习近平首次向拉美大陆发出明确邀请是在2017年5月的首届"一带一路"国际合作高峰论坛上。此次论坛汇聚了众多拉美国家高层领导,其中包括智利和阿根廷总统,以及秘鲁当时的对外贸易和旅游部部长爱德华多·费雷罗斯(Eduardo Ferreyros),这足以说明拉美国家对共建"一带一路"具有浓厚的兴趣[③]。从此,共建"一带一路"为中国和拉美国家之间的合作开辟了新局面。双方高层交往和政治对话日益密切,民间交流频繁,贸易、投资、金融等领域全面合作进展迅速,人文交流领域持续扩大,在各个方面都取得了积极成果。在共建"一带一路"的大框架下,在中国—拉美和加勒比国家共同体论坛(中拉论坛)这一新平台上,中拉呈现出共同合作、并行不悖的友好局面。该论坛的精神是鼓励中拉国际合作以平等互利为基础,以共同发展为目标,不妄自菲薄,不排斥任何第三方。这塑造了一个发展中国家携手共进、肩负新时代责任与挑战的愿景。有学者还将共建"一带一路"与南美一体

---

① G.Cunhai,C.Mera.La Franja y la Ruta y América Latina:Nuevas Oportunidades y Nuevos Desafíos[M]. Beijing:China Intercontinental Press y CECLA,2018:405.

② Orozco Plascencia, J.M., RESEÑA.Interpreting the Belt and Road Initiative.PORTES[J], revista mexicana de estudios sobre la Cuenca del Pacífico,2022,(16):177–181.

③ G.Cunhai,C.Mera.La Franja y la Ruta y América Latina:Nuevas Oportunidades y Nuevos Desafíos[M]. Beijing:China Intercontinental Press y CECLA,2018:405.

化进行了比较。莫拉莱斯认为，二者采用的方法和主要概念是一致的，但值得注意的是，"一带一路"比南美一体化更广泛。二者均注重互联互通，将其作为发展的驱动力，但中国的倡议更进一步，提出了发展的政策协调和金融一体化等。此外，贸易自由化议程本身并不是南美一体化的一部分，但它是共建"一带一路"的五个优先事项之一。因此，共建"一带一路"更接近于一个综合的方案。

此外，还有学者对共建"一带一路"延伸至拉美和加勒比地区后对当地的经济利益进行了研究，认为中国对拉美国家的直接投资增加，基础设施建设如雨后春笋般增多，因此，共建"一带一路"促进自由贸易将给拉美国家带来更多机遇，包括市场多元化、创造更多就业机会、提升产品附加值等；其他机遇还包括增加与技术转让和环境保护相关投资的可能性，建设社会基础设施以促进教育、卫生和住房系统，以及为中小微企业进入国际贸易体系提供充足的物流基础设施。从上述文献梳理可见，共建"一带一路"由于遵循共商共建共享原则，提倡各国共同参与，实现共同发展繁荣，因而得到了域内外国家的积极响应，各国共同推进高质量共建"一带一路"，给人民带来了实实在在的利益。

三、中国共产党百年社会治理国际传播的启示

从梳理拉美西语学者文献来看，进入新时代的中国为世界提供了更多更好的中国制造和中国创造，提供了中国方案和中国经验，这充分展现了作为国家领导力量的中国共产党百年来带领全国人民追求民族复兴的伟大成就，极大地吸引了整个世界的关注。正是在这样的中国方案国际传播时代背景下，拉美西语学者对中国共产党的百年奋斗史及社会治理经验展开了全面研究，并分析总结中国取得成就的经验和对拉美、加勒比地区未来发展的借鉴意义。总体而言，拉美西语学者们取得的研究成果非常丰富，也比较准确和正面地反映了中国成就和中国经验。同时，在阅读文献过程中发现，部分拉美西语学者对中国认识并不全面。这也说明，在我国开展社会治理的过程中，尤其是在构建中国方案并进行国际传播的过程中，需要实施更加科学、合理和高效的传播策略，在深入开展中国式现代化社会治理的实践中，推进中国智慧、中国方案、中国路径的国际传播。

（一）善用中国理论阐释中国实践

有些拉美西语学者受西方传统思想理论以及西方主流媒体影响较大，有时对中国政策的认知并不准确，或者对中国的认知似是而非，其直接原因在于机械地套用西方理论、西方话语来研究中国经验。事实上，中国化时代化的马克思主义是中国共产党能够在革命、建设、改革各个历史时期取得重大成就的基础理论，中国共产党是通过

把马克思主义基本原理与中国具体实际相结合、同中华优秀传统文化相结合来解决中国问题的。正因为中国共产党百年社会治理经验是建立在中国化时代化的马克思主义理论基础之上，与任何西方理论、西方话语都具有本质区别，所以，决不能套用西方理论、西方话语来分析、解释中国实践。

鉴于此，应当深入开展各种形式的人文交流活动，以弥补中拉关系过度经济化的不足，增加中拉学者交流互鉴的机会，让拉美学者了解中国化时代化的马克思主义的理论内涵及其与国外马克思主义和西方理论的区别。归根到底，正如党的二十大报告指出："一切脱离人民的理论都是苍白无力的，一切不为人民造福的理论都是没有生命力的。"[①] 这就是说，中国化时代化的马克思主义不是教条，而是行动指南，是来自人民、为了人民、造福人民的理论，能够指导人民认识世界和改造世界。

（二）要听"别人讲"，更要"自己讲"

拉美西语学者将自己理解的中国故事讲给自己国家的人民听，这些故事毕竟是由这些学者翻译成其母语的，这里至少有两层"有色眼镜"：一层是其作为外国学者的"理解"，另一层是其"外译"。可以看出，这种由"别人讲"的中国故事很有可能已失去了不少原汁原味。无论对外国受众还是对于中国而言，失去原汁原味的中国故事都意味着共同的损失。此外，值得注意的是，"别人讲"容易被受众喜好所左右，投其所好之下，往往很难把中国国家形象传播中自己想讲的、想传播的结合起来。为了减少和弥补这种损失，避免二手传播的误读，应当积极主动地"自己讲"中国故事，将其与"别人讲"结合起来，向世界展现可信、可爱、可敬的中国形象。尤其是应及时"自己讲"中国国家治理、社会治理中的成果经验，扩大中国声音。

基于上述考量，就需要培养一批既熟悉中国理论、中国故事又精通西语以及当地文化的人才队伍，利用数字时代各种网络论坛、媒体等平台和渠道发声。要采用贴近不同受众的传播方式，推进中国故事的区域化表达，展示丰富多彩、生动立体的中国形象，增强国际传播的亲和力和实效性。其中首要的工作是，要做好准确传神的翻译介绍。习近平指出，"翻译是促进人类文明交流的重要工作"，要求有关专家学者在进行翻译时"用融通中外的语言、优秀的翻译作品讲好中国故事"[②]，引导外国读者了解中国，让世界知道中国共产党领导人民成功走出中国式现代化道路，创造了人类文明新形态。

[①] 习近平.高举中国特色社会主义伟大旗帜　为全面建设社会主义现代化国家而团结奋斗：在中国共产党第二十次全国代表大会上的报告 [M].北京：人民出版社，2022：19.

[②] 习近平回信勉励外文出版社的外文专家　为促进中国和世界各国交流沟通　推动构建人类命运共同体作出新贡献 [N].人民日报，2022-8-27.

（三）不仅要"陈情"，还要"说理"

就本文所涉及的文献来看，拉美西语学者在其研究成果中主要把中国共产党百年社会治理经验的情况进行了梳理和说明，把相关情况进行了一种表面上的陈述。比如，有些学者沿着历史线索进行了回顾和描述，而这些情况可能也是大家所熟知的；有些学者只是把中国的相关文件、会议、重要事件等进行了叙述报道，或只是进行语言上的翻译。这些文章并没有深入地分析、挖掘故事背后的道理、规律、理论，没有继续探讨"为什么"。实际上，中国故事、中国实践中蕴含着中国理论，应当围绕其中的新概念、新范畴、新表述进行阐释，将其背后的思想力量和精神力量展现出来。要让国外受众认识到，中国共产党开展社会治理是为中国人民谋幸福、为中华民族谋复兴，中国发展为解决人类问题贡献了智慧；要让国外受众了解中国共产党为什么能、马克思主义为什么行、中国特色社会主义为什么好；要把这种"说理"和上述的"陈情"结合起来，把故事、话语背后的思想揭示出来，让中国声音赢得国际社会的理解和认同。

总之，通过对拉美西语学者关于中国共产党百年社会治理经验研究成果的梳理与分析，可以看到，大多数学者为传播中国故事和中国经验、为世界了解中国作出了贡献，他们的研究值得肯定。当前，围绕中国社会治理体系建构的国际传播研究还相对较少，值得学界加以重视。统而论之，需要在全面推进中国式现代化建设的过程中，深入研究国际传播理论，掌握国际传播规律，熟练运用国际传播游戏规则；细化传播对象，精准研究受众的具体情况，增强国际传播的亲和力和实效性；创新对外话语表达方式，提高中国之治的国际传播水平，从而在不断自我审视、他者观照的过程中提升社会治理水平，助推国家治理体系和治理能力现代化。

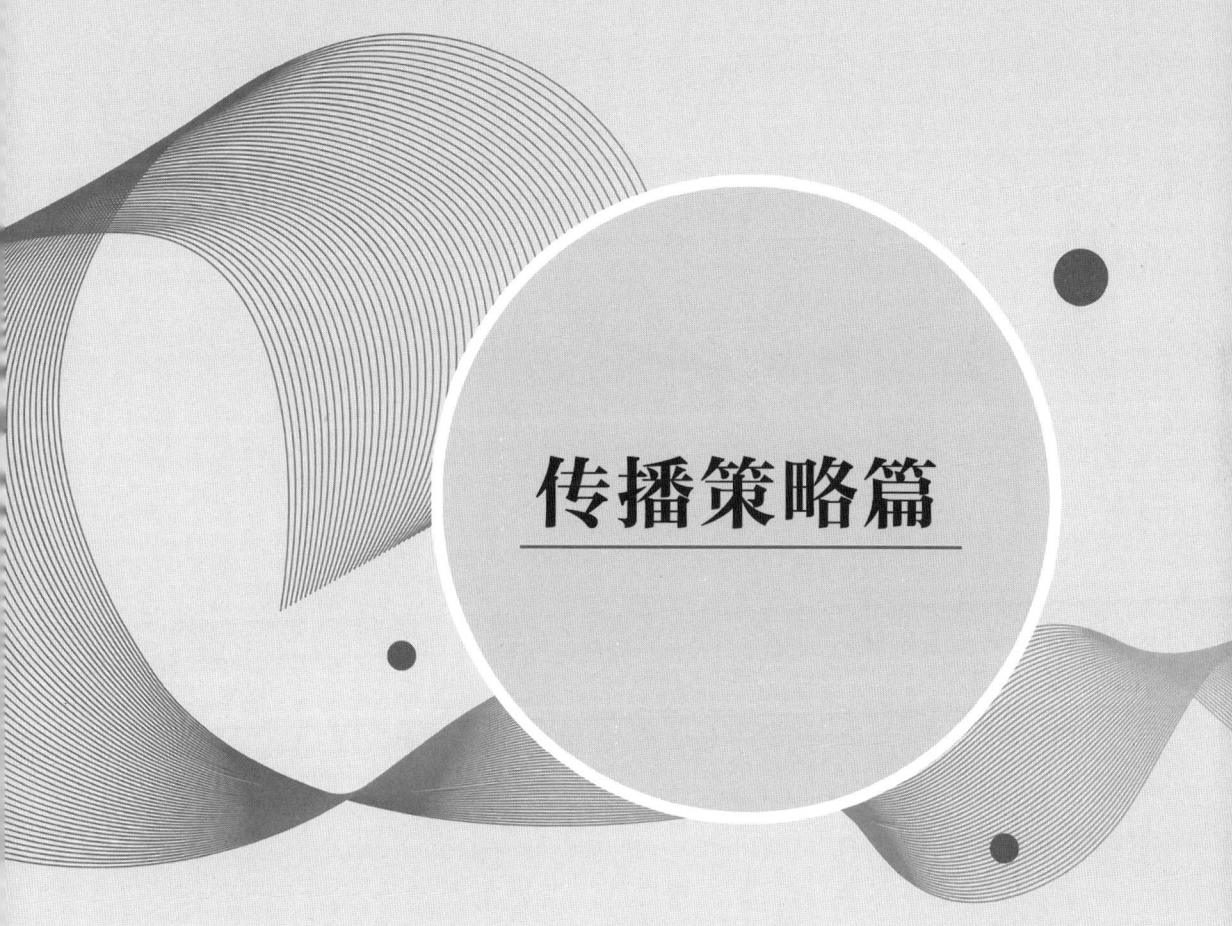

传播策略篇

论马克思主义话语权的发展规律[①]

庄文城

马克思主义从其诞生之时作为众多社会主义流派中的一种思潮，成为指导世界社会主义运动的科学思想体系，不仅深刻改变了世界，也深刻改变了中国，在引领人类社会前进发展的进程中获得了话语权。马克思主义话语权不仅是指能够言说和表达马克思主义的权利和权力，更重要的是在面对现实，如何坚持和发展马克思主义的解释权和主导权，确立和巩固马克思主义的权威。掌握话语权是马克思主义引领人类社会进步和发展，实现其理论价值的必然选择。探讨和研究马克思主义话语权的发展脉络，掌握其发展规律，对更好地坚持、传播和发展马克思主义，掌握马克思主义中国化时代化的主动权、解释权和主导权，巩固马克思主义在意识形态领域的指导地位具有现实意义。

习近平在哲学社会科学工作座谈会上的讲话中指出："实际工作中，在有的领域中马克思主义被边缘化、空泛化、标签化，在一些学科中'失语'、教材中'失踪'、论坛上'失声'。"[②] 这一论断的重要理论指向关乎马克思主义话语权问题。掌握话语权是马克思主义引领人类社会进步和发展，实现其理论功能和价值的必由之路。巩固和增强马克思主义话语权旨在增强马克思主义的感召力、影响力和引领力，更好地为人类社会发展开辟道路，确保人类社会发展在马克思主义的指引下，朝着社会主义和共产主义道路和方向不断前进。这是人类社会发展的必然趋势，不以人的主观意志为转移，具有其客观规律性。对立统一规律、质量互变规律、否定之否定规律是我们认识和把握事物联系和发展的基本规律，为我们正确认识和把握马克思主义话语权的发展规律提供了科学的方法论基础，也是我们树立正确态度、采取正确方法不断巩固和增强马克思主义话语权的主要依据。

[①] 本文已发表于《思想教育研究》2023年第6期，原文题目为"论马克思主义话语权的发展规律"。作者：庄文城，北京第二外国语学院马克思主义学院院长、教授。

[②] 习近平.在哲学社会科学工作座谈会上的讲话［N］.人民日报，2016-05-19.

一、发展动力：斗争性与同一性相统一

马克思主义话语权建设和发展客观存在对立与统一的内在动力。马克思主义至少存在3个层面的对立统一关系。一是在理论自身内部存在的"内在紧张"，从组成结构上看，马克思主义的三大主要组成部分，即马克思主义哲学、马克思主义政治经济学和科学社会主义之间存在着对立统一的关系；从基本观点上看，存在马克思主义的科学性与革命性、真理性与价值性、党性与人民性等之间的对立统一关系；从阐释方法上，存在实证与辩证、历史与逻辑、抽象和具体等之间的对立统一关系。二是理论与实践之间存在对立统一的问题，马克思主义来源于实践，又要回归实践，与具体实践相结合才能具有生命力。三是理论与理论之间的对立统一关系问题。当前，在世界范围内，主要存在资本主义和社会主义两种社会制度。虽然我国是社会主义国家，资产阶级作为剥削阶级在政治上已不存在，但是，资产阶级、小资产阶级和封建主义的落后思想在一定范围内仍存在。因此，在国内外马克思主义与反马克思主义思想之间的对立统一关系仍客观存在。对这些关系的不同理解，关系到如何解释马克思主义，以及什么样的解释能起到主导性的重要问题。

对立统一规律是事物发展的根本动力。对立统一规律从根本上回答了事物为什么会发展的问题。矛盾的对立性又称为斗争性，是指矛盾双方相互分离、相互排斥的性质和趋势，这种排斥和否定促进旧矛盾统一体破裂和新矛盾统一体产生，使旧事物发展为新事物。而矛盾的统一属性又称同一性，是指矛盾双方相互依存、相互贯通的性质和趋势，这是事物存在和发展的前提，一方的存在以另一方的存在为条件，并相互吸取有利于自己的因素而得到发展。这两者之间相互联结、相辅相成，没有斗争就没有同一，没有两者同一也就没有所谓的斗争。无条件的、绝对的斗争性与有条件的、相对的同一性相结合，构成了事物的矛盾运动，并推动事物的发展。马克思主义也正是在其理论自身内部、理论与实践、理论与理论之间的矛盾运动中不断发展，也在争夺解释权和主导权的过程中获得话语权。

以不同理论之间的矛盾运动为例，马克思主义话语权在马克思主义与反马克思主义之间的话语较量和理论斗争中确立和发展。在阶级社会，马克思主义作为无产阶级的世界观，每前进一步都离不开与反马克思主义之间的斗争，二者之间的对立统一关系客观存在，不是人的主观意愿可以左右的。我们要辩证地看待两者之间的关系，在任何时候都不能回避。如果回避这一问题，模糊它们之间的对立区别，抹杀资本主义和社会主义的区别，则会消解马克思主义的核心理念。这看似消除对立，但本质是一种资本主义的思想。反马克思主义是很长一段时间内，我们必然要直面的思想问题。

我们要宣传马克思主义，提倡正确的思想，反对错误的思想，但不应害怕人们接触或者面对错误思想。当前，存在反马克思主义并不奇怪，也不应畏惧。相反，我们应该深入了解它，才能更好地与错误思想作斗争。

马克思主义在同反马克思主义的斗争中发展起来，马克思主义也是在话语权的争夺和较量中确立和巩固起来。马克思主义诞生后，马克思恩格斯就一直与各种非马克思主义进行斗争，清算了站在哲学唯心主义立场上的激进青年黑格尔派，从第一国际中清除巴枯宁主义，反对在德国名噪一时的蒲鲁东主义者，反对实证论者杜林，从而推动马克思主义广泛传播和国际工人运动蓬勃发展，马克思主义在各种社会主义思潮的较量中获得了话语权。列宁继续发扬批判的精神，揭露了俄国民粹派的唯心主义本质，同马赫主义、伯恩斯坦修正主义以及考茨基和普列汉诺夫后期的机会主义进行不调和斗争，在同各种反马克思主义的斗争中捍卫和增强了马克思主义话语权。毛泽东一生都在与各种"左"、右的思想作斗争；"文化大革命"结束后，以邓小平同志为主要代表的中国共产党人与"文化大革命"中的"左"的思想以及学潮运动中的自由主义思想进行斗争；当前，马克思主义发展进程中，也与新自由主义、"普世价值"、历史虚无主义、宪政民主等思潮进行斗争。这些斗争本质上是马克思主义话语权的争夺。正如毛泽东所指出的："马克思主义必须在斗争中才能发展，不但过去是这样，现在是这样，将来也必然还是这样。正确的东西总是在同错误的东西作斗争的过程中发展起来的。真的、善的、美的东西总是在同假的、恶的、丑的东西相比较而存在，相斗争而发展的。当某一种错误的东西被人类普遍地抛弃，某一种真理被人类普遍地接受的时候，更加新的真理又在同新的错误意见作斗争。这种斗争永远不会完结。这是真理发展的规律，当然也是马克思主义发展的规律。"① 这说明马克思主义在斗争中发展，在发展中不断确立和巩固话语权。

当然，马克思主义与反马克思主义斗争是同一性的斗争。思想问题还是应该要用思想斗争的方法解决，"思想斗争同其他的斗争不同，它不能采取粗暴的强制的方法，只能用细致的讲理的方法"②。靠政治手段和经济手段，靠压服和"一棍子打死"是无法根本解决思想斗争的，甚至会引起更大的反弹。因此，应坚持斗争精神，掌握与反马克思主义进行斗争的批判权。其基本策略应该就是毛泽东提出的"百花齐放、百家争鸣"，这"并不会削弱马克思主义在思想界的领导地位，相反地正是会加强它的这种地位"③。只有辩论和比较才能够鉴别不同话语，通过鉴别和斗争才能更好地认清话语本

---

① 毛泽东文集（第7卷）[M].北京：人民出版社，1999：230-231.
② 同上，231。
③ 同上，232。

质，马克思主义话语体系才能被越来越多的人所掌握，马克思主义话语权才能进一步巩固和发展。如果企图用强制手段把两种话语体系隔离开，这也许更不利于认清问题的本质。问题解决不了，马克思主义的话语权也不可能进一步发展。而且，马克思主义话语表达了广大人民群众的根本利益和诉求，是科学真理，把道理说清楚理应能得到广大人民群众的支持。害怕辩论和批判的反而是错误思想、是反马克思主义。所以他们只能利用隐蔽方式、欺骗手段、夹带方法、诱惑伎俩等话语方式，否定和攻击马克思主义，甚至披着马克思主义话语的外衣否定马克思主义的本质，正如列宁所指出的："马克思主义在理论上的胜利，逼得它的敌人装扮成马克思主义者，历史的辩证法就是如此。"①

二、发展趋势：前进性与曲折性相统一

马克思主义认为，事物的发展经历肯定——否定——否定之否定的过程，经过两次否定、三个阶段，形成一个周期。否定之否定不是"回复"到原点，而是在更高阶段的"回复"。不同周期的交替使事物呈现出波浪式的发展。因此，否定之否定规律揭示了事物的发展不可能一帆风顺，而是前进性与曲折性的统一。前进性体现为事物永续的、不断的向前发展，而曲折性则体现为事物暂时的停顿、挫折或者倒退。马克思主义作为革命的、先进的、科学的理论体系，在与人类社会具体实践的结合中不断向前发展，并逐渐巩固和增强其话语权。但是，在前进过程中也面临时代变化和反马克思主义的挑战，其话语权有可能暂时弱化，甚至边缘化，这也是马克思主义话语权发展规律的体现。

从总体趋势上看，马克思主义话语权在传播中逐渐增强。马克思主义诞生开始就与工人运动紧密结合在一起，标志着马克思主义诞生的《共产党宣言》就是作为共产主义者同盟的纲领性文件。在1848—1849年的欧洲革命极好地证实了马克思主义理论的科学性。作为第一国际和第二国际前期的指导思想，把各国工人运动统一起来，推动了国际工人运动蓬勃发展和欧美多个国家创立了无产阶级政党，马克思主义在欧美主要国家得到了广泛传播，逐步扩大话语广度，增强话语权。列宁把马克思主义与俄国的具体实际相结合，取得十月革命的胜利，创立了第一个以马克思主义为指导的社会主义国家，并在第二次世界大战中战胜了世界法西斯。第二次世界大战后，欧亚一些国家和古巴以马克思主义为指导建立了社会主义国家，指导殖民地半殖民地国家摆脱帝国主义的殖民统治，维护世界和平，极大地增强了马克思主义话语权和影响力。

---

① 中央编译局. 列宁专题文集·论马克思主义[M]. 北京：人民出版社，2009：263.

特别是中国坚持守正创新，不断推动马克思主义中国化时代化的话语革新，深化对中国革命、建设、改革的规律性认识，指导中国特色社会主义事业取得巨大成就，中国特色社会主义进入新时代，迈上全面建设社会主义现代化国家的新征程，为人类社会现代化贡献中国智慧和中国方案。马克思主义发展史是一部辉煌史，马克思主义在发展过程中不断得到证明和认可，其影响力、凝聚力和号召力不断增强，话语权得到了不断巩固和发展。马克思主义170多年的发展历史也让我们坚信，马克思主义将在人类社会进一步发展中成为话语权威。

但是，马克思主义话语权在传播中并不是一帆风顺的，在其发展过程中也经历过几次挫折和低潮，其话语权面临严峻的挑战。从马克思主义诞生到恩格斯逝世，虽然马克思主义传播和发展极其艰难，但这一时期，马克思主义的影响力不断扩大，话语权逐步增强。马克思主义经历挫折和低潮比较典型的有两大历史事件。一是第二国际的瓦解。恩格斯逝世后，第二国际失去了核心灵魂，内部对马克思主义话语权的争夺纷争不断，出现了修正派、中间派和革命派的分歧。他们都是从马克思主义出发，争夺马克思主义的解释权和主导权。最终修正马克思主义核心话语和基本原则的修正派掌握了第二国际领导权。第一次世界大战爆发后，第二国际大部分国家社会党与本国资产阶级站在一起，支持本国政府参与帝国主义战争，导致第二国际破产，马克思主义话语严重分化，马克思主义话语权严重弱化。二是东欧剧变。苏联在特殊历史条件下形成的"斯大林模式"在取得巨大成就的同时，也存在着弊端，斯大林以后的几任苏共领导人没能根据时代发展真正纠正这一弊端，没能在坚持马克思主义前提下推动马克思主义进一步丰富和发展，没能坚持社会主义改革的正确道路，放弃了马克思主义的指导地位，放弃了公有制和共产党的领导，最终导致苏联解体和东欧剧变，世界社会主义运动进入低潮，马克思主义"过时论"开始沉渣泛起，各种否定、怀疑和攻击使马克思主义话语权式微，面临严峻的形势。

造成两次历史悲剧的共同原因是马克思主义在传播中的解释权和主导权旁落。从根本上看，这两次历史事件都是因为时代背景变化和外部因素影响，马克思主义解释权出现分化，修正和抛弃马克思主义基本原理，在理论上对马克思主义进行修正，在实践上追求自由主义、实用主义的理论占据主导地位，最终酿成了严重后果。这两次历史事件都是处于时代重大转变的过渡阶段。第二国际时期是处于和平发展时期到革命战争的转变，而苏联解体则处于"冷战"时代到和平发展时代的转变。在时代背景转变时期，没有处理好继承与创新、坚持与发展之间的辩证关系。马克思主义核心理念被片面修正，导致工人运动和社会主义事业溃败，使马克思主义话语权受到了严重弱化。当然，如果把马克思主义当作教条，产生马克思主义话语强权或者霸权，也会阻碍话语创新，扼杀马克思主义生命力，正如列宁所指出的："把马克思主义变成一种片面的、畸形的、僵死的东西，就会抽掉马克思主义的活的灵魂，就会破坏它的根本理论基础——辩证法即关于包罗万象和充满矛盾的历史发展的学说，就会破坏马克思主义同时代的一定实际任务，即可能随着每一次新的历史转变而改变的一定实际任务之间的联系。"① 因此，应该遵循发展的辩证法，只有坚守马克思主义核心话语，马克思主义话语才不会在创新发展进程中变质；只有与实际相结合，才能不断创新马克思主义话语体系，不断巩固和增强马克思主义话语权。

然而，社会主义运动的这两次历史悲剧，并不能阻止马克思主义话语权进一步发展。尽管反马克思主义者不断制造马克思主义破灭的言论，与马克思主义抢夺话语权，但正如列宁所说的："马克思主义每次被官方的科学'消灭'之后，却愈加巩固，愈加坚强，愈加生机勃勃了"②。第二国际破产以后，列宁从第二国际破产中吸取教训，紧密结合时代特征，始终坚守马克思主义的核心话语和价值理念，与具体实际相结合，科学阐释俄国社会主义革命和建设，创立列宁主义，指导俄国十月革命的胜利，创立了第一个社会主义国家，使马克思主义话语权在传播中进一步增强。而苏联解体和东欧剧变以后，中国等社会主义国家也从中吸取教训、总结经验，把马克思主义基本原理与新时期的具体实际相结合，不断推进马克思主义核心话语的民族化阐释和时代化表达，创新和发展了马克思主义话语体系，不断增强了话语自信和理论自觉。正如邓小平所说的："一些国家出现严重挫折，社会主义好像被削弱了，但人民经受锻炼，从中吸取教训，将促使社会主义向着更加健康的方向发展。因此，不要惊慌失措，不要认为马克思主义就消失了，没用了，失败了。哪有这回事！"③

因此，对马克思主义传播中的话语权与社会主义事业的发展一样，我们既要坚定信心，相信马克思主义话语权将在人类社会发展过程中不断强化和巩固，也不能麻痹大意，正确认识发展过程中的困难和挫折以及发展过程中出现的各种偶然性。"马克思主义发展进程中的具体的曲折虽然时间有长有短，但终归是暂时的，马克思主义总会战胜曲折而取得发展。辩证地看，曲折不仅是马克思主义发展中的常态，而且是马克思主义发展的动力。"④ 不能因为马克思主义话语权暂时弱化而丧失信心，应从实际出发，具体问题具体分析，不断增强推进马克思主义中国化时代化的自觉性，始终坚守马克思主义的核心话语，创新民族话语、时代话语，马克思主义话语权才能不断增强

---

① 列宁选集（第2卷）[M]．北京：人民出版社，2012：278．
② 列宁选集（第2卷）[M]．北京：人民出版社，2012：1．
③ 邓小平文选（第3卷）[M]．北京：人民出版社，1993：383．
④ 梁树发．试论马克思主义发展规律系统[J]．教学与研究，2014，（1）．

和巩固。

三、发展过程：连贯性与阶段性相统一

马克思主义认为，事物发展经历质量相互转化，从量变——质变——新的量变，不断延续和循环的过程。量变是指事物发展在数量上发生变化，是缓慢变化，虽然包含部分质变，但由于不明显而难以看出改变事物的性质。但是，经过量的积累，达到并突破事物性质变化的临界点，就会引起事物性质变化，从旧事物发展为新事物，而新事物又会引起新量变，循环往复。量变是质变的前提，质变是量变的积累和结果。从过程上讲，事物量变是长期的、渐进的过程，而质变是旧事物到新事物的飞跃，具有阶段性特征。各个阶段相互衔接，体现了事物发展的连贯性。因此，事物的发展是连贯性与阶段性、渐进性与飞跃性的辩证统一。这有助于我们理解和把握马克思主义话语权的发展过程。

马克思主义话语权的发展具有连贯性渐进的特征。马克思主义认为，共产主义社会是人类社会发展的必然趋势，但是共产主义社会的实现也是漫长和曲折的过程。马克思认为："资产阶级的灭亡和无产阶级的胜利是同样不可避免的"[1]，同时，他还认为："无论哪一个社会形态，在它所能容纳的全部生产力发挥出来以前，是决不会灭亡；而新的更高的生产关系，在它的物质存在条件在旧社会的胚胎里成熟以前，是决不会出现的"[2]。首先，资本主义社会作为一个成熟的社会形态，其走向灭亡是一个长期的过程。其次，社会主义建设和发展也是一个长期的过程，正如邓小平指出的："我们搞社会主义才几十年，还处在初级阶段。巩固和发展社会主义制度，还需要一个很长的历史阶段，需要我们几代人、十几代人，甚至几十代人坚持不懈地努力奋斗，决不能掉以轻心。"[3]再次，社会主义到共产主义的转变，实现共产主义也需要长期的历史过程。而马克思主义的话语权正是在批判资本主义社会、建设社会主义和实现共产主义社会的发展历程中确立并逐步发展。只要资产阶级与无产阶级的矛盾没有根本解决，共产主义社会没有实现，马克思主义作为资本主义社会的诊断书和人类社会前进的药方就必然要发挥它的效用，与反马克思主义之间必然经历此消彼长、循环往复、逐步解决，以及不断出现新问题和解决问题的漫长过程。

马克思主义话语权的发展也具有阶段性飞跃的特征。事物的发展需要通过阶段性的目标和任务来实现，否则就会停留在口号上，以及各种空话和套话中。毛泽东指出：

---

[1] 马克思恩格斯选集（第1卷）[M].北京：人民出版社，2012：413.
[2] 马克思恩格斯选集（第2卷）[M].北京：人民出版社，2012：3.
[3] 邓小平文选（第3卷）[M].北京：人民出版社，1993：379-380.

"事物发展过程的根本矛盾及为此根本矛盾所规定的过程的本质,非到过程完结之日,是不会消灭的;但是事物发展的长过程中的各个发展的阶段,情形又往往互相区别。"①而各个不同阶段之间又具有密切的联系,前一个阶段是后一个阶段的基础,后一个阶段是从前一个阶段发展而来的。正如列宁指出的:"历史发展的辩证法就是这样:前一时期的迫切任务是在国内生活的各个方面实现直接改革,后一时期的迫切任务是总结经验,使更广大的阶层掌握这种经验,使这种经验深入到所谓底层,深入到各个阶级的落后群众中去。"②马克思主义的功能和价值是在与不同时期、不同阶段的时代特征和具体实际相结合中实现的。同样,马克思主义话语权通过各个时代的马克思主义理论形态表达出来。虽然学界对马克思主义发展阶段存在分歧,但并不否认其阶段性的事实。从大的阶段上讲,自创立以来,马克思主义至少经历了马克思恩格斯时期的马克思主义、列宁主义、毛泽东思想、中国特色社会主义理论体系和习近平新时代中国特色社会主义思想等发展阶段和理论形态。马克思主义话语权也因马克思主义基本原理作为这些理论形态的核心内容而不断巩固和发展。自马克思主义诞生以来,马克思主义发展的每个历史时期,都使它获得了新证明和新发展,今后"一定会使马克思主义这个无产阶级的学说获得更大的胜利"③。各个阶段的理论形态是以马克思主义基本原理为核心话语,创新了马克思主义话语体系,切实发挥了马克思主义指导实践的功能,从而赢得话语权。

在构建马克思主义话语权的实践中,要充分估计话语权建设的连贯性渐进与阶段性飞跃的辩证统一。一是不能操之过急。要与社会发展的现实相一致,防止成为话语霸权、话语专制,限制话语自由,这不仅不利于构建马克思主义话语权,也可能会限制马克思主义话语创新和话语活力,扼杀其话语生命力。这既不利于马克思主义的进一步发展,又不利于社会的进步和发展。我国"大跃进"时期和"文化大革命"时期就是没有充分估计到社会主义建设的长期性问题,想通过"暴风雨式"的革命巨变和全面运动建设社会主义,构建单一的、纯而又纯的马克思主义话语格局。这样的愿望和初衷虽然是良好的,但是脱离了当时的生产力发展水平和社会现实,反而导致了在社会主义探索道路上出现严重失误,马克思主义话语权反而被削弱了。二是坚守底线和原则。要牢牢掌握马克思主义话语优势,引领社会思潮和话语潮流,确保社会主义道路和共产主义的奋斗方向不脱离轨道。不能因为马克思主义话语权构建的长期性,而一味地妥协和让步,放弃自己的核心价值和理念,不仅弱化自己的话语优势,失去

---

① 毛泽东选集(第1卷)[M].北京:人民出版社,1991:314.
② 中央编译局.列宁专题文集·论马克思主义[M].北京:人民出版社,2009:160.
③ 同上,65。

话语权，导致被资产阶级的话语体系所控制和压制，自己的理论体系也有可能被修正和瓦解。第二国际时期的修正主义和机会主义，以及20世纪八九十年代的苏联就是如此，最终弱化了马克思主义话语权，给当时的工人运动和社会主义事业带来巨大的伤害。三是要抓住时机促成阶段性飞跃。量变积累到一定的阶段就会引起质变，如果时机成熟了、社会环境变化了、时代背景转化了，就应该不失时机地促进话语体系的转化。例如，在社会主义革命、建设、改革和中国特色社会主义新时代的不同时期，话语体系应该进行必要转换，用马克思主义核心话语阐释时代主题、时代任务、时代精神，指导解决时代难题，进行新的理论阐释、判断和概括，始终与时代同发展共命运。如果麻痹大意、错失良机，马克思主义的话语权可能成为脱离时代的"独唱"和"自娱自乐"，变得毫无价值，难以赢得群众认同。

面向海外青年传播中国特色大国外交理论的新路径①

石晓虎

随着信息全球化的快速发展、中国外交理念对外传播的增多,以及中国国际传播话语表达能力的不断提升,海外青年对中国外交实践及其背后蕴含的外交理论有了更多认知路径,且对其认知的广度和深度均有所增加。海外青年认知中国特色大国外交理论的意愿也有所增强,但是认知的立场和观点多元。出现上述情况的背后原因复杂多元,系多种因素相互作用、相互影响的结果。提升海外青年对中国特色大国外交理论的认知,既要继续强化中方路径和内容建设,也要做到以理论感人、以事实服人,进而真正体现中国特色大国外交理论的传播力、渗透力和影响力。

青年是各国经济、社会和政治生活中的活跃分子,也是最积极使用信息技术和新兴媒体的群体,还是最有勇气打破旧思想、旧观念的人群。《联合国青年战略报告》指出,"青年是一个数量庞大且不断增长的群体,是值得投资的重要资产,可产生乘数效应"。② 近年来,随着中国综合国力的持续增强、对外经济贸易合作水平的不断提升,以及地区和国际事务影响力的不断扩大,海外青年对新时代中国特色大国外交的关注明显增多,但他们大多关注一些中国外交具体实践及其对本国的现实影响,而相对缺乏全面、系统的理论认知。这无疑影响到海外青年对新时代中国特色大国外交的整体认知、深度认知。如何更好地向海外青年传播中国特色大国外交理论,促进其对中国特色大国外交的更多理解、认同乃至支持,无疑具有重要的现实意义。

一、海外青年对新时代中国特色大国外交理论的认知现状

新时代中国特色大国外交理论具有深刻的中国历史、传统文化及马克思主义基本原理渊源,是对新中国成立以来外交理论的继承和发展。其核心内容是坚持和平、发

---

① 本文已发表于《对外传播》2022年第8期,原文题目为"面向海外青年传播中国特色大国外交理论的新路径"。作者:石晓虎,北京第二外国语学院政党外交学院教授。

② Youth 2030:The UN Youth Strategy. https://www.youthpolicy.org/library/wp-content/uploads/library/2018_UN_Youth_Strategy_Youth_2030.pdf.

展、合作、共赢理念,强调服务民族复兴、促进人类进步,推动构建新型国际关系,推动构建人类命运共同体。中国特色大国外交的本质是推动更多国家理解和认同中国特色社会主义道路。随着信息全球化的快速发展、中国外交理念对外传播的增多以及中国国际传播话语表达能力的不断提升,海外青年对中国外交实践及其背后蕴含的外交理论有了更多认知路径,且对其认知的广度和深度均有所增加。尤其是不少海外青年学者、大学生也认识到,应避免基于西方对中国外交的单一叙事以及西方的外交理论来观察中国外交,否则将难以真正了解中国外交理念对全球产生的现实影响。

(一)日益肯定新时代中国特色大国外交理论与时俱进

不少海外青年认为新时代中国特色大国外交日益主动、进取,善于根据国际形势变化,与时俱进地推进理论创新,进而指导具体的外交实践。尤其是明确以习近平外交思想指引新时代中国特色大国外交,为国际社会认知中国特色大国外交理论和实践提供了精准靶向。习近平外交思想博大精深、内容丰富,尤其是共建"一带一路"、新型大国关系、人类命运共同体、全人类共同价值、全球伙伴关系、全球发展倡议、全球安全倡议等,更是切实把握世界发展大势和贴近全人类发展需求,为加强全球治理、促进世界和平与发展贡献中国智慧。西班牙青年政治分析师博尔贾·兰德雷斯·奎斯塔(Borja Llandres Cuesta)称:"中国的外交政策因内外环境以及领导人的更替而有所变化。习近平主席提出的构建人类命运共同体思想与中国的国际地位相适应,原因是中国已成为世界第二大经济体,对国际社会产生显著影响,是应对气候变化、管控网络空间或推动朝鲜半岛无核化等全球性议题的重要参与者。"[①]

(二)更多认同新时代中国特色大国外交理论提供了更好国际公共产品

面对世界的动荡不安,各国人民对和平、发展和稳定的热切期盼以及中国人民对建设美好世界的希冀,中国特色大国外交及时发力,提供了一个又一个中国方案。对比西方尤其是美国供应的单边主义、保护主义、"颜色革命""新冷战"等"毒药",不少海外青年认为中国外交理论展现革命性、时代性和实践性,具有更大的适用性。例如,伦敦政治经济学院研究生沙奎尔·伊费达约·吉尔平(Shaquille Ifedayo Gilpin)认为,"中国对非援助削弱了传统捐助方塑造非洲国家发展的力量。这种新的发展融资打破了西方援助垄断全球'南方'贫穷国家发展方向的状况""通过挑战新自由主义经济模式,非洲领导人如果正确地利用上述力量,就可能对自身发展定势思维提出长期

---

① Borja Llandres Cuesta. China's foreign policy and the Community of shared future. https://www.ieee.es/Galerias/fichero/docs_opinion/2021/DIEEEO01_2021BORLLA_exteriorChina_ENG.pdf.

的意识形态疑虑,并促进非洲国家基于非洲中心立场寻求更加可持续的发展模式"。① 不少受"颜色革命"冲击的发展中国家青年认为本国被西方引向错误方向,并持续谴责西方声称的"失去了一切,但是拥有了自由"的言论。同时一些西方国家青年不盲从反华理论,对中国外交理论和实践也有清醒认识并予以一定程度支持。例如,美国智库"德国马歇尔基金会"和德国智库"贝塔斯曼基金会"发布的《2021年跨大西洋趋势:跨大西洋对全球挑战的看法》指出,"在加拿大、美国、德国和英国,不少青年受访者对发展本国与中国关系持合作的立场"。②

(三)较多认同新时代中国特色大国外交理论对发展中国家更具吸引力

中国特色大国外交坚持独立自主,注重为世界谋大同、为人类谋进步,外交理念体现了整体的世界眼光和厚重的人类情怀。同时也坚持正确的义利观,侧重维护发展中国家利益,促进新型南南合作。因而中国特色大国外交理论受到多数发展中国家欢迎、支持和协作实践,也得到较多发展中国家青年的理解和认同。不少发展中国家青年政治家、学者及其他社会精英将中国特色大国外交的诸多理念视为新机遇,意图借助中国外交新理念、新实践推进本国发展。例如,埃塞俄比亚繁荣党主席、政府总理阿比·艾哈迈德(Abiy Ahmed)就中共百年华诞致函习近平总书记表示,"近年来中国对埃塞俄比亚及非洲投资大幅增长,埃中双方经济合作积极效用持续显现。繁荣党高度赞赏中国致力于向发展中国家提供支持、促进共同发展的做法"。③ 发展中国家基于历史和现实因素,天然对中国特色大国外交理论予以较多认同,使得西方国家倍感压力并加强与中国的竞争。如美国针对共建"一带一路"联合西方盟友提出"全球基础设施伙伴关系"倡议,以期争取发展中国家支持。

(四)看清针对中国外交的西方阴谋论并予以驳斥的现象有所增多

针对一些西方媒体、政客和学者误解误读中国外交乃至炮制"阴谋论",海外青年群体反应不一:有些全盘接受,有些部分接受,有些显示无所谓态度,但也有不少基于理性认知作出客观判断。那些坚持理性客观态度的海外青年往往不仅高度认同中国特色大国外交理论,而且在一定程度上主动传播中国特色大国外交理论。如在不少国际青年交流论坛以及西方社交媒体账号上,一些海外青年积极主动澄清一些涉华外交理论和实践的议题,并驳斥一些错误言论。对此,一些西方国家内部往往予以严厉批

---

① Shaquille Ifedayo Gilpin. China, Africa and the International Aid System: A Challenge to (the Norms Underpinning) the Neoliberal World Order?. https://journals.sagepub.com/doi/full/10.1177/00219096211063804.

② How do you feel about China's influence in global affairs?. Bertelsmann Foundation and German Marshall Fund, https://www.gmfus.org/news/relationschina-0.

③ 宋涛.外国政党政要、各界代表祝贺中国共产党成立100周年贺电(函)汇编(上)[M].北京:当代世界出版社,2021:487.

评，乃至公开进行威胁。部分西方社交媒体还将客观介绍中国的账户（用户多为青年）标记为"亲中国政府媒体"，试图将他们塑造为"中国利益"代表者，并借助各种方式对其限流、限播、限粉乃至直接关停账户。但是仍有不少海外青年对此不屑一顾，坚持既定客观立场并以各种方式阐释中国外交理论与实践。

当然，也有一些海外青年对中国特色大国外交理论存在一定程度认知偏差，进而做出各种不公正、不客观的评价。这种情况一旦在特定国家或地区形成集体影响，就可能产生一定消极舆论和外交效应。

二、海外青年认知新时代中国特色大国外交理论的特点

全球其他国家对新时代中国特色大国外交理论的认知情况呈现明显的多元化特点。尤其是随着中国特色大国外交理论和实践影响力的不断增强，海外青年了解和认知中国特色大国外交理论的意愿明显增多、行动更为积极主动，但也面临不少现实问题。

（一）认知的深度逐步加深，但系统性仍相对不足

中国特色大国外交理论体系完善，具有高度的理论性并呈现一定的国别特色，充分理解和掌握的难度较大。同时中国特色大国外交理论始终处于不断发展之中，只有坚持密切跟踪，才有可能及时掌握最新进展并形成较为深入的认知。上述情况都对海外青年认知中国特色大国外交理论带来现实困难和挑战。可以说，党的十八大以来世界其他国家青年对中国特色大国外交理论的认知虽然有了一定程度的增强，但是掌握的程度相对不够，尤其是掌握的系统性、完整性还不足。其突出表现为：部分海外青年只对特定外交领域或议题感兴趣，而对完整的中国特色大国外交理论认知意愿相对不多；部分海外青年虽然有着认知中国特色大国外交理论的意愿，但缺乏能力和背景系统支撑，导致认知的碎片化较为明显，谬误时有存在。

（二）认知的整体性水平有所提升，但群体内部差异较为明显

党的十八大以来，海外青年对新时代中国特色大国外交理论的认知水平整体有所提升，但海外青年情况复杂，不同群体对中国特色大国外交理论的认知情况差别较大。从大的方面来看，多数国家负责对华事务的青年外交官，其往往与中国有着一定的交流沟通并建立一定工作关系，可以相对较好地掌握中国特色大国外交理论。部分国家政党从事党际交往的青年官员，可以通过党际渠道深入了解中国特色大国外交理论并形成个体化判断。国外一些高校和智库青年学者、国际政治和全球治理等专业的大学生及部分来华留学生可以通过交流、学习等渠道，对中国特色大国外交理论形成一定的认知，其中部分青年学者和大学生达到了较高水平的认知层次。海外华裔青年分布全球，他们往往成为不少国家研究中国特色大国外交理论的重要力量，其认知相对较

为深刻，但立场也不尽相同。一些国家青年通过旅游、经商、媒体报道等渠道了解中国特色大国外交理论，其认知往往相对较为零散，层次也相对不高。此外，还有一些国家青年仅关注所在地方或国家事务，对外部世界了解很少，遑论新时代中国特色大国外交理论。

（三）认知的地域覆盖面逐步扩大，但地域不均衡性较为明显

随着全球"中国热"的持续发展，一些距离中国遥远国家的青年也开始接触和了解中国特色大国外交理论。就不同地域而言，欧美国家青年对中国特色大国外交理论的了解相对少一些，而发展中国家尤其是多数周边国家、非洲国家、拉美国家青年对中国特色大国外交理论认知较深。美国皮尤研究中心2019年以来的多次全球民调都显示发展中国家青年对华好感度整体较高，表明发展中国家青年更看好中国外交和对华合作。非洲、拉美等地区国家青年还通过对比中西外交理念与实践差异以及分析本国对华关系的效果，往往予以新时代中国特色大国外交理论积极肯定。如非洲晴雨表（Afrobarometer）2020年11月发布的一项调查显示，"来自18个非洲国家约60%的18岁至35岁青年受访者认为中国对非洲大陆的经济和政治影响'有些积极'或'非常积极'"。[①]

（四）认知的主动性有所增强，但被动性一面仍较为明显

海外青年对新时代中国特色大国外交理论的关注点、兴趣点不一，认知的路径也不一，总体可分为主动认知和被动认知两种。一些从事涉华议题研究，涉华外交、经贸、文化、旅游等实务以及单纯对中国事务感兴趣的海外青年，往往积极主动去了解和认知新时代中国特色大国外交理论。这无疑有利于他们形成更为全面深入的中国特色大国外交理论知识体系，也使得他们大多成为国际舞台的青年知华派。多数国家社会青年则属于被动认知型，他们往往在有需要的时候去了解中国特色大国外交理论，因而往往接触到的多为一些零散的中国特色大国外交理论与实践。当然，也有一些国家青年因为某些原因转变态度，从起初的被动接触转向主动了解中国特色大国外交理论。目前来看，上述情况不再是少数且已经成为一种值得关注的现象。

三、影响海外青年认知新时代中国特色大国外交理论的主要因素

海外青年对新时代中国特色大国外交理论的认知层次不一、观点多元，无疑受到主、客观双重因素的影响。只有深入厘清上述主要因素，才可能掌握海外青年认知中

---

① African youth's China perception improves amid blossoming ties. Xinhua News Agency, http://www.xinhuanet.com/english/2021-05/08/c_139933066.htm.

国特色大国外交理论的真实状况及其背后原因。

（一）海外青年个体因素

就海外青年个体而言，其对中国特色大国外交理论的认知往往受到个性化的成长背景影响，其中包括教育、家庭、职业、所属政党、个人兴趣等。学校教育和家庭教育在海外青年世界观、价值观形成过程中往往起到较大作用。如果学校教育、家庭教育秉持客观公正的立场，就容易推动海外青年对中国特色大国外交理论形成相对客观的认知，反之则可能起到反向塑造作用。海外青年个体的从业经历不仅影响其对外交往面，而且影响其国际视野和价值判断。虽然从事涉华业务的青年人更容易熟悉中国特色大国外交理论，但这不等同于其均倾向于认同和支持。有时他们可能出于工作需要，避免作出评论或迫于工作环境压力作出不客观的评价。在很多国家，青年作为政党党员或支持者往往受到本党及重要领导人对中国特色大国外交理论评价的影响。相对而言，青年共产党员及其他进步左翼力量青年成员容易对中国特色大国外交理论形成好感，资产阶级政党、政治组织的青年成员则可能形成多元化的认知。此外，个人兴趣对海外青年认知中国特色大国外交理论也影响很大，尤其是不少国家青年基于对中国文化、中国发展道路以及中国国际影响力等多领域的兴趣，积极主动了解中国并在持续观察中国外交发展过程中形成对中国特色大国外交理论的深度认知。

（二）中国特色大国外交理论传播因素

海外青年认知中国特色大国外交理论最直接、最可靠的信息来源是习近平主席外交活动、中国共产党和政府文件与政策宣示以及官方媒体信息。党的十八大以来，习近平主席发挥元首外交引领作用，利用各种双多边平台阐释中国特色大国外交理论，形成广泛国际影响，成为海外青年最直观认知中国外交的路径。不断丰富的习近平外交思想、持续推出的多语版《习近平谈治国理政》以及党代会、两会等重大政治活动形成的文件和会议精神也为海外青年深入把握中国特色大国外交理论提供便利。中国外交外事机构门户网站、外交部新闻发布会、驻外使领馆的社交媒体账户、新华社等通讯社，《人民日报》（海外版）、《中国日报》等对外传播报刊，中央电视台（CCTV）外语频道，中国官方媒体与国外媒体建立的海外合作媒体以及在海外运作的中国民营媒体等，为各类从事涉华工作或关心中国外交的海外青年提供了丰富的信息认知渠道。中国高校、智库、社会组织等机构的学者、专家及工作人员还通过经常性的国际交流以及一些标志性国际青年活动，为包括青年在内的海外人员提供最新的中国特色大国外交理论和实践知识，促进海外青年对中国特色大国外交理论的持续认知。现在越来越多的海外青年寻求通过来自中方的信息渠道认知中国特色大国外交理论，以增强认知的平衡性和准确性。

(三)国外主流媒体传播的逻辑与话语因素

海外青年对中国特色大国外交理论的了解不少源自西方主流媒体及本国媒体。西方传统主流媒体影响广泛，有着不容忽视的国际涉华舆论话语权，但是其在涉华报道上受意识形态、价值观、大国竞争以及资本利益等多方面因素影响，大多立场不客观、不公正，往往进行负面化、陈词滥调式的消极报道。即便个别媒体有时进行公正的涉华报道，也有其自身政治或经济利益考量且容易遭到其他西方媒体的打压。发展中国家传统主流媒体内部组成复杂，官方媒体、政党媒体、私营媒体等林立，话语模式不一、观点多元，其中官方媒体大多相对客观、基调相对平和，政党媒体根据所属政党对华关系及对华认知确定报道立场，私营媒体受信息来源、政治利益及外部干扰等因素影响大多具有特定的涉华报道立场。海外主流社交媒体如推特、脸书、优兔、照片墙、Whatsapp、Line 等大多为美国及其盟友掌握，其一方面纵容平台上各类反华信息的传播；另一方面则压制客观传播中国外交信息的言论。由此，海外青年接触到的西方社交媒体涉华外交信息泥沙俱下，需要青年读者或用户自行判断真实与否。如果相关青年读者或用户缺乏一定的事实判断、价值判断及理论判断能力，就难以跳出西方媒体的叙事窠臼并难以认清中国特色大国外交理论。

(四)外国国内政治与国家利益因素

海外青年对中国特色大国外交理论的认知还受到具体国别政治与国家利益的影响。这种影响呈现动态发展变化的特点。如一国执政党、政府总体坚持客观看待中国发展成就、中国特色大国外交理论与实践，就可能形成相对公正的中国观并借助官方及媒体渠道广泛传播，进而容易带动国内青年对中国特色大国外交理论的逐步理解和认同。如一国在野党及政治家能超脱朝野恶斗生态，在对华政策上坚持理性包容，也会影响该国部分青年对中国特色大国外交理论的认知。但现实情况是部分国家朝野恶斗频繁，在野党有时出于政治斗争需要，持续攻击该国对华友好政策，乃至抹黑中国特色大国外交理论，制造"中国威胁论"。少数国家执政党基于固权需要，为转移国内斗争焦点，也可能不惜炒作某些具体的中国特色大国外交理论与实践。尤其是在部分国家面临议会或总统选举等重大事件时，对华政策还成为有关竞选各方角逐的重要议题。这些都会在一定程度上影响海外特定国家青年对中国特色大国外交理论的认知。此外，在涉及与中国的国家利益冲突时，有些国家还可能掀起民族主义、保守主义情绪，进而激发其国内部分青年对中国外交理论的质疑或敌视。

四、促进海外青年认知新时代中国特色大国外交理论的路径思考

随着海外青年对全球性议题关注的增多，其参与国际交流和研讨的广度和深度也

持续拓展。提升海外青年对中国特色大国外交理论的认知，既要继续强化中方路径和内容建设，也要做到以理论感人、以事实服人，进而真正体现中国特色大国外交理论的传播力、渗透力和影响力。鉴于当前海外青年对中国特色大国外交理论的认知现状，需要把握海外青年接收信息的特点以及国际理论传播的一些基本规律，多措并举，进而逐步提升海外青年对中国特色大国外交理论的认知、接受和认同程度。

（一）丰富中国官方外交信息发布内容，牢牢把握中国外交理论传播主导权

基于当前国际传播的不对称博弈形势，中方需要加强外交话语传播能力，更好地引领海外青年对中国特色大国外交理论的认知。中国特色大国外交理论彰显中国智慧，倡导全人类共同价值，具备引发包括青年在内的海外社会各界人士理解、认同的基础。针对海外青年在认知中国特色大国外交理论中表现出来的不了解、有所熟悉、熟悉且部分认同、较多认同、全面认同等多种情况，可以加大多语种外交信息传播力度，努力讲好中国外交故事，进而促进海外青年更好地了解中国特色大国外交理论的延续性和创新性。其中一个重要做法就是持续强化习近平外交思想阶段性多语种传播工作，及时更新和发布有关理论成果，方便包括海外青年在内的国际社会更好、更及时地了解中国特色大国外交理论成果及相关实践成效。在中国外交外事机构、驻外使领馆、涉外研究智库的网站以及中国官方对外媒体常态化设立专门介绍中国特色大国外交理论的多语种版块并及时更新。上述相关机构及媒体的社交媒体账户不仅要经常性推送中国特色大国外交实践内容，也要以多语种形式及时传播中国特色大国外交理论，从而加强官方外交理论"走出去"力度。

（二）加大国际学术交流及研究成果国际化力度，助力中国特色大国外交理论应对国际竞争

关注中国特色大国外交理论较多的海外青年，包括外交外事人员、学者、大学生、媒体从业人员、政党青年党员等，其往往对国际关系理论、各国外交理念等予以高度关注。不同国际关系理论及外交理念的博弈态势，无疑直接影响上述海外青年对中国特色外交大国理论的认知情况。因而在国际关系理论激烈竞争的当下，应鼓励中国高校和智库青年学者扩大国际学术交流，积极参与各种层次的国际研讨、对话活动，发出中国声音；鼓励中国青年学者、国际事务观察家、媒体从业人员等在海外知名学术刊物、媒体发表文章。上述交流对话虽然难以实现志同道合的最佳状态，发文虽然也难以起到立竿见影效果，但是无疑有利于包括青年在内的海外人士扩大对中国特色大国外交理论与实践的了解。其目的是引导海外青年接受更为客观公正的中国特色大国外交理论知识，并避免被西方国际关系理论和外交理念所误导。对于参与国际学术交流、研究成果国际化引发的学术争论，应采取更为进取的态度，以客观事实和理论魅力来推进国际关系理论和外交理念的海外认知。

（三）支持海外青年深入认知和研究中国外交，促进海外青年更好地理解和支持中国特色大国外交理论

海外青年中存在着一批关心中国外交、具有较高外交理论基础并主动传播中国特色大国外交理论的知华派。这部分海外青年群体虽然数量相对不多，在部分西方国家还面临较为恶劣的社会环境，但影响力不容小觑且人数处于不断增长之中。针对这部分海外青年，可以根据对方需求提供一些涉及中国特色大国外交理论与实践的多语种资料，以帮助对方加深相关认知。还可以配合上述青年在部分国家举办一些涉华议题的研讨活动，进而推动产生更大的社会舆论效应。当然，在一些情况下，还可以针对国外部分媒体、学术界等对上述海外青年的舆论打压，予以一定程度的国际舆论声援。

当代中国出版：现代化与"走出去"

刘东梅　邵华清①

中国出版是中国特色社会主义文化的重要载体，也是社会经济发展的重要推动力量。当代中国出版面临着双重挑战：现代化和"走出去"。内容优质化、要素系统化、话语权提升是当下亟待解决的三大难题。要破解这一行业的时代迷局，中国出版要重视中华古籍的整理出版，拥抱当代智能化、数字化趋势，而国际出版传播力的有效构建是我们现下工作需要锚定的主要方向。只有这样，我们才能有条不紊地在由"古今对话"向"中西对话"的迈进与转变中，真正建构起属于自己的话语体系。

在党的二十大报告中，习近平总书记提出，"从现在起，中国共产党的中心任务就是团结带领全国各族人民全面建成社会主义现代化强国、实现第二个百年奋斗目标，以中国式现代化全面推进中华民族伟大复兴""全面建设社会主义现代化国家，必须坚持中国特色社会主义文化发展道路，增强文化自信，围绕举旗帜、聚民心、育新人、兴文化、展形象建设社会主义文化强国，发展面向现代化、面向世界、面向未来的，民族的科学的大众的社会主义文化，激发全民族文化创新创造活力，增强实现中华民族伟大复兴的精神力量"②。在中国式现代化的历史进程中，坚定不移地走中国特色社会主义文化道路，必须重视出版业的良性、健康发展。出版业既是社会主义先进文化的重要载体，也是社会经济发展的重要推动力量③，中国出版业现代化之路的探索，也应当沿着中国化、时代化的方向不断前进。

中国出版业迈上现代化之路，同时也意味着需要回答"如何更好地走出去"的时代之问。自十九大以来，党和国家高度重视中国特色哲学社会科学的建设和发展，其重要目标之一，就是增强文化软实力、提高我国在国际上的话语权。"走出去"的问

---

① 作者：刘东梅，北京旅游杂志社编辑部主任，副编审；邵华清，北京第二外国语学院文化与传播学院2024级硕士研究生。
② 习近平．高举中国特色社会主义伟大旗帜　为全面建设社会主义现代化国家而团结奋斗［N］．人民日报，2022-10-16（2）．
③ 李舒．体系、过程与主体：编辑出版学研究生教育改革的多维思考［J］．现代出版，2020，（6）：64-70．

题,也就是如何构建自身话语权的问题。承载着"推进中国式现代化"这一时代主题的中国出版业,必须围绕此进行中国话语的生产和传播,真正走好中国道路,讲好中国故事,塑好中国形象。

一、中国出版的现状与自身话语之构建

(一)中国出版的现状:取得的成绩和面临的问题

《2021年全国新闻出版业基本情况》等相关资料显示,新时代以来中国出版业取得了突出的成绩。与十多年前相比,中国出版不仅在版权引进/输出比上实现了"逆差"向"顺差"的历史性转变,而且版权输出种类、译出语言种类也呈现出不断丰富的态势。中国出版影响力的不断扩大,为中华文明在全球更进一步"流动"提供了更为广阔的空间、架起了更为坚固的桥梁。

当代中国出版业取得了显著成就,主要体现在以下几个方面。

1. 出版规模与品种

出版规模持续扩大,图书出版品种、图书总印数、日报总发行量均跃居世界前列,电子出版物总量也名列前茅。出版业整体规模不断增长,例如,近年来数字出版产业整体规模达到数千亿元,展现出强劲的发展活力。

2. 内容创新与精品力作

我国出版了一大批代表国家水平的精品力作,如国家重点出版工程《马克思恩格斯文集》《列宁专题文集》《"中国共产党口述史"书系》《京津冀协同发展研究丛书》《"生命·实践"教育学研究丛书》等。国家重点出版工程涵盖的领域包括重大主题出版,如马克思主义研究丛书、习近平新时代中国特色社会主义思想研究文库等;重大学术研究成果,如中国科学技术学术前沿丛书、国家清史编纂工程、世界甲骨学研究文库等;传统经典著作,如商务印书馆的"世界学术名著丛书""中国现代学术名著丛书"等;学术普及类丛书,如南京大学出版社的"中国思想家评传丛书",湖南科学技术出版社的"第一推动丛书"等;"大典"型集约性成果,如《中华大典》《辞海》《中国大百科全书》等;数字出版与融合发展,涵盖多媒体、数字化等新型出版形态的重大工程。此外,还包括中华优秀传统文化传承发展工程中的各个项目,如中华文化资源普查工程、国家古籍保护及数字化工程等。这些领域共同构成了国家重点出版工程的丰富内涵。可以说,当代中国的主题出版、专业出版等领域不断推出创新内容,满足读者多样化需求。

3. 数字化转型与融合发展

出版业积极推进数字化转型,电子书、有声书等数字化产品日益丰富,满足了读

者在不同场景下的阅读需求。出版单位加强融合发展的统筹谋划，把数字化建设和出版融合发展放在更加重要的战略地位，推动出版业的智能化发展。

4. 国际合作与交流

出版业积极参与国际书展、版权输出等活动，推动中国出版物走向世界，讲好中国故事，传播好中国声音。通过实施"丝路书香工程"等重大项目，与丝路沿线国家开展广泛合作，推动出版业的国际化发展。

5. 体制改革与产业发展

出版业体制机制改革不断深化，经营性图书、音像、电子出版单位完成转企改制任务，解放了文化生产力。出版业产业结构不断优化，传统出版企业积极转型升级，互联网企业和民营书业也纷纷涉足图书出版领域，为行业注入了新的活力。

可以看出，当代中国出版业在出版规模、内容创新、数字化转型、国际合作与交流及体制改革等方面均取得了显著成就，展现出了强大的发展潜力和广阔的市场前景。

中国出版的逐步崛起，向世界各国展示了一个更加立体、真实、丰满的中国形象。但变局之下，中国出版需要考虑的因素也多了起来。细究之下，中国出版面临的问题主要有以下几条。

第一，出版话语权仍有较大的提升空间。我们需要看到，一方面，在国际出版格局中，大众出版、学术出版等有着"超意识形态性"的一面，但在另一方面，中国出版走向世界与中国国家形象的塑造紧密相关。长期以来，西方部分新闻媒体通过不实报道，对中国进行语言、价值观等方面的扭曲。受限于话语权的不足，中国在维护自身形象的时候总是处于不利的地位。因此，在国际出版中主动输出、传播中国经验，为世界提供中国方案，真正建立起能够写好中国历史的叙事体系，应当是中国出版"走出去"的主要目标。而这很大程度上要寄希望于中国出版国际传播力的建构。

第二，出版内容质量有待提升。身处信息巨量化、知识碎片化时代的人们，对于"有效知识"的渴望有增无减，这是当代出版业的存在价值之一。新世纪以来，莫言、余华、刘慈欣等中国作家的作品在国外陆续出版，实现了收益和声誉双丰收。他们的作品之所以能够在国外受到巨大的欢迎，原因之一在于他们专注于"优质内容"的生产。"优质内容"从哪里来？事实上，中国出版要想产出高质量的内容，向中国古代优秀文化"取经"是最基本的途径之一。以莫言为例，其《檀香刑》《红高粱》系列等，立足乡土叙事，在小人物的悲欢中融进深沉的历史文化感，这样的作品传播到国外，无疑能够在他国读者的心中唤起强烈的"异域文化体验感"。本土化叙事需要作者有丰厚的本民族文化底蕴，还需要作者能够适当地对中国古代文化进行现代阐释。而这两种能力的培育都要立足于一个坚实的基础，即对作为古代文化载体的古籍的整理和出版。在这一点上,我们一直在努力,但离我们的目标相距尚远。

第三,出版要素整合完善不足。当前,中国出版的国际竞争力远无法与美、欧等出版大国相比,究其原因,出版要素的整合未能充分系统化是重要的原因之一。以美国出版业为例,它有着悠久的历史。互联网兴起之后,美国的传统出版方式同样遭受了巨大的冲击。像康泰纳仕这样的行业巨头,也面临着传统业务收入持续缩减以及企业营收亏损的压力。[①] 但美国出版商们没有故步自封,而是积极尝试出版数字化运营,最终实现了线下传统业务和线上运营的完美对接。美国出版业现代蜕变的经验无疑可以给中国出版"走出去"以良好的启迪。如何整合线上与线下业务,如何将大量的出版从业人员与先进的现代传播技术有效融合,如何在现代化与"走出去"同时并举的情况下实现自身话语体系的有效构建,是中国出版亟待解决的现实问题。

(二)话语构建两步走:不能偏废

在自身话语建构的过程中,我们要从现实出发,分清主次,循序渐进。首先,我们要做好传统文化在当代的价值解释。从中国文化自身的存在价值这一维度上来看,中国传统文化是中国当代话语建设的立身之本,也是我们取之不尽的源头活水。在当今的我们看来,中国传统文化是一个客观存在的整体系统,但我们同时也要认识到,这个文化系统存在着广泛的阐释空间,这就为我们将古代智慧"当今化"提供了方便。而这一工程的展开,必须从古籍的整理出版着手进行。中华文明源远流长,几千年的历史长河中诞生了大量的文化典籍,但这些典籍在流传过程中大量散佚、残损。因此,为防止更严重的文化流失,对这些文字进行收集编排,复原这些古籍的本来面目,就是我们当前必须要做的基础性工作。

其次,几乎在"以今释古"工作开展的同时,我们的"中西交流与对话"的工作也要进行。我们应该看到,对自身文化的不断反思和超越,是西方文化的特点,也是其优势之一,西方的很多文化视点,对今天的我们反观古代文化也有很大的启发性。但借鉴西方的文化观念,并不等于完全以其观念作为我们衡量自身的标准。如果我们一味地推崇他者,最终必然陷入"方法"与"对象"的错位之中。因此,中西交流必然是一个平等"对话"的过程,也是中国不断借鉴他者以反思自我、建构自身话语体系的过程。

总而言之,"以今释古"和"中西对话"是今天的中国"走出去"的两条必由之路,也是一个目标的两个方面,不应偏废:没有对古代意义的挖掘,就谈不上"自我主体"的确证;而若没有中西之间的对话,只是一味大谈"返回古代",也将因为失去

---

① 李娟,肖叶飞.国际出版集团数字出版的路径与策略[J].出版发行研究,2017,(1):91-94.

对"彼"的观照,而变得没有任何意义。

二、中国出版怎么做:当下工作的重点

(一)打铁还需自身硬:古籍整理和出版

当西方的科学理性成为现代文明生活与思维方式的唯一主宰时,文明的形态将会变得单一,不同的文明区域也将因为失去自我的历史记忆而陷入身份认同和未来发展的双重困境之中。弗雷德里克·詹明信等曾在《后现代主义与消费主义》一文中提出,从现代主义到后现代主义,晚期资本主义越来越表现出历史感的消失。[1] 历史是一个民族的共同记忆和精神家园,只有牢记过往的辉煌和教训,我们才能在不忘初心中创造更加光明的未来。

中华优秀传统文化是中华文明的智慧结晶和精华所在,是中华民族的根和魂。中华文明有着不同于西方文明的独特价值体系,对优秀传统文化的继承、提炼和阐释是今天的我们实现社会主义现代化的重要支撑。可以说,没有民族特色的文化是无源之水,是难以源远流长,行稳致远的。作为中华优秀文化的重要组成部分,对古籍进行整理出版是承袭中华优秀传统文化的重要一环,也是推动中华民族实现伟大复兴的强大文化资源。煌煌五千年华夏文明史,流传至今的古籍汗牛充栋,浩如烟海,只有做好对这些文明载体的梳理、校订工作,我们才能逐步认清这些古代智慧,这是身为当代人的我们的一项重要使命。幸运的是,新中国成立以来,在党和政府的大力支持下,在老中青几代学人的接力奋斗中,古籍整理出版工作已经取得了可喜的进展。例如,中华书局完成于1978年的"二十四史"及《清史稿》古籍整理工程,堪称当代史籍修撰的典范。另经统计,党的十八大以来,每年都平均出版了古籍整理图书1800种左右[2],这是党和国家站在新时代的制高点,为建设社会主义文化强国而取得的标志性文化成果。

古籍整理出版,不仅是一个赓续传承的过程,更是一个对其进行现代化价值阐释的过程。我们要真正打破西方国家的话语垄断,建构起属于自己的价值评判标准,那么,进行古今对话,以当代语境赋能先民文化,就是我们开辟新时代文化事业的必然选择;换言之,没有对中华古籍的整理出版工作,这项新时代的文化长征是很难迈出第一步的。

---

[1] [美]詹明信,张旭东.晚期资本主义的文化逻辑[M].上海:生活·读书·新知三联书店,1997:418.
[2] 张贺.赓续千年文脉,绽放文化光彩——新中国70年古籍整理出版成就综述[N].人民日报,2019-12-11(7).

(二)科技创新新常态：加强数字化建设

2014年5月，习近平总书记在河南考察调研时首次提出"新常态"一词，这一论断深刻影响了我国经济社会发展布局。对于中国的出版行业来讲，它与众多的传统行业一样，也需要适应"新常态"。出版的科技化、数字化就是新常态中的一个重要组成部分。2022年中共中央办公厅、国务院办公厅印发《关于推进实施国家文化数字化战略的意见》，重点提出要建成文化数字化基础设施和服务平台，形成线上线下融合互动、立体覆盖的文化服务供给体系。这为各地、各行业因地/因时制宜来制定数字化战略落地具体实施方案提供了明确的政策依据。

随着"百年未有之大变局"时期的到来，人们的生活方式、思维观念等都较从前发生了巨大的变化。2020年7月，OpenAI开放了一个beta API playground，人们可以通过API方式访问GPT3模型。这一"潘多拉魔盒"的开启，立刻引发了人们对于人工智能的新一轮火热讨论。之后，仅仅过了短短的几年时间，基于深度学习技术，GPT已经可以生成各种领域的高质量文本，向人们展示出其作为语言开发模型的巨大潜力。面对智能技术的迅速崛起，出版行业应当以什么样的方式来应对？

毫无疑问，人工智能给传统出版行业带来了巨大冲击，但中国出版所要思考的，不是如何"洁身自好"，而是怎样去"拥抱未来"。换言之，中国出版应当思考如何"化敌为友"，而非"划清界限"。原因有三。第一，现代智能科技蕴含着巨大的生产潜能。目前，它在简单语言甄别、审核校对等工作上已经得到广泛应用，它能够快速、准确地筛查出各种错误、漏洞、敏感词，大大降低了人工失误成本，初步形成了出版领域的"新质生产力"。第二，"甄选"用户画像，实现市场风向的精准制导。在传统出版市场里，"经验"是衡量出版从业者能力的重要指标，即使基于实际情况的市场调研，也只能限于某一领域、某个地域。而基于大数据收集的数字出版新形态，则能够根据用户讨论热点、阅读偏好、搜索峰值等，在很多维度上都能相当精准地预测出未来图书市场的营销情况。第三，中国出版的根本目的是满足不断变化的读者需求，而出版数字化为此提供了极大的便利。数字产品大多要以互联网为基本途径进行发布、传播、销售，现在的读者只需要通过点击搜索引擎，就可以在茫茫的信息中迅即锁定自己的目标。对出版业来说，阅读数字化越来越成为一个主流趋势，这种依靠网络而实现的阅读互动化、场域化、个性化，是在传统出版语境中无法想象的。

另外，在全球智能科技变革愈演愈烈的今天，中国出版要想使数字化新质生产力真正成为出版业未来发展的中流砥柱，在重视赋能数字出版高质量发展的同时，还要对数字管理、消费模式、用户体验等领域给予足够的关注，对制度与服务进行双重优化创新，才能真正拥抱数字出版的时代契机，实现"化器为道，为我所用"的目的。

（三）提升目标须明确：以传播力为核心

一个国家的文化软实力，决定了一个国家文化传播力的强弱。而出版的国际传播力，则是指一国的出版业经其生产能力和市场行为，通过开拓国际经营渠道，将其出版理念和出版产品及其内容信息有效传递给其他国家市场及公众的能力和因此产生的影响力及效果。[①] 作为文化产业主体之一的出版业，在全球化时代不可避免地要参与到国际竞争当中；一国的出版产品在国际市场上的竞争力，直接反映出该国出版业的国际影响力状况。

要真正提升中国出版"走出去"的传播力，应当从以下几个方面入手。第一，以高质量发展作为中国出版不断前进的首要任务。何谓高质量发展？就是要不断提升内容的生产质量。优质内容是打开国际市场的敲门砖。近年来，中国作家刘慈欣的多部科幻小说已经被译为多国语言，还被改编成了漫画，受到英、法、美等国读者的广泛关注和热烈欢迎。刘慈欣的作品为什么在国际市场上好评如潮？归根到底，还是因为其作品中的优质内容。以《三体》系列小说为例，作者不仅为读者精心结撰了一波三折、扣人心弦的情节，更将中国传统的人文关怀融入其中，引起了中西各国读者的普遍情感共鸣。简言之，中国出版要实现高质量发展，就要坚定文化自信，将文化的创造性转化、创新性发展作为出版产出的指导方针，以更好地满足现代化情境之下来自各国读者的阅读需求。第二，积极寻找多样化的推介渠道。当前通过传统纸媒进行出版推广的费用居高不下，且常常无法收到所期望的宣传效果。在这种情况下，一批网络社交平台的兴起为传统的出版宣传提供了新的机会。如出版机构或作者可以在脸书、抖音、亚马孙等开设专门账号，以自身本有的影响力聚拢起第一批粉丝，并通过良好的运营交互手段，增加粉丝黏性和忠诚度。这样不仅可以实现新书推广、销售的目的，还可以更好地打造出版社或作者本人的品牌影响力。第三，出版业高素质人才队伍的培养和管理。中国出版传播力、话语权的建构，最后都要靠一支可靠、能干的人才队伍来实现。中国出版"走出去"需要各种各样的人才，如经营人才、管理人才、语言人才、策划人才，等等。只有系统地培养出这样一支人才队伍，才能在迅速打开出版国际竞争局面的同时，逐步地积累起国际出版贸易的相关经验。总而言之，中国出版的根本出路在于培养人才，中国出版"走出去"的动力在于人才的管理和运用。

三、中国式现代化为中国出版提供了宝贵的历史机遇

党的二十大报告指出，中国式现代化是中国共产党领导的社会主义现代化，它是

---

① 张宏.中国出版"走出去"的话语权和传播力构建［M］.苏州：苏州大学出版社，2015：79.

汲取了各国优秀文明成果,又立足于自身优秀文化传统基础上的现代化。所以,中国式现代化,注定是人类现代化历史上的一次伟大尝试。中国式现代化为中国出版提供了宝贵的历史机遇,这种机遇表现在:巨大的国内市场为其提供了深厚的市场潜力,以科技创新为引领的高质量发展为其打造了难得的历史契机,人与自然和谐发展则为中国出版的长远规划提出了更加严格的要求。在这样的历史背景下,中国出版必须全神贯注于深度转型,统筹国内外两个市场,在完成出版现代化的同时,建构起在国际市场中的强大传播力和话语权,真正为建设社会主义现代化强国贡献自己的行业力量。

中外人文交流中的中国人文精神阐释

于 淼[①]

一、多元动因促成对中国人文精神的再阐释

在中国式现代化建设中，我国脱贫攻坚、全面建成小康社会的历史任务已经完成，社会主义现代化建设和人民发展所需的物质基础更为坚实，这是全世界有目共睹的事实。在新时代中外人文交流中，我们在对外文化传播中如何给国外青年讲好中国式现代化的故事，成为高校国际中文教育领域的新课题和新担当。

（一）"第二个结合"提供了新方法论

2023年10月，全国宣传思想文化工作会议正式提出了习近平文化思想。这一重要思想构成了习近平新时代中国特色社会主义思想体系中的文化篇，它从现实而来，同时又激活了历史。中华文明突出的连续性从根本上决定了中华民族必然要走自己的道路。习近平总书记高度重视中华传统文化，明确指出"如果不从源远流长的历史连续性来认识中国，就不可能理解古代中国，也不可能理解现代中国，更不可能理解未来中国"[②]。

习近平总书记创造性地提出了"第二个结合"，即把马克思主义基本原理同中国优秀传统文化相结合，从而形成了"两个结合"的重要文化思想。把马克思主义思想精髓同中国优秀传统文化精华贯通起来、同人民群众日用而不觉的共同价值观念融通起来，就形成了中华文化对外传播的全新方法论。什么是"日用而不觉的共同价值观念"？那就是中国人信仰什么、中国的人文精神如何解读的问题。基于此，在新时代的中外人文交流中，在国际中文教育的课堂和实践中，阐释好中国人文精神应该是一个有力的切入点。

[①] 作者：于淼，北京第二外国语学院汉语学院教授。
[②] 2023年6月2日，习近平总书记在"文化传承发展座谈会"上就中华文化传承发展的一系列重大理论与现实问题作出的阐述。

(二)"人文精神"能回答"世界之问"

一个国家或民族的文化内容虽然包罗万象,但是若要从一个国家的精神文明和历史传承中提炼出该国家民族的人文精神,应该不难梳理出学理上的共识。一般我们所指的"人文精神"是以"民族精神"为文化根源或思想源泉,进而外化为一个民族共同的社会心理、价值观念和理想追求的精神风貌与风尚。人文精神的核心是"人"的阐释,民族群体通过历史积淀形成了深厚的文化内涵和主流意识形态,并在国家的整合和引导下直接提升一个民族的精神境界。

通过对中国人文精神的阐释,我们可以揭示中华民族的深层文化结构。所以对中国人文精神的分析和解读必然依附于中华民族优秀的传统文化。中华人文精神培植了中国人的共同心理素养和社会情感心理以及价值取向,同民族精神互为一体两面,经过民族群体有意识地社会化,形成了公序良俗下的行为准则和道德规范。这种精神可以作为一种概念解读并向外进行阐释和传播。

文化或文明发展的最终成果就体现在一个民族的集体人格上。在新时代的人文交流中,国际中文教育要充分利用社会现实和课程建设,明确一条说理的逻辑路径:要想使国际青年理解中国,就要促使其认识中国人的精神特质。这种精神特质也构成了国家形象的一部分。换言之,我们要用自己的话语体系和叙事体系去回答"时代之问"和"世界之问"。

二、具体阐释路径的再优化解读

真正的传统是能够活下来并能够传承的精神。中华文明具有连续性,从未断裂。由此有人戏谑地说:如果一个汉代人穿越回现在,他发现除了不会使用智能手机以外,他的生存原则和安身立命的法宝都没有变,甚至可以看到有人依然穿着跟他一样的汉服。在《中国文化解读》的第一堂课上我把这个小段子说给在座的留学生同学,大家都会心地笑了起来,这就充分说明一个虚拟的故事完全可以完成一个宏大命题的论证。在文化阐释和传播中,更多的时候需要逻辑论证和实证,再多的影像或画面也替代不了语言思维推进的思考。所以,对中国人文精神的再次深入阐释,在具体路径上还需要底层逻辑的优化设计。

(一)以共通性为最自然的切入点

人文精神首先就要围绕"以人为本"进行解读。中国人和西方人并非对立的族群。无论是原始宗教还是初始哲学,两者都把人放在第一位的前提下,对人生价值和生命意义进行了揭示。

"仁者,爱人也",这本身就是同全世界都能讲得通讲得懂的人文精神。"老者安之,朋友信之,少者怀之"的社会环境就是最朴素的社会理想。这就是全人类都要认同的可理解的共通性。再如,孟子提出"仁政",继而附加了"民为贵,社稷次之,君为轻"的观点,这也是"以人为本"的重要体现,这个逻辑也是再自然不过。

这种人本主义传承至今,就是"民为邦本、本固邦宁"的体现。在当今我们要求国家公务人员要"知民情、解民忧、暖民心"也是一种中华优秀传统文化的初心体现。中国政府为什么受到人民的拥护,中国老百姓为何如此信赖政府,这些民本思想和人本主义就来源于我们早期的人文精神。这是我们政通人和的根本,所以也就能给外国人解释好我们的政府为何如此高效,因为"天下为公"的文化基因能成功塑造和培育出为民服务的公务员队伍,也能解释中国共产党为什么行的问题。

(二)以简单逻辑为最本真的出发点

"仁爱"和"孝悌"是儒家思想最重要的伦理观念,也是中国人最信奉的道德守则。但是这一点容易被外国人理解为博爱或没有原则的爱。仁爱不是简单的博爱或泛爱,孔子深入地指出了践行仁爱的方法和原则,那就是"己欲立而立人,己欲达而达人",要想成全自己必须帮助他者,这同萨特的"他人即地狱"形成了鲜明的对比,这也是一种智慧通达的思维和解决社会矛盾的巧妙手段,不是单纯地用爱心去爱或感化他人,而是让利于他人真心去助人,从而获得最大效益的利人利己、双赢共赢。每每课堂上讲到这个逻辑时,留学生无不表达出高度的认同,并赞叹孔子的智慧和仁爱的力量。

几千年来,中国人相信孝悌可以培养人的浓厚亲情,借此在社会上形成尊老敬长的社会和谐之风,从人性最本真出发,探索出维护社会安定和谐的最基本原动力。这种孝悌文化在人文精神的传承中极易升华为一种对国家的忠诚,为社会和国家做出贡献,从而光耀先祖,给父母带来无上荣光,这是一种有益于民族的"大孝道"。中国人对此深信不疑,那么这个道理对于外国人来说再合理不过,也不会将孝悌文化错误地归结为一种"愚忠"和"听话"。

需要自身反省的是,我们也没有细致地分析过貌似跟我们文化相对的西方文化情感。德国人霍尔格·莱纳斯(Holger Reiners)写的《男人五十》中就有这样的描写,"只要父母在,我们就一直是孩子,尽管已经年过半百……突然间失去父母,不再有父母站在背后,现在只剩下自己,除此以外,我们还要做下一代人的后盾并接替父母去照顾一切。这就是生活,无比自然。我们或许从许多年前,便肩负了日常生活中的责任,这也是人间自然的不争之理"[①]。这些同我们中国人的价值观念和伦理操守是何等

---

① [德]霍尔格·莱纳斯.男人五十[M].姜乙,译.北京:新星出版社,2008:25.

相近!

同时我们也要强调,真诚的孝和纯洁的孝可以感化一切,含有自我教育和破除长辈误解的双重功能。儒家的孝顺也不是万事皆顺从不讲是非原则,面对不义之事,"子不可以不争于父",这就表明了十分鲜明的正义立场和态度。

(三)以类比相连为最有效的衍生点

人文精神中重要的一点就是要维护人的尊重,为生命找到超越生死的更高价值。中国人文精神中除了士大夫精英群体的忧患意识和人文关怀外,最值得阐释的还有一种崇尚"节操"的情怀与追求。自古王侯将相到黎民百姓,个体生命中始终激荡着"富贵不能淫,贫贱不能移,威武不能屈"的大丈夫气概。汉语言中不乏"骨气""气节""操守"等表达,这些词语是衡量中国人个体人格的重要标准,进而构成了社会群体的风尚规范,那就是治理社会的"礼、义、廉、耻"——重要的4个传统维度,知耻、上进、自尊并维护正义直至"舍生取义"。在当代社会,何为"大义"?每个中国人都知道恪守伦理道德、崇尚正直、坚持真理、奉献于中华民族的伟大复兴事业,才是真正的伟丈夫、大丈夫。

这种坚守节操的人文精神会衍生出抵抗外侮入侵、维护国家尊严和民族独立的爱国激情。有些外国人看到国庆等重要节日庆典中,中国人会自觉地高唱国歌等爱国歌曲,会发出"中国人都这么爱国"的慨叹,其实从这条人文脉络去阐释,会更有说服力,因为个体的尊严和节操同国家与民族的尊严紧密相连,在国际上人格与国格顺理成章地互为一体。

中国哲学并不都是道德训诫,也并不缺乏告诉人如何惬意自由地活下去的观点。老子的知足常乐的幸福、小国寡民的无忧无争都是在反复论证人生无忧虑的佐证。庄子更是用"无待"的人生态度表达了对自由的向往。这种儒道互补的结构,画出了中国人最简单的伦理学构图,构筑了中国人的现实精神和冷静的理性:伦理情谊,人生向上。

同时要辩证地阐释"自强不息、厚德载物",这种自强奋斗的精神同自由无忧的理想并不矛盾。中国人自古就崇尚这种人生向上、愈挫愈勇的理想和坚强斗志,到如今更是被全社会所接受。这也是很多外国人不理解中国人的地方,认为中国人只知道工作赚钱,不懂享乐生活。其实,这种自强和厚德不仅仅体现在个体人格的不屈不挠、不畏困难,更是中华民族推动历史进步的动力。面对腐朽没落和黑暗压迫,会有无数仁人志士、民族英雄带领着人民群众去抗争。朝代更迭、政体变幻,但是民族没有消亡,这种刚健和厚德铺就了中华民族人文精神的底色,这就是有效的衍生。

再如,《山海经》中的精卫填海和古希腊的神话西西弗斯,都有一种明知不可为而为之的斗争与挣扎，面对不可能战胜的困境或无法达到的目标，也要以人的意志去抗争到底，尽管带有荒诞式的悲壮或令人绝望甚至毫无意义的色彩，但神话所折射的人的意志就在于此。同为神话，如果这样联系起来，我们的人文精神就有了类比，就不会产生相对立的误读，按照这样的阐释，就不会有外国留学生认为"愚公移山"中的愚公应该绕道或搬家了。孤立地将故事呈现出来很容易引起误解，既然是一个民族人文精神的底色，在世界人类文明的图谱中就不可能孤零零地存在，而是应该能找到同质的相关隐喻或类比。

（四）以朴素情感为最有力的融合点

我们对鬼神的崇拜比不上对自身现实的关切。我们有宗教的情感，但是没有全民信宗教的动力和状态。我们的本土宗教道教和中国化的人间佛教都有一种现实精神，并不完全寄托于来世或赎罪。

最朴素的情感那就是中国人的"天人合一"理念，这种情感投射将生命逻辑和自然论证结合起来，从而可以解读外国人不理解中国的宗教为何同一元神"上帝"无法融合的问题。不严谨地说，中国人似乎不信神，但是信"天"这个从自然中来的人格神。孔子称赞上天"天何言哉？四时行焉，百物生焉，天何言哉？"这就是对"天道"的极高赞美。"天行健，君子自强不息；地势坤，君子当厚德载物"，天道、地道和人道在中国人的人文精神中就这样被巧妙自然地联系了起来，天地如此，人更当如此。

我们的哲学善于用自然的山水来告诫人应该如何守德。"上善若水""岁寒三友""逝者如斯夫，不舍昼夜""智者乐水，仁者乐山"，这些儒道先贤不用过多的逻辑论证，只是用如此亲近的自然就教育了中国人什么是"天人合一"，将熟知的人性、道德的理性和自然的物性又联结了起来。庄子的"齐物论"无非是告诉我们人与自然在本质上是一个整体，应该和谐相处。将哲学的一些终极命题简化为爱人、爱自然万物等最简单不过的道理。这种朴素的道理到宋明理学时又被阐发为张载等人的"民胞物与"、为天地立心的"横渠四句"等光辉论断。在后工业化阶段的工具理性吞噬人性之际，"天人合一"始终能引发现代人的警醒和反思，这就是以最朴素的情感化解了"天"这个被中国人人格化的"上帝"的问题。

鉴于以上4点，汉语教学的实质是"国际的理解教育"，"理解"是"教育"的前提，将教育融入理解当中，使课上课下教育转化成"国际社会情感的沟通"。无论是我们讲故事让对方听懂，还是他们来演绎我们的故事，首先要汉语过关。中国传统和当代文化如何浸润融合在教材的文本中，一直是大命题，需要教师掌握文化和文本之间的奥妙。

三、向国际学生传播中国人文精神的功用和知识

中国传统文化是在中华历史长河中不断淘汰、选择、积淀而成的具有鲜活生命力的文化。以马克思主义辩证的观点，多角度对中国传统文化进行发掘和论析，就会发现中国人文精神可以化解科学主义对人类带来的伤害与困惑、寻求对分裂世界的互通与融合、消除现代社会人与人的冲突和矛盾。

未来的人机互动有人说是人和智能机器共存的增量叠加，也有人说工具理性主义和人工智能造成了当下的人文危机。进而有人指出，中国人文精神将可能在对抗人工智能客观上造成的人文危机层面发挥重要作用。毋庸讳言，人类对自身通过千辛万苦努力而来的精神文明成果倍加珍惜，这些成果将如何应对数智时代的挑战？人的主体性在面对"数智"威胁时能不能找到新的立足点？这一系列问题也是考验中国人文精神在社会生活中能否继续起作用的试金石。

不可否认，信息技术有破坏社会交流和发展的能力，也有歪曲正常交往形态的负面作用，但是来华留学生所接触的中国高校大学生有能力和技术获取数字信息资源。真正平等的互联网交流和讨论，也是良好人际交往的开始，来华留学生很快也可以感受到，中国的互联网生态是健康发展的，我们在享受网络生活，在这一领域我们不是封闭的和偏执的，中国社会跟国际是相通相连的。

全国政协委员、中央广播电视总台新闻中心副召集人张勤于2024年提出了"关于推动人工智能赋能中华优秀传统文化传播"的提案。张勤委员在提案中指出，文生视频，关键在文，对于人工智能而言，输出什么关键还是看输入了什么。但是目前，对于国内外大模型而言，对中国优秀传统文化的学习还是严重不足。当前全球通用（国内也在使用）的大模型数据训练集里，中文语料仅占1.3%，中国企业使用的语料中，由美西方主导的英文语料占绝大多数，如果我们训练的大模型持续用西方价值观数据、西方应用场景来训练中国大模型，中国式的认知将被湮没[①]。有感于张勤委员的访谈，如果我们拥抱人工智能技术，将数智技术赋能语言和文化教学，那么中国人文精神的解读就会变为语言知识进行传播。

张勤认为，中华优秀传统文化本身具有领域广、数据量大、理解难度高等特点，对于与人工智能结合而言，这既是优势，也是挑战。优势在于中华优秀传统文化积淀深厚，是人工智能学习的巨大语料宝库，仅以古籍举例，中国是全球拥有古籍最多的国家，国内现存汉文古籍300万部，散居在海外的古籍超过40万部，已完成数字化的

---

① 央视网，2024年3月4日15点报道。

古籍为7.4万部。而挑战则在于目前这方面的数据结构化程度不高、理解难度极高。这就需要有大量团队持续投入精力开展语料建设相关工作，甚至需要建设针对文言文、古汉语等优秀传统文化的机器算法与编码系统，把"道""德""善"等核心价值观根据语境条理化和清晰化，让人工智能能够准确理解中华优秀传统文化的丰富内涵。

中国是一个非遗资源大国。北京语言大学张博教授指出，"非遗档案是与非遗相关的、具有保存价值的重要资料，包括文字、图片、音频、视频及实物等。"在留学生语言文化教学中，非遗档案对于'教'和'学'都具有重要价值。从'教'的角度说，教师在备课过程中需要查考大量非遗档案，从中提取最适合用于教学的内容，以便真实、生动地传播中华文化的精华。例如，在绘画、曲艺、中医药、手工艺、历法等非遗项目教学过程中，如果没有种类丰富的非遗档案记录项目的起源、创始人、创制因缘、特征与特性、发展沿革等信息，教师便无法向留学生准确、全面地阐释其中蕴含的文化内涵。"[①]

刘京希于2024年也指出，保障人文精神以"人文数智"的内质与新形态在"超智能时代"的承继与延展，及其与人工智能发展的有机互动，以形成数智时代的新人文。中国年轻人正利用数智时代的多元媒介表达着像《只此青绿》等优秀传统人文精神的喜爱，新汉服等"国潮"文化借助网络传媒成为年轻人青睐的生活姿态，很多国际青年借助数智时代的文化传播"破壁"加入了这一行列。

党的二十大报告强调，要"坚守中华文化立场，提炼展示中华文明的精神标识和文化精髓，加快构建中国话语和中国叙事体系"[②]。楼宇烈先生也指出，中国人文精神正在走进现代化，我们要积极开发中国人文精神的宝库，务使东方文化和中国人文展现出现代风采。中国人文精神的阐释和传播不仅要在国际中文教育的课堂上加大力度，更要在新时代中外人文交流中成为民间外交和公共外交的有力支撑。

---

① 全国政协委员张博建议加强非遗档案开发利用 提升中华文化传播力影响力［N］.中国档案报，2024-3-7.
② 习近平.习近平著作选读（第一卷）［M］.北京：人民出版社，2023：36.

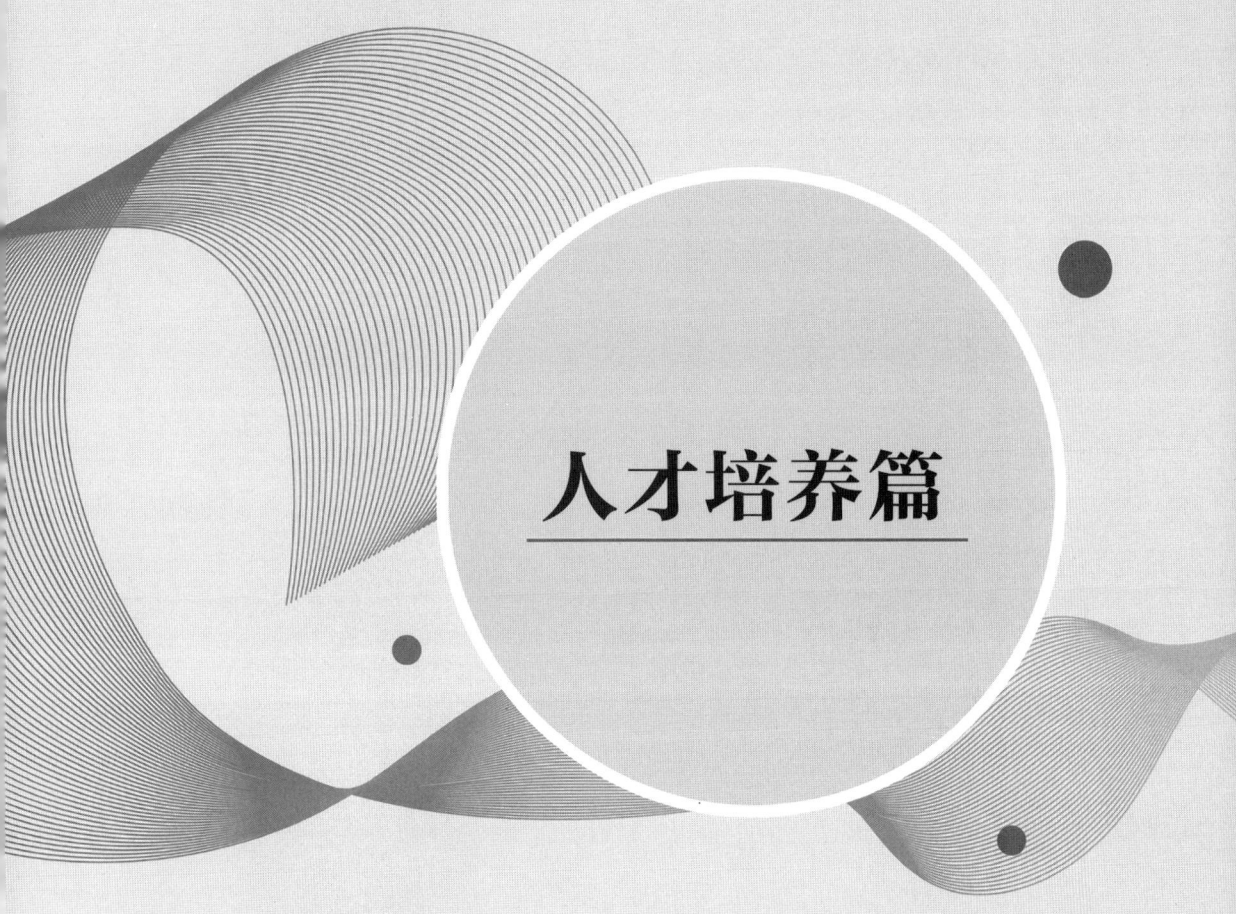

人才培养篇

加快教育强国建设步伐为实现中国式现代化提供有力支撑[①]

郑承军

作为全面建成社会主义现代化强国的战略先导，教育发挥着愈发重要的作用。教育强国建设，是中国特色社会主义教育事业改革与发展的理论指导与实践命题，可为中国式现代化提供坚实的人才基础，是推进中国式现代化的基本构成与重要基石，是实现民族复兴的基础工程。要以全面提高人才自主培养质量和构建世界重要人才中心和创新高地为重点，实现教育强国建设的新突破。要以教育数字化转型和全民终身学习为重点，形成教育强国建设的新动力。要以更全方位、更宽领域、更多层次、更加主动的教育对外开放为支点，践行走和平发展道路的现代化。

党的二十大报告对中国式现代化进行了全面深入系统的阐释，把"以中国式现代化全面推进中华民族伟大复兴"定位为新时代新征程中国共产党使命任务的核心内容。报告强调，要"实施科教兴国战略，强化现代化建设人才支撑""加快建设教育强国、科技强国、人才强国"。

习近平总书记在中共中央政治局第五次集体学习时发表重要讲话，强调加快建设教育强国，为中华民族伟大复兴提供有力支撑。这一重要讲话既与党的二十大精神一脉相承，又提出了教育高质量发展的新理念、新思想、新要求，阐明了加快建设教育强国的重大意义，为新时代新征程教育强国建设指明了方向。通过推动建设教育强国，发展教育事业，为实现中国式现代化提供有力支撑，进而实现伟大复兴的中国梦，不仅是新时代教育工作的重要职能，也是当今教育工作者必须承担的使命和责任。

一、中国式现代化对教育强国建设提出新要求

中国式现代化和教育强国建设紧密相连，相互促进，相得益彰。中国作为发展中

[①] 本文已发表于《北京教育（德育）》2023（Z1），原文题目为"加快教育强国建设步伐为实现中国式现代化提供有力支撑"。作者：郑承军，北京第二外国语学院副院长、教授。

国家，从改革开放以来一直致力于实现自身的现代化进程，并将教育视为现代化的重要支柱。

1. 中国式现代化对新时代教育事业发展提出新要求新挑战

党的二十大报告明确指出，从现在起，中国共产党的核心任务就是团结带领全国各族人民全面建成社会主义现代化强国、实现第二个百年奋斗目标，以中国式现代化全面推进中华民族伟大复兴。

报告明确，到2035年建成教育强国，确立教育的全局性定位，大大拓展和丰富了教育的功能。中国式现代化对科技、人才的依赖性进一步增强。科技是第一生产力、人才是第一资源、创新是第一动力，教育优先发展的战略地位更加凸显。这也对新时代教育事业的发展提出了新使命、新任务和新要求。教育被赋予了政治、经济、文化、民生和生态文明建设的功能，成为全面建设社会主义现代化国家的基础性、战略性支撑之一。

中国式现代化是中国共产党领导的社会主义现代化，是传统和现代相结合的现代化，是世界共性和中国特色相结合的现代化。新时代的教育事业应该如何应对中国式现代化的本质要求，在中国式现代化过程中如何更好地发挥教育的作用，是一个尤为重要的课题。

2. 中国式现代化为新时代教育强国建设提供战略指引

改革开放以来，中国教育事业取得了巨大的进步和成就。尤其在近年来的现代化进程中，党中央更加注重教育强国建设，将其作为实现经济、社会和国家治理现代化的重要支撑。

首先，党高度重视教育事业，将其列为国家发展的优先领域之一，提出了一系列政策措施，以鼓励教育创新和提高教育质量。党的大力支持为教育强国建设提供了坚实基础。其次，中国教育体制的改革与创新也为教育强国建设提供了理论指导。改革开放以来，中国教育经历了长足的进步与变革。特别是在教育体制的灵活性、选拔机制的公平性以及课程内容的科学性等方面取得了巨大突破，提出了以人为本、素质教育、教育公平、创新驱动和国际化等理念，不断探索和创新，推动中国式教育现代化发展。

二、建设教育强国对实现中国式现代化的重要意义

（一）教育强国为中国式现代化提供坚实的人才基础

党的二十大报告全面阐释了中国式现代化的五大特征，即是人口规模巨大、全体人民共同富裕、物质文明和精神文明相协调、人与自然和谐共生、走和平发展道路的

现代化。中国式现代化的本质是人的现代化，是围绕人的发展展开的。教育是国家发展的重要支撑，也是人才的重要来源。中国作为一个拥有14亿人口的大国，人力资源的优劣直接影响着国家的发展水平。教育强国建设为中国提供了坚实的人才基础，为实现国家现代化目标奠定了重要基础。首先，教育强国建设注重基础教育的全面发展。党和国家大力推进义务教育的普及和提高，加大对农村地区和贫困地区教育的投入，确保每个孩子都能接受良好的教育，为培养优秀人才奠定了坚实的基础。其次，教育强国建设注重高等教育的提质增效。高等教育是培养高级专业人才的重要途径，也是国家创新能力的重要保障，党和国家加大对高等教育的投入，提高教育质量和教学水平，为培养专业人才提供了有力支持。再次，教育强国建设强调大力发展职业教育，职业教育是培养高端技术技能人才的重要途径，也是推动产业升级和经济发展的重要力量，党和国家推动职业教育与产业发展的深度融合，为培养技术人才提供了重要支持。最后，教育强国建设注重科学研究的创新，提高科研机构的研究能力和创新水平，推动科研成果的转化和应用，加强科研人才的培养和引进，为培养科研人才提供了重要保障。

（二）建设教育强国是全面建成社会主义现代化强国的战略先导

党的十八大以来，党和国家对教育事业和教育工作更加重视，始终保持着高度的历史自觉和坚强的战略定力，始终将教育视为国之大计、党之大计，对加快教育现代化、建设教育强国作出了重大决策，促进新时代教育事业取得历史性成就、发生格局性变化。目前，我国已经建立起了在世界上最庞大的教育体系，教育现代化发展的整体水平已经进入世界中上国家行列。当前我国的教育强国指数排在全球的第23位，比2012年上升了26位。这是我们党对社会主义建设规律深刻理解和科学把握的最好写照。这充分证明，以建设教育强国为我国全面建成社会主义现代化强国的战略先导、坚持走有中国特色的社会主义教育发展之路是正确的。

（三）建设教育强国是实现高水平科技自立自强的重要支撑

从世界各国的现代化进程来看，科技是推动现代化进程的内在力量，是推动现代化进程的强有力杠杆。在世界范围内，目前正经历着新一轮的科技革命和产业变革，正在不断地向纵深发展。创新是科技自立自强的核心驱动力。教育强国建设可以通过提供高质量的教育资源，为培养创新型人才和科技型人才提供强大支撑。通过推动教育改革和创新，为科技创新能力的提升提供重要保障。通过加强国际交流和合作，为科技人才的成长提供更为广阔的平台，从而提升国家的科技实力和竞争力，进而实现高水平科技自立自强。

（四）建设教育强国是促进全体人民共同富裕的有效途径

在共同富裕的进程中，教育发挥着不可替代的重要作用。"共同富裕"既指物质上的"共同富裕"，又指精神上的"共同富裕"。教育是推动社会公平和机会平等的重要途径。建设教育强国，通过加强教育资源的均衡分配，缩小城乡教育差距，让更多的人享受到优质的教育资源，提供更广泛的机会平等。教育不仅仅是传授知识，更是培养良好的价值观、道德品质和行为规范。通过教育强国建设，可以提高人民的文化素养、社会责任感和公民意识，增强全体人民的自信心和自豪感，有助于全体人民共同塑造良好的社会道德风尚，推进社会和谐稳定和共同富裕。

（五）建设教育强国是以中国式现代化全面推进中华民族伟大复兴的基础工程

习近平总书记强调，"培养什么人，怎样培养人，为谁培养人是教育的根本问题，是建设教育强国的核心课题。"[①] 新时代的教育强国建设，要把人才培养放在第一位，坚决贯彻立德树人的根本任务，坚持为党育人、为国育才，培养德智体美劳全面发展的社会主义建设者和接班人，为实现中华民族伟大复兴的中国梦服务。

建设教育强国，可以提供优质的教育资源和良好的教育环境，培养适应现代化发展需求的人才，为国家的发展提供强大智力支持，是人才培养的重要保障；可以提高我国在国际社会的地位和影响力，增强国家的文化凝聚力和创新竞争力，培养具有家国情怀、创新精神的人才，是国家综合实力的重要体现；可以增强公民综合素质，促进社会公平正义，是社会进步和谐发展的重要保障；可以提升国家的软实力和核心竞争力，推动科技创新和经济发展，推动中华民族在全球的影响力和声誉的提升，是实现中华民族伟大复兴的必然要求。因此，教育强国建设关系到党的命运、国家的命运、民族的命运、人民的福祉，可为实现第二个百年奋斗目标奠定坚实基础、提供有力支撑，为中华民族伟大复兴凝聚磅礴力量。

三、中国式现代化背景下教育强国建设的实施路径

（一）以全面提高人才自主培养质量和构建世界重要人才中心和创新高地为重点，实现教育强国建设的新突破

首先，通过全面提高人才自主培养质量，为推动中国式现代化提供坚实的人才支撑。第一，创新教育模式，引入问题导向学习、项目制学习、个性化学习等灵活多样的教育模式，激发学生的求知欲和创造力，培养学生的自主学习和解决问题的能力。

---

① 习近平在中共中央政治局第五次集体学习时强调 加快建设教育强国 为中华民族伟大复兴提供有力支撑[N].人民日报，2023-05-30（01）.

第二，加强师资队伍建设，提高教师的待遇和职业发展空间，提供良好的教师培训机会，加强教师的继续教育和专业发展，注重教师的教育教学能力、创新能力和教育理念的培养，提高教师队伍的整体质量。第三，加大对基础教育的投入和支持，基础教育是人才培养的关键环节，要建设更加优质的学前教育和义务教育，加强对学生核心素养的培养。第四，推动产学研深度融合，要加强高校和企业之间的合作，推动产学研一体化发展，使教育与实际需求更密切地结合起来。为学生提供更多的实践机会和实际工作经验，使其在学习过程中更好地适应社会需求。

其次，要加快建设成为全球重要的人才集聚之地、创新之地，努力在国际上培育人才竞争的比较优势，推动中国向教育强国的目标迈进。一方面提供优质的教育资源，吸引和培养世界一流人才。加大对高水平大学的支持和投入，提升高等教育质量，吸引国内外顶尖学者和教育专家来校任教。同时，建设研究型大学，提供先进的教育设施、实验平台和研究项目，以便学生在创新和实践中发展自己的才能。另一方面强化国际交流与合作。开设双学位、交换项目和联合培养项目，提供国际化教育资源，培养具有国际视野和全球竞争力的人才。积极引进外籍专家和培养高层次人才，开展跨国合作研究项目，促进创新和科研成果的国际化。

（二）以教育数字化转型和全民终身学习为重点，形成教育强国建设的新动力

党的二十大报告明确指出："推进教育数字化，建设全民终身学习的学习型社会、学习型大国"，为推动教育变革和创新、加快建设教育强国指明了前进方向。当今世界，科技进步突飞猛进，信息技术日新月异，深刻地改变着人们的思维和世界发展的趋势。基于大数据和人工智能的教育数字化，促进了自主学习和因材施教。要积极推动数字教育的技术、模式、业态和制度创新，使数字教育惠及更多学习者。

要加大对数字化教育基础设施建设的投入，为学习者提供便捷的学习平台和工具；要创新教学方法和资源，积极探索在线教学、混合式教学等灵活多样的教学模式，借助技术手段提供在线课程、开放教育资源、电子图书等丰富的学习资源，满足不同学习者的个性化学习需求；加强教师的数字化教育培训，提高教师应对数字化教学环境的能力；加强学生信息素养培养，培养学生的信息搜索、信息评估和信息应用能力。建设全民终身学习的学习型大国，为个人提供更多学习机会和发展空间，为社会发展提供人才支持，推动中国向教育强国的目标迈进。

（三）以更全方位、更宽领域、更多层次、更加主动的教育对外开放为支点，践行走和平发展道路的现代化

习近平总书记指出："中国共产党将始终把自身命运同各国人民的命运紧紧联系在一起，努力以中国式现代化新成就为世界发展提供新机遇，为人类对现代化道路的探索提供新助力,为人类社会现代化理论和实践创新作出新贡献。"① 教育对外开放是中国实现现代化的重要组成部分,也是实践走和平发展道路的重要举措。在全球化浪潮中,以更全方位、更宽领域、更多层次、更加主动的教育对外开放为支点,将为中国的现代化进程注入新的活力与动力,也能够促进各国教育共同发展,推动构建人类命运共同体。

面对百年未有之大变局和中华民族伟大复兴的战略全局,以中国式现代化推进中华民族伟大复兴成为新时代新征程中国共产党人的使命任务。教育、科技、人才是全面建设社会主义现代化国家的基础性、战略性支撑。要推动人才培养、科学研究、学科建设向高精尖和国际化方向发展,培养出大批理解国际标准、通晓国际规则的高素质国际化人才,打造复合型、技能型、创新型、开放型的高精尖人才队伍,提升中国教育在国际上的影响力和软实力。继续贯彻"双向开放"方针,与"一带一路"沿线各国加强文化和文化交流,进一步扩大与世界各国的教育合作与交流,面向全世界讲好中国的教育故事。

---

① 2023年3月15日习近平出席中国共产党与世界政党高层对话会并发表主旨讲话《携手同行现代化之路》。

中国教育"走出去"

宋紫珍[①]

中国教育"走出去"在中国有着扎实的理念基础和广阔的实践空间。习近平总书记在探讨加快教育强国建设的具体路径时,将发展和扩大教育对外开放战略作为具体设计的一个方面进行了阐释,进而提出了中国教育"走出去"的理念。推动中国教育"走出去"的目的是增强中国教育的国际影响力和话语权,落实到当前中国教育的已有实践上,主要表现在参与全球教育治理和推进留学中国品牌建设两个方面。在参与全球教育治理方面,中国积极发起、组织、参与了包括世界职业技术教育发展大会、世界慕课与在线教育大会在内的多个国际教育大会,在教育多个领域传播了中国经验、发出了中国声音;在"留学中国"品牌建设方面,来华留学宣传和推介正在进行,通过充分发挥留学基金委、中外语言交流合作中心等机构在来华留学宣传方面的作用,为来华留学人员提供中国政府奖学金、孔子学院奖学金等多种资助项目,并加强了"留学中国网"及以留学中国预科教育联盟网站为代表的来华留学教育机构外文网站建设,为更多来华留学人员切身感受中国教育、了解真正的中国故事创造了条件。

当前,中国已经建成了世界上规模最大的教育体系,教育现代化发展总体水平跨入了世界中上国家行列。根据中国教育科学研究院课题组建构的教育强国指数,2022年中国的教育强国指数居全球第23位,比2012年上升26位,是2012—2022年期间进步最快的国家[②]。根据教育强国评估指标进行国际比较和测算,预期到2035年,我国可实现教育强国建设目标。而中国要实现这一目标、迈入教育强国行列,就要重视路径选择,其中,提高中国教育的国际影响力就应该是建设教育强国的努力方向之一[③]。中国教育"走出去"作为中国教育对外开放的一个重要方面,为增强我国教育的国际影响力和话语权指明了具体方向,是建设教育强国的有效途径,在中国有着扎实的理念基础和广阔的实践空间。

---

① 作者:宋紫珍,北京石油化工学院讲师。
② 张炜,周洪宇.教育强国建设:指数与指向[J].教育研究,2022,43,(01):146-159.
③ 马晓强,崔吉芳,万歆,等.建设教育强国:世界中的中国[J].教育研究,2023,44,(02):4-14.

一、中国教育新发展理念

当前,中国正处于第二个百年奋斗目标的发力期,致力于抓住当今世界面临的百年未有之大变局的重要发展机遇。真正的经济强国是以强大的教育为支撑的。长期来看,教育强国与经济社会强国具有内在一致性。中国经济已经由高速增长阶段转向了高质量发展阶段[1],与此同时,中国教育也在同步进行着发展升级。中国教育已由规模扩张阶段转向了高质量发展阶段,致力于通过加快建设高质量教育体系,以教育高质量发展赋能经济社会可持续发展。在这一新的发展阶段,中国教育不断细化升级着新的发展战略和理念。

(一)习近平对教育强国建设的阐释

中国教育"走出去"理念是习近平建设教育强国相关阐释的细化和延伸,要理解这一理念,首先要了解习近平对教育强国建设相关阐述的发展历程。

习近平总书记一直高度重视中国教育事业的发展。2017年10月18日,在中国共产党第十九次全国代表大会上的报告中,习近平把优先发展教育事业作为保障和改善民生、加强和创新社会治理的首个抓手进行了阐述。其中,习近平明确指明了教育强国的地位:建设教育强国是实现民族复兴的基础,必须把教育事业摆在优先位置,深化教育改革,加快教育现代化,办好人民满意的教育。2020年10月26日至29日,中国共产党第十九届中央委员会第五次全体会议在北京举行,全会由中央政治局主持,中央委员会总书记习近平作了重要讲话。这次会议审议通过了《中共中央关于制定国民经济和社会发展第十四个五年规划和二〇三五年远景目标的建议》,提出把建成教育强国作为中国到2035年基本实现的社会主义现代化远景目标之一,把"建设高质量教育体系"作为提升社会建设水平的一环。2022年10月16日,习近平在中国共产党第二十次全国代表大会上作了报告,指出教育是全面建设社会主义现代化国家的基础性、战略性支撑之一,也是国之大计、党之大计,中国将继续坚持优先发展教育,加快建设教育强国。

2023年5月29日,中共中央政治局专门就建设教育强国进行了第五次集体学习,以贯彻落实党的二十大部署,总结我国建设教育强国的进展和成就。中共中央总书记习近平在主持学习时强调,"教育兴则国家兴,教育强则国家强",全面阐释了建设教育强国的重要意义:"建设教育强国,是全面建成社会主义现代化强国的战略先导,是实现高水平科技自立自强的重要支撑,是促进全体人民共同富裕的有效途径,是以中

---

[1] 习近平. 习近平谈治国理政(第三卷)[M]. 北京:外文出版社,2020.

国式现代化全面推进中华民族伟大复兴的基础工程"。习近平还指出了建设教育强国的大方向："要全面贯彻党的教育方针，坚持以人民为中心发展教育，主动超前布局、有力应对变局、奋力开拓新局，加快推进教育现代化，以教育之力厚植人民幸福之本，以教育之强夯实国家富强之基，为全面推进中华民族伟大复兴提供有力支撑"。习近平把建设教育强国作为了全党、全社会的共同任务，全党全国人民要为早日实现教育强国目标而共同努力，提倡"学校、家庭、社会要紧密合作、同向发力，积极投身教育强国实践，共同办好教育强国事业。"①

习近平对建设教育强国的阐述随着时间的推移越来越趋向成熟和具体。习近平在党的十九大报告中强调了建设教育强国的重要性，到党的十九届五中全会正式将建设教育强国作为到2035年实现的远景目标之一，而在党的二十大报告中，习近平又对教育科技人才单独成章进行了布局，吹响了加快建设教育强国的号角，中共中央政治局在第五次集体学习时，更是对推动教育强国建设作了具体设计。

（二）中国教育"走出去"理念的提出

2023年9月15日，习近平根据中共中央政治局第五次集体学习上的讲话，在中国共产党中央委员会机关刊物《求是》杂志第18期发表了名为《扎实推动教育强国建设》的文章，具体探讨了中国要建设什么样的教育强国、怎样建设教育强国的重大课题。

习近平明确指出，中国要建设的教育强国，是中国特色社会主义教育强国，由党对教育事业进行全面领导。建设教育强国的根本任务是立德树人、为党育人；根本目标是为国育才；重要使命是服务中华民族的伟大复兴；核心功能是支撑引领中国式现代化；基本路径是教育理念、体系、制度、内容、方法、治理的现代化。除了对建设教育强国大方向的把控，习近平还从6个具体方面提出了加快建设教育强国的具体设计：第一，培养担当民族复兴大任的时代新人；第二，加快建设高质量教育体系；第三，全面提升教育服务高质量发展的能力；第四，在深化改革创新中激发教育活力；第五，增强我国教育的国际影响力；第六，培养高素质教师队伍。

在对增强中国教育国际影响力的阐述中，习近平强调，要根据国际形势的发展变化完善和扩大教育对外开放战略，统筹做好中国教育"引进来"和"走出去"两篇大文章。中国教育"引进来"，就是要有效利用世界一流教育资源和创新要素，使中国成为世界上具有强大影响力的世界重要教育中心。中国教育"走出去"，就是在深入贯彻总体国家安全观、把牢教育对外开放正确方向和安全底线的基础上，积极参与全球教

---

① 2023年5月29日习近平在中共中央政治局第五次集体学习时强调：加快建设教育强国，为中华民族伟大复兴提供有力支撑。

育治理，大力推进"留学中国"品牌建设，从而讲好中国故事、传播中国经验、发出中国声音，最终增强我国教育的国际影响力和话语权。

其实，早在2014年习近平就意识到了中国教育需要走向全球。2014年12月12日至13日在北京召开的全国留学工作会议上，习近平就表现出了对留学生在华学习的平等规划和重视。习近平提出，在新形势下，留学工作要适应国家发展大势和党和国家工作大局，要统筹谋划好出国留学和来华留学工作。做好来华留学工作其实就是中国教育"走出去"理念的具象化实践之一。当下，习近平把中国教育"走出去"理念放在了扩大教育对外开放战略的框架下，作为了建设教育强国的政策指导之一，明确了中国教育"走出去"的实践方向。

二、中国教育"走出去"的实践

当前，在践行扩大教育对外开放战略以推动教育强国建设方面，中国教育"走出去"的实践主要表现在参与全球教育治理和推进"留学中国"品牌建设两个方面。

（一）参与全球教育治理

对全球教育治理的参与度不仅能反映出一国组织开展国际教育合作的空间和能力，也是维护教育强国和重塑国际教育秩序的重要表现。拓宽参与全球教育治理的广度和深度，可以增强一国对于国际教育议题议程的影响力。近年来，中国积极参与全球教育治理实践，发起、组织、参与了多个国际教育大会，如国际教育信息化大会、世界职业技术教育发展大会、国际人工智能与教育大会、互联网技术与教育信息化国际会议、世界慕课与在线教育大会、世界数字教育大会等。以世界职业技术教育发展大会和世界慕课与在线教育大会为例，中国通过组织开展不同主题的教育大会，为教育的不同领域提供了国际化的交流平台，积极参与了全球教育治理的具体实践。

1. 世界职业技术教育发展大会

世界职业技术教育发展大会是由中华人民共和国教育部、中国联合国教科文组织全国委员会主办，中国教育部职业教育发展中心、国家开放大学、中国教育国际交流协会、中国职业技术教育学会、天津市教育委员会承办的职业教育领域的国际会议。2022年8月18日至8月20日，中国发起和主办了首届世界职业技术教育发展大会。这次大会主题是"后疫情时代的职业技术教育发展：新变化、新方式、新技能"，以线上线下相结合的方式举办。大会活动包括开幕式、主论坛、14个平行论坛及闭幕式，同期举办了首届世界职业院校技能大赛、世界职业教育产教融合线上博览会，并发布了筹建世界职业技术教育发展联盟的倡议，形成了"会（世界职业技术教育发展大会）、盟（世界职业技术教育发展联盟）、赛（世界职业院校技能大赛）、展（世界职业教育产教融合博览会)"的职业教育国际交流合作新平台与新范式。

这次会议有4个亮点。第一个亮点是示范性。会议期间，中国政府宣布了深化职业教育国际合作的重要举措和承诺，发布了《中国职业教育发展白皮书》，向世界介绍了中国职业教育的发展经验，展示了中国方案，贡献了中国智慧。会议紧密对接新产业、新技术、新业态发展，建立和完善职业学校大赛的标准和规则体系，通过项目实施、平台搭建、活动组织，充分发挥大会在国际职业教育领域的示范作用。第二个亮点是引领性。在本次会议上，主论坛和14个分论坛讨论了当前全球热点问题；发布了《天津倡议》，以分享各国的经验和做法，并提出了未来职业教育发展的方向；发起了筹建世界职业技术教育发展联盟、设立国际职业教育大奖的倡议，以鼓励各国各界积极参与，取得了一系列引领性的务实成果。第三个亮点是广泛性。大会及同期活动不仅广邀来自各国政府机构、国际组织、行业协会、知名企业、高校和研究机构的代表，还动员了全国一万多所职业院校邀请各国合作的院校、企业、机构在线观看大会直播，最大限度地扩大了参会国家地区、界别的覆盖面。第四个亮点是融合性。本次大会与同类国际性职业教育会议相比，强调教育与产业的融合发展。会议讨论了"绿色技能""校企合作""前沿技术成果"等议题，广邀了来自行企业界代表参会，还以"产教融合"为主题举办大型线上博览会，促进了全球职教界和产业界的深度合作和共同发展。

这次世界职业技术教育发展大会是中国政府首次发起并主办的国际性职业教育大会，受到了国际社会的广泛关注和高度重视。会议邀请了数千名国内外政要、专家学者、学生、鲁班工坊的学员参加。来自123个国家和地区的近700名代表注册参会。来自瑞士、新加坡、阿根廷等25个国家的教育部部长，来自埃塞俄比亚、爱尔兰、巴基斯坦等15个国家的驻华大使，联合国教科文组织、国际电信联盟在内等17个国际组织的领导或代表，都通过线上或线下方式参加了会议。这次世界职业技术教育大会是中国参与全球职业教育治理的有益尝试，对中外职业教育交流合作、推动中国职业教育的高质量发展有积极意义。

2.世界慕课与在线教育大会

2020年12月9日至11日，清华大学与联合国教科文组织教育部信息技术研究所联合主办了第一届世界慕课大会。大会期间还发起成立了世界慕课联盟。世界慕课联盟的创始成员包括来自五大洲的14个国家、16所全球知名大学、三大课程平台和一个研究机构。联盟的秘书处设在清华大学，由清华大学担任首任主席单位。大会同期还发布了《慕课发展北京宣言》，向世界发出了关于慕课和在线教育的四点共识，这也是本次大会的成果文件。根据宣言文件，全球慕课大会围绕"学习革命与高等教育变革"

的主题，探讨了推进高等教育与信息技术深度融合的方法和模式，旨在总结和交流慕课建设和应用，以及在线教育发展的经验。本次大会还积极促成了世界慕课和高等在线教育发展的全球共识，推动了"互联网+"和"智能+"教育的国际交流与合作，为共同推动联合国可持续发展目标的实现奠定重要基础。

2021年12月6日至9日，2021年世界慕课与在线教育大会（由世界慕课大会更名而来）主会议在线成功举办。本次大会上，经2021年世界慕课联盟理事会一致通过，联盟更名为"世界慕课和在线教育联盟"。本次世界慕课与在线教育大会的主题为"一起向未来——引领新数字时代高等教育创新"，旨在为全球慕课与在线教育的发展提供一个交流与互鉴的平台，促进优质慕课及其他各类在线教育资源的共建共享，促进新的教育技术开发与应用的互联互通，加强国际合作，持续推动高等教育与信息技术的深度融合。

2022年12月8日至9日，2022年世界慕课与在线教育大会在线上举行，大会主题为"教育数字化引领未来"。这届大会在线吸引了来自中国驻外使馆、中央和国家有关部委、教育部有关司局、各省教育厅、高校、各类在线教育平台及有关企业代表共计超过6000名参与者参会。来自联合国教科文组织及美国、英国、法国等近20个国家知名高校、平台、企业的50多名嘉宾和教育数字化专家进行了线上发言，讨论了高等教育数字化转型的前沿理念，分享了对高等教育数字化未来发展的见解。大会上，中国教育部介绍了中国慕课与在线教育的发展成就，并提出了中国倡议。

从2023年开始，世界慕课与在线教育大会由世界慕课与在线教育联盟的成员机构轮流举办。2023年12月14日至16日，2023年世界慕课与在线教育大会在意大利米兰召开，由世界慕课与在线教育联盟和联合国教科文组织教育信息技术研究所联合主办，清华大学、米兰理工大学共同承办。来自全球70多个国家的高校、在线教育平台、国际组织、政府机构的相关负责人及专家学者参加了会议。此次大会的主题为"人工智能驱动下的未来大学和教育重构"。来自联合国教科文组织及美国、英国、法国等20余个国家和地区的知名高校、平台、企业的60余位嘉宾和教育数字化专家通过线上线下融合的方式分享交流，畅谈了高等教育数字化未来和人工智能与未来素养的融合与创新发展。此次会上还宣布英国FutureLearn平台、印度尼西亚网络教育学院、墨西哥国立自治大学3个单位作为新成员加入了世界慕课与在线教育联盟。

世界慕课与在线教育联盟不断发展壮大，通过定期举办年度会议的方式将中国在在线教育方面的共识和倡议向全球同行传播，使得中国在推动世界高等教育数字化和推动联合国教科文组织教育可持续发展目标的实现方面扮演着越来越重要的角色。

（二）"留学中国"品牌建设

2010年后，中国的留学产业迅速发展，于2010年到2016年间逐渐超过了德国、法国、澳大利亚、日本、西班牙、比利时和俄罗斯，成为继美国和英国之后的第三大国际学生留学目的地和全球留学目的地多中心共存模式中的重要一站；特别是在东亚地区，中国已成为大多数东盟国家学生的首选留学目的地[①]。当前，我国高等教育留学生规模已居全球第8位，反映了我国高等教育对国际学生的吸引力[②]。多元的竞争格局促进了国际留学市场品牌意识的产生：包括英国、美国、澳大利亚、加拿大在内的传统留学强国和包括俄罗斯、芬兰、新加坡、马来西亚等在内的新兴留学目的地国家都注重制定海外留学战略、推广海外留学品牌计划。中国在"留学中国"品牌建设上也有持续跟进。

2010年9月28日至29日，教育部在北京举办了全国来华留学工作会议暨新中国接受外国留学生60周年纪念系列活动。大会期间，教育部正式发布了《留学中国计划》。《留学中国计划》规划了未来10年（2010—2020年）的中国来华留学工作，以贯彻落实《国家中长期教育改革和发展规划纲要（2010—2020年）》，加强中国与其他国家的教育交流与合作，促进留学中国事业的持续推进和健康发展，提升我国教育国际化水平。《留学中国计划》的指导思想是统筹规模、结构、质量和效益，推进来华留学事业全面协调可持续发展，更是特别指明，要打造中国教育的国际品牌，即进行"留学中国"品牌建设。根据《留学中国计划》的发展目标，到2020年，中国要成为亚洲最大的留学目的地国家（已实现——在全球范围内，中国已经成为仅次于美国和英国的全球第三大留学目的地国家）；建立与中国国际地位、教育规模和水平相适应的来华留学工作和服务体系；造就出一大批来华留学教育的高水平师资；形成来华留学教育特色鲜明的大学群和高水平学科群；培养一大批知华、友华的高素质来华留学生。为此，在宣传推介上，要大力加强来华留学宣传和推介力度，整合国内外各方资源，充分发挥国内有关机构和中国驻外使（领）馆、海外孔子学院（孔子课堂）等在来华留学宣传方面的作用，加强"留学中国网"及各来华留学教育机构外文网站建设。

1. 国家留学基金管理委员会

国家留学基金管理委员会（以下简称国家留学基金委）成立于1996年，是直属于中华人民共和国教育部的非营利性机构，负责管理国家留学基金。国家留学基金主要

[①] 张斌，宗晓华，王新瑞."留学中国"品牌视野下国际学生学情调查有效维度探究[J].国际学生教育管理研究，2023，（1）：108-117.

[②] 崔吉芳，万歆.观世界，看中国；观历史，看今天——教育强国指数是咋回事儿[N].人民政协报在线教育周刊，2023-06-07（010）.

来源于国家财政拨款，也接受并积极争取国内外捐助。在职责上，国家留学基金委不仅负责组织和处理中国公民出国留学的相关事务，还接受境内外友好人士、组织、机构的捐赠，与相关机构开展合作并设立留学项目，资助和管理外国公民在华留学项目。国家留学网是国家留学基金委的官方网站，内设的留学中国网属于国家留学网中的来华留学部分。留学中国网设有中国概况、奖学金指南、院校专业信息、留学须知、留学动态等板块，还为来华留学生提供职业机会、留学中国的法律法规等信息。留学中国网提供了一系列可供申请的奖学金项目入口，主要包括中国政府奖学金、地方政府奖学金、孔子学院奖学金、学校奖学金、企业奖学金及其他奖学金，以资助来华的国际学生、教师和学者在中国高校开展学习和研究工作。其中，中国政府奖学金致力于资助来华留学生和研修人员在中国的访学、学历学位获取、工作技能提升，有助于来华人员对中国教育体系、知识体系的认识和理解，培养对华感情，有助于中国教育潜移默化地走进来华人员的内心。而孔子学院奖学金的设立则聚焦在培养合格的海外中文教师、助力国际中文教育人才的成长、促进世界各国中文教育的发展上，为中国教育走出去培养着各国本土的中文人才基础。中国政府奖学金和孔子学院奖学金是来华留学奖学金的典型代表。

2. 中国政府奖学金

中国政府奖学金由教育部委托国家留学基金委负责招生和管理工作，目前主要包括面向来华留学生设置的中国政府奖学金项目，以及面向来华进修工作人员设置的中国政府来华留学卓越奖学金项目和"一带一路"共建国家工会干部汉语研修奖学金项目。

中国政府奖学金项目的资助对象为本科生、硕士研究生、博士研究生、普通进修生和高级进修生，专业范围覆盖理学、工学、农学、医学、经济学、法学、管理学、教育学、历史学、文学、哲学、艺术学等。中国政府奖学金的项目类别有4类：国别项目、中国院校自主招生项目、专项奖学金项目（长城奖学金项目、中国—欧盟学生交流项目、中国—东盟院校组织奖学金项目、太平洋岛国论坛项目、世界气象组织项目）、学生分项目。

中国政府来华留学卓越奖学金项目面向4类人员之一：所在国政府部门处级（或相应级别）及以上的公职人员，机构和企业等单位高级管理人员，高校和科研机构行政管理人员，有国际组织任职或实习相关经历人员。其目的是培养具有广阔国际视野、优秀综合素质、卓越领导能力和跨文化背景的全球治理人才。

"一带一路"共建国家工会干部汉语研修奖学金主要为来自"一带一路"共建国家的工会干部设立，资助具有一定工作经验的优秀工会干部来华进修汉语言，进而发展中国工会同各国工会组织的友好关系，增进中国工人阶级同各国工人阶级的友谊，为世界的和平、发展、合作、工人权益、社会进步贡献力量。

3. 孔子学院奖学金

为培养各国本土合格的国际中文教师，促进世界各国中文教育的发展，教育部中外语言交流合作中心（原名孔子学院总部）设立了孔子学院奖学金，现也称国际中文教师奖学金。孔子学院、独立运营的孔子课堂、部分汉语考试考点、外国相关教育机构、高校中文师范专业或中文院系、国外有关中文教学行业组织、中国驻外使（领）馆等推荐机构可以推荐优秀学生和在职中文教师到中国大学进行国际中文教育及相关专业的学习。申请人应非中国籍公民，致力于从事中文教育教学与推广中文国际活动相关的工作，对于在职中文教师可以适当放宽奖学金申请的年龄限制。孔子学院奖学金主要包括中文师资类项目、联合培养项目、奖学金线上项目。中文类师资项目面向国际中文教育专业博士研究生、国际中文教育专业硕士研究生、汉国际中文教育专业本科生、一学年研修生、一学期研修生、四周研修生；联合培养项目由中外语言交流合作中心与有关国家的教育部、大学、接受院校等合作给出奖学金；奖学金线上项目包括一学年汉语研修线上项目和专项线上研修线上项目。此外，对于在职中文教师和汉语桥获奖者，还有同等条件下的优先录取或简化申请流程等政策。

4. 留学中国预科教育联盟

2016年2月，留学中国预科教育联盟由28所中国高校共同发起成立，秘书处位于上海。留学中国预科教育联盟致力于为来华留学生提供在华留学前、留学中、毕业后的一站式服务，可以为有来华留学意向的学生提供多种高校和项目的学位教育申请。对于符合条件的优秀来华留学生，可以提供多份大学录取和多种奖学金。留学中国预科教育联盟拥有完善的国际预科教育课程体系（IFP项目）、广泛的全球校园网络、多元的全球人才发展生态系统，对中国多维立体的实时介绍全方位吸引着有来华留学意向的国际学生。

当前，中国预科教育联盟的国际项目在中国境内外设有6个项目学习中心，来自全球各地的来华留学可以通过留学中国预科教育联盟提供的多种途径参加预科课程的学习。2022—2023学年，有超过3600名来华留学生在留学中国预科教育联盟成功完成了国际预科课程，并顺利进入了留学中国预科教育联盟的成员大学进行学位课程的学习，其中，许多来华留学生因学业表现优异获得了奖学金资助。

留学中国预科教育联盟还通过校企合作创新人才培养机制。2017年，在第十届中国东盟教育交流周上，留学中国预科教育联盟与"中国—东盟教育培训联盟"联合知名出海中资协会、行业协会、中外商会、各类企业联盟等，成立了"一带一路"人才培养企校联盟。此举旨在通过工作和创业实践扩大来华留学生的职业机会，为"一带一路"沿线各国企业培养和输送具有国际竞争力和国际视野的年轻人才。对来华留学生的就业考虑也成为中国预科教育联盟的工作的亮点，从宏观来讲也有利于丰富"留学中国"品牌建设的内涵与外延。

三、中国教育"走出去"理念是习近平教育强国相关理念的细化和延伸

根据习近平总书记关于教育的重要论述，建设教育强国是实现民族复兴的基础，是中国到2035年预计实现的社会主义现代化远景目标之一。在对教育强国建设做具体设计时，习近平强调，要根据国际形势的发展变化完善、扩大教育对外开放战略，中国教育"走出去"就是其中的重要一环。实现中国教育"走出去"，就是在深入贯彻总体国家安全观、把牢教育对外开放正确方向和安全底线的基础上，积极参与全球教育治理，大力推进"留学中国"品牌建设，从而讲好中国故事、传播中国经验、发出中国声音，最终增强我国教育的国际影响力和话语权。

基于中国教育"走出去"的理念内涵，中国教育"走出去"的实践主要表现在参与全球教育治理和推进"留学中国"品牌建设两个方面。中国积极参与全球教育治理实践，持续发起、组织、参与包括世界职业技术教育发展大会、世界慕课与在线教育大会在内的全球性的教育大会，在教育的不同领域传播了中国经验、发出了中国声音。在推进"留学中国"品牌建设上，中国提前规划布局，于2010年发布的《留学中国计划》的方向指导对现在的"留学中国"品牌建设仍有参考意义。就当前中国正在进行的"留学中国"品牌建设实践而言，中国教育部委托国家留学基金委管理国家留学基金，对"留学中国网"进行了相应建设，提供以中国政府奖学金和孔子学院奖学金为代表的来华留学奖学金的在线申请渠道。此外，由中国众高校联合发起的留学中国预科教育联盟蓬勃发展，通过建设全球性外文网站打破了地域局限，为来华留学生的来华留学工作提供了一站式服务，成效显著。这些留学中国品牌建设工作都为来华留学人员切身感受中国教育、了解真正的中国故事创造了条件。

基于当前已有的中国教育"走出去"实践，中国教育"走出去"的理念内涵和实践内容还会得到进一步丰富和扩充，成为实施教育对外开放战略的重要支柱，从而推动教育强国建设、提升教育现代化水平，进而全面推进中国教育的发展，助力中国建立在全球范围内具有比较优势的教育体系，为世界各国尤其是广大发展中国家的教育改革发展提供参考，充分展示中国智慧、提供中国方案。

以创新驱动研究生教育改革发展[①]

郑承军

研究生教育不仅在培养高层次创新人才方面负有历史使命和责任担当,而且在教育教学过程中也要注入创新意识和革新精神,准确把握研究生教育的时代定位,聚焦提升研究生教育水平,遵循高层次人才培养规律,不断深化改革创新,推进内涵式发展,突出质量提升,培养和造就高层次拔尖创新人才。

一、加快和推进新时代研究生教育改革发展

(一)研究生教育要以人才培养为龙头,为党育人、为国育才

习近平总书记就研究生教育工作作出重要指示,"党和国家事业发展迫切需要培养和造就大批德才兼备的高层次人才",为新时代的研究生教育提出了目标和要求。因此,要依据"严格质量标准、突出培养特色、坚持分类培养"原则,结合自身特色、发展需求与人才培养定位,在充分调研的基础上,优化构建本学科研究生培养方案体系。

(二)研究生教育要以科学研究为载体,研究生要以"研"为主

威廉和亚历山大·冯·洪堡兄弟在创建柏林洪堡大学时,就提出要把科学研究放在首位,遵循"教学与研究相结合""通过研究来进行教学"的原则,因此柏林洪堡大学成为世界上第一所现代意义的大学,首次将科学研究和教学相融合,被誉为"现代大学之母"。研究生既要学习知识,更要研究问题,研究生是研究问题的学生。现在研究生最大的问题是提不出问题,或者提出的问题都是"伪命题",如研究生开题时要么不知道写什么;要么给导师列出好多题目,什么都想写,但什么都深入不下去。因此,研究生教育要克服本科化的倾向,树立和培养研究生科学的、正确的问题意识。

[①] 本文已发表于《北京教育(高教)》2021年第8期,原文题目为"以创新驱动研究生教育改革发展"。作者:郑承军,北京第二外国语学院副院长、教授。

（三）研究生教育要以社会服务为目标，服务国家战略和促进地区发展

19世纪下半叶，美国高等教育大兴社会服务职能，使之成为高等院校的基本职能之一。研究生教育不是躲在书斋中的教育，而是要发挥学科和人才的优势，积极主动服务国家和地方经济社会发展的教育。研究生教育要面向国家经济社会发展主战场、人民群众需求和世界科技发展，培养适应多领域需要的人才，为国家解决"卡脖子"问题和推进科技创新作出贡献。

（四）研究生教育要以文化传承与创新为己任，大力弘扬中国精神、传播中国价值、凝聚中国力量

大学是文化的高地和风向标，对于文化，既要传承，更要创新。正如习近平总书记所言，"不忘历史才能开辟未来，善于继承才能善于创新"。研究生教育要在文化建设的"创造性转化、创新性发展"中作出贡献，革故鼎新，博采众长，贯通中西，古为今用，以我为主，为我所用。

二、探索和创新研究生教育改革发展的路径思考

（一）建立以能力培养为重点的课程体系

构建全校研究生整体课程教学系统，促进课程体系的交叉融合，打破跨学院选课壁垒。推动研究生学位课程网络教学平台建设，打造研究生公共选修课教学平台，充分利用现代网络及信息化技术，促进优质课程体系的共享。同时，探索讨论班制度，以研究方向或课题组为单位设立研究生讨论班。

（二）构建以提升研究生研学能力为支点的培养体系

研究生在校期间的创新能力培养主要依靠于学术研究和论文阅读与写作。其中，论文读写既是专业学习的基础，也是批判思维形成、创新能力培养的重要途径。然而，在研究生的培养过程中，存在着诸如培养过程管理困难、学生文献阅读量小、缺乏阅读引导等问题。研究生培养要从过去的单一专业知识学习向复合研究能力提升转化，帮助研究生学会学习、学会研究、学会创新。应该在研究生培养阶段强化文献阅读能力和实验能力的提升，在学位论文开题之前强化文献考试环节，着重考查研究生的文献阅读数量和质量，促使研究生博览群书、开阔学术视野，开展"研究生学术大讲堂"、研究生学术文化节等学术活动，实施研究生"暑期小学期""名师带高徒"等帮扶计划，在研究生中树立"用心学习、刻苦钻研"的扎实学风。

（三）建设一支政治素质过硬、师德师风高尚、业务素质精湛的研究生导师队伍

导师是研究生培养的第一责任人，肩负着培养高层次创新人才的使命与重任。导师应具有过硬的政治素养和高尚的师德师风，全面贯彻党的教育方针，严格执行国家

教育政策，坚持教书和育人相统一，坚持言传和身教相统一，坚持潜心问道和关注社会相统一，坚持学术自由和学术规范相统一，以德立身、以德立学、以德施教，爱岗敬业，乐于奉献，严谨治学，为人师表，教书育人。应建立导师岗位动态调整机制，实行导师招生资格年度审核制度，强化与招生培养紧密衔接的岗位意识，将导师师德师风、学术活跃度、人才培养质量和就业质量作为评价要素。导师要积极引导研究生开展科学研究，指导研究生阅读本学科领域国内外文献资料，拓宽研究生学术视野，参加国内外各类学术交流活动和必要的社会实践活动，从而培养研究生的创新精神和实践能力。

（四）打造基于现代教育技术手段的研究生数字学习平台

将世界知名在线教育平台对应课程适当纳入培养方案，将慕课资源引入课堂，对部分课程实施混合式教学，引导学生自主学习、探究式学习，把慕课建设纳入常规教学体系，聚焦于课程背后大数据的教学研究，探寻提高教学质量的科学路径。积极实施研究生网络课程建设计划，建设研究生网络在线学习平台，推动有学科特色的研究生"前沿教材"项目建设，使研究生教育教学活动的内容和形式一直都追求卓越、守正创新。

（五）加强学术道德与学术规范教育，营造健康向上的学术氛围

弘扬良好学风，加强学术素养和诚信教育，大力培育崇尚科学、求真务实的思想理念，包容并蓄、宽松和谐的学术环境，诚实守信、风清气正的文化氛围。要加强对研究生的学业指导和就业指导，开设"论文写作指导""信息检索技术""就业创业指导"等课程或讲座，加强方法论学习和就业创业训练，扩大专业选修课比例。

（六）探索以选拔优秀拔尖人才为突破的研究生招生考试

进一步加强选拔机制的设计，优化初试，强化复试，发挥和规范导师作用，推进学术学位和专业学位硕士研究生分类考核机制，对考生的综合素质、知识结构、科研能力和创新精神全面考查，进一步吸纳优质生源。同时，严格遵守和执行研究生招生的规章制度和纪律要求，进一步加强研究生招生工作的规范性管理，实行阳光招生，切实保证招生工作的公开、公平、公正。

创新不是为了创新而创新，也不是为了追赶时尚而创新，创新的终极目标是为了人的创新而创新，人是创新的最高目标和最高境界。因此，找准方向是找准"人"的方向，而不是"物"的方向。教育的本质就是为了人格塑造。因此，研究生教育创新要不忘教育的初心，要回归研究生美好人格塑造的本位。

加强和完善思政课实践教学体系的建构①

庄文城

思政课实践教学是提升思政课教学质量的重要环节和有效路径。北京第二外国语学院（以下简称学校）以加强党对思政课实践教学的领导、制定和完善实践教学相关制度、加强思政课教师实践教学能力培养作为顶层设计，以落实实践教学学时学分要求、科学界定实践教学的活动方式和完善实践教学的评价体系建立实践教学的科学体系，搭建实践教学基地、实践教研中心和实践教学共同体，凝练"红培工程""一课一品"以及多样化的实践教学活动特色品牌。

一、加强思政课实践教学的顶层设计

加强顶层设计是扎实推进思政课实践教学的重要保障。思政课实践教学仍存在一定的现实问题，容易流于形式。为更好谋划思政课实践教学，学校积极推进思政课改革创新行动，科学谋划思政课实践教学体系，着力把思政课实践教学纳入党建引领思政课高质量发展的品牌项目。

（一）加强对思政课实践教学的领导

为了更加有力推进思政课实践教学，确保思政课实践教学与思政课课堂教学的内容相衔接，明确思政课实践教学的目标和方向，学校成立了由分管校领导担任组长，学校党委宣传部、学工部、团委、教务处、研究生院等职能部门组成的思政课实践教学领导小组，办公室设在马克思主义学院，同时设立了思政课实践教学专项经费，加强统筹协调，逐步健全和完善思政课实践教学的管理运行及保障机制。

（二）制定和完善实践教学的相关制度

思政课实践教学规范化制度化，是思政课实践教学建立起长效机制，确保取得实效性的重要保障。近年来，学校制定了思政课改革创新行动方案和加强大思政课建设

---

① 本文已发表于《北京教育（高教）》2023年第6期，原文题目为"加强和完善思政课实践教学体系的建构——以北京第二外国语学院为例"。作者：庄文城，北京第二外国语学院马克思主义学院院长、教授。

的工作方案等文件，明确规定了学校思政课实践教学的思路和要求。根据实践教学的要求和学校实际，制定了《北京第二外国语学院思政课实践教学实施方案》，确定了实践主题和目标，明晰了具体任务和职责，制定了实施落实的措施和评价考核标准，确保思政课实践教学有序稳步推进。

（三）加强思政课教师实践教学能力培养

上好思政课的关键在教师，上好思政课实践课，需要不断提升思政课教师自身的实践能力。近年来，学校严格落实生均40元的拨款用于思政课教师实践研修和学术交流的要求，多次组织思政课教师到贵州省、吉林省、河北省、河南省等地，以及北京市的香山革命历史纪念馆、中国共产党历史展览馆开展思政课教师实践研修和社会调研，帮助教师了解国情，开阔视野，提升思政课教师实践教学能力。搭建思政课教师实践锻炼平台，有计划地安排思政课教师参加校内外挂职锻炼和社会服务。3年来，有8位教师参加各种形式的支教和挂职锻炼。依托学校教师发展中心，探索建立思政课教师发展体系，在新上岗教师入职培训、骨干教师专题培训和访学研修等方面加大支持力度，确保思政课专职教师每年至少参加一次实践研修。

二、完善思政课实践教学的科学体系

（一）严格落实实践教学学时、学分要求

落实好学时学分要求是贯彻落实思政课实践教学的基本前提。近年来，学校规范思政课实践教学管理，严格落实本科阶段将2个学分用于思政课实践教学的要求。加强实践教学计划管理，统筹设计思政课实践教学大纲，制定《北京第二外国语学院思想政治理论课实践教学指导纲要》。加强实践教学运行管理，确保实践教学计划、学时分配、指导教师、经费、保障措施和质量效果等落实到位，坚决避免思政课实践教学同质化、娱乐化、形式化、表面化。加强实践教学质量管理，完善实践教学检查考核办法，探索建立思想政治理论课实践教学质量评价体系。

（二）科学界定实践教学的活动方式

学校校园文化活动丰富多彩，思政课实践教学既不能脱离学校第二课堂实践活动，也不能混同于第二课堂实践活动，造成思政课实践活动流于形式。学校进一步规范思政课的实践形式和要求，明确实践活动形式。一是思政课程类实践活动。结合课程相关内容，组织学生到香山革命历史纪念馆等实践教学基地开展"红色京华行"参观学习和社会调研活动。二是课程思政类实践活动。结合学生的专业特色，发挥思政课教师作用，指导学生积极参加学校主办的全国大学生红色旅游大赛，在提升学生专业素养基础上加强对学生的红色教育。三是校园第二课堂实践活动。聘请思政课教师作为

学生社团、青马工程、暑期社会实践活动、志愿服务活动等的指导教师,重点指导学生开展社会调查,撰写实践报告。四是开展优秀实践成果进课堂。对学生中的优秀实践成果在课堂上进行展示交流,提升实践教学的效果。五是开展思政类的实践活动。指导学生参与"双语"讲思政课、"党的二十大精神"学生讲等思政类实践活动。六是举办实践教育专题辅导报告。邀请行业先锋、道德楷模、励志典型、退役将军等进思政课堂,既发挥榜样教育示范作用,也进一步丰富实践教学形式。

(三)逐步完善实践教学的评价体系

加强思政课教学的过程考核,规范过程考核的内容和标准,把实践教学纳入过程考核的重要组成部分,明确要求思政课过程考核成绩占比不低于50%,加强对学生调研项目和撰写实践报告的指导。发挥质量评价体系的引导作用,坚持政治评价与知识评价相统一、结果评价与过程评价相统一、定性评价与定量评价相统一的原则,围绕接受质量、过程、结果等要素,探索建立多层次综合性的质量评价体系。为确保思政课实践教学的实效,避免思政课实践教学的同质化、娱乐化、形式化、表面化倾向,加强了对不同形式实践活动内容和活动形式的统筹规划、协调管理。加强了对实践教学质量的管理,完善实践教学检查考核办法,探索建立思政课实践教学质量评价体系,对实践教学过程进行评价、督查,对优秀实践教学成果进行展示,提高实践教学效果。

三、搭建思政课实践教学的发展平台

(一)建好用好实践教学基地

设立"大思政课"实践教学定点基地,建立长效合作机制,将思政课堂搬到实践基地,能更好引导学生在现场教学中深刻体悟党的创新理论的真理魅力和实践伟力。近年来,学校依托学校外语、旅游等优势特色资源,坚持思政课程实践教学与课程思政实践教学相结合,在福建南平市和长汀县、浙江嘉兴市、安徽金寨县、北京香山革命历史纪念馆、新四军研究会等,打造了一批校级"大思政课"实践教学基地,积极推动思政课实践教学与学校思想政治工作特色品牌项目深度融合,不断提升校本资源实践育人质量和成效。同时,积极推进实践基地的先进典型、优秀校友、老将军以及革命博物馆、纪念馆、党史馆、烈士陵园等红色基地讲解员、北京2022年冬奥志愿者走进思政课堂,为学生讲思政课。

(二)成立大学生思政课实践教研中心

为了更好组织开展思政课实践教学活动,加强实践教学的管理,深化思政课实践教学研究,提升思政课实践教学的质量,学校成立了大学生思政课教研中心,统筹协调思政课实践教学的各项工作,着力产出一批具有较高质量的思政课教研成果。负责组建由各教研室主任参与的实践教学团队，确定实践教学年度目标，制定年度实践教学教育和研究计划，对学院实践教学环节进行规划、组织、协调、评价、奖励和管理，确保实践教学各项工作能够顺利有效开展。

（三）加强实践教学的共同体建设

社会实践活动是思想政治教育的重要方式。思政课实践教学活动受到时间限制、经费有限、指导教师不足等影响，实践活动开展受到一定影响。然而，学校各个相关部门，如宣传部、学工部、团委、教师工作部等都开展了丰富多彩的实践活动，他们之间也存在密切联系。整合学校相关资源，建立实践教育的共同体，对思政课实践教学具有重要补充作用。学校积极整合思政课教师、团干部、辅导员队伍，共同参与组织指导思政课实践教学，鼓励具有高级职称的思政课教师承担实践教学指导工作，将思政课教师、辅导员指导学生开展思政课实践活动、指导学生理论社团建设、指导学生参与竞赛等纳入教学工作量，作为职称晋升和岗位聘任的重要参考标准。加强与学校相关部门、地方政府、博物馆、纪念馆等方面的沟通协作，积极探索"行走的大思政课"教学大格局。整合学校教育教学网络平台，探索网上网下教学互动、校内校外资源共享的教育新模式，进一步确保高校思政课实践教学的实效。

四、凝练思政课实践教学的特色品牌

（一）推进"红培工程"育人资源进思政课

思政课实践教学既要走出去，也应该把优秀实践成果和先进典型请进思政课堂。学校连续举办12届的全国大学生红旅大赛，不仅是专业竞赛，更是生动的思想政治教育，被称为"面向千校万人的思政教育平台""行走在祖国大地上的思政大课"，也产生了丰富的红色教育资源。在此基础上，学校积极探索将"红培工程"的丰富资源融入学校思政课课程教学。统筹推进红色旅游教育资源融入思政课教学，做到课程全覆盖和人员全覆盖。既发挥思政课优势进一步挖掘"红培工程"的深刻内涵，更好体现"红培工程"的育人优势；也为学校思政课教学提供丰富素材和生动案例，更好推进思政工作与思政课教学相互支撑、相互促进。以"红培工程"为重点，推动红色文化更好融入思政课教学。

（二）构建"一课一品"实践教学模式

根据每门思政课的课程目标和课程特点，围绕打造课程品牌的定位，建设具有学校和学院以及课程特点的实践教学特色。"马克思主义原理"课程侧重于"读经典、悟原理、指导实践"，"毛泽东思想与中国特色社会主义理论体系概论"和"习近平新时代中国特色社会主义思想概论"课侧重于马克思主义中国化的理论和实践的生动案例和实践感悟,"思想道德与法治"课侧重于社会主义核心价值观的践行和寻找身边青年励志的榜样,"中国近现代史纲要"课和"四史"课侧重于开展京华大地"红色文化"的学习实践,"形势与政策"侧重于党的路线方针政策的领悟与阐释,力争建成具有课程特色的实践教学模式,建成一批具有学校特色并具有一定示范效应的思政课实践教学辅助教材和案例库。

(三)组织开展多样化的特色实践教学活动

组织学生到北京香山革命历史纪念馆、中国共产党历史展览馆等基地参观学习。带领学生访谈新四军离退休老红军,举办"将军大讲坛"。协同校团委和学工部,组织开展"红色京华行"实践活动、大学生暑期社会实践活动。组织学生积极参与中国国际"互联网+"大学生创新创业大赛青年红色筑梦之旅、习近平新时代中国特色社会主义思想大学习领航计划、"小我融入大我,青春献给祖国"等社会实践和主题教育活动。加强与学校附中、附小、幼儿园联合开展大中小幼思政课一体化实践活动联合体建设。整合大学生的社会实践活动、翔宇青马工程和相关理论社团活动、志愿者服务活动、思政课教学实践活动等,做好统筹规划、相互协调、齐抓共管。

"大思政"特色育人格局实践与探索[①]

巩琳萌　霍彬涛

学校秉持"思想铸魂文化润心"理念，发挥红色资源育人和志愿服务育人特色，整合全校思政工作队伍精锐骨干，发扬工匠精神，创新实施"三进"工程、"红培"工程、"世界语者"工程，构建"大思政"特色育人格局，并从育人机制、育人策略和育人环境三方面开展积极探索。

习近平总书记在2016年全国高校思想政治工作会议上指出："高校思想政治工作关系高校培养什么样的人、如何培养人以及为谁培养人这个根本问题。要坚持把立德树人作为中心环节，把思想政治工作贯穿教育教学全过程，实现全程育人、全方位育人，努力开创我国高等教育事业发展新局面。"要把立德树人作为思想政治工作全面育人的战略指导，建构全程育人、全方位育人、文化育人、心理育人等大思政育人格局。党的二十大报告强调要"用社会主义核心价值观铸魂育人，完善思想政治工作体系"，新时期高校思想政治教育工作基于"大思政"理念积极开展探索，更有助于学生成长成才。

一、"大思政"格局的内涵和基本要求

"大思政"是指运用一切教育力量做好大学生思想政治工作，把遵循思想政治规律、教书育人规律和学生成长成才规律统筹起来。[②]"大思政"强调"以人为本"，重视学生的主体性、能动性和差异性。《高校思想政治工作质量提升工程实施纲要》指出，要充分发挥课程、科研、实践、文化、网络、心理、管理、服务、资助、组织等

[①] 本文已发表于《北京教育（高教）》2023年第6期，原文题目为"'大思政'特色育人格局实践与探索——以北京第二外国语学院为例"。作者：巩琳萌，北京第二外国语学院党政办主任；霍彬涛，北京第二外国语学院党委宣传部干部。

[②] 杨晶晶.基于"大思政"理念开展高校思政教育工作的必要性与策略［J］.教育观察，2023，12（7）：74-77.

方面工作的育人功能，挖掘育人要素，完善育人机制，优化评价激励，强化实施保障，切实构建"十大"育人体系。

"时代是出卷人，我们是答卷人，人民是阅卷人。"步入新时代，能否办好人民满意的教育，很大程度上取决于我们能否适应时代发展而不断创新。新时代党的教育方针要求教育者突破传统思政课教学理念和模式，紧紧围绕思政课铸魂育人的根本任务，坚守"为党育人、为国育才"的初心使命，坚持创新教育理念，推进教学手段创新。教育工作者要具备大视野，运用创新思维，把当前的时代主题转化为教学内容，力求增强思想政治教育的时代性；要立足大格局，运用整体和系统思维，力求增加思想政治教育的统筹性；要求教育者厚植大情怀，运用真理的力量引导学生、以纯真的热情感染学生、以高尚的人格感化学生，力求增加思想政治教育的实效性[①]。

二、依托"三大工程"，构建"大思政"特色育人格局

北京第二外国语学院（以下简称学校）高举中国特色社会主义伟大旗帜，坚持用习近平新时代中国特色社会主义思想铸魂育人，秉持"思想铸魂文化润心"理念，发挥红色资源育人和志愿服务育人特色，整合全校思政工作队伍精锐骨干，发扬工匠精神，创新实施"三进"工程、"红培"工程、"世界语者"工程等，全面构建"大思政"特色育人格局。学校先后荣获教育部思政工作精品项目、首都文明校园、北京优秀思政工作单位、首都大学生思政工作实效奖等荣誉表彰，面向青年师生切实增强社会主义意识形态的凝聚力和引领力，不断筑牢团结奋斗的共同思想基础。

（一）实施"三进"工程，用习近平新时代中国特色社会主义思想铸魂育人

2022年，学校成功入选中宣部、教育部《习近平谈治国理政》多语种版本"进教材、进课堂、进校园"全国第二批试点高校（也是承接该任务的唯一北京市属高校），由中心负责全面统筹"三进"工作。中心成立跨学科专业"三进"教研室，组织教师定期集体备课；组织专家学者参与《理解当代中国》系列教材编订，该系列教材已于2022年秋季学期面向全国普通本科高校外国语言文学类专业本科生、研究生和语言类留学生推广使用；由《习近平谈治国理政》阿文版译者张洪仪教授担任中心顾问，开展"新思想译者讲"系列讲座活动；定期召开研讨会、党团班会，把习近平新时代中国特色社会主义思想有机融入外语教学研究和人才培养全过程。

---

① 张微，杨威.新时代构建高校"大思政"育人格局的价值意蕴与实践路径[J].思想政治教育研究，2022，38（6）：79-83.

（二）开展"红培"工程，打造红色实践育人模式

一是创新实施"红培工程"。学校全面统筹思政课、课程思政、大思政课等概念，于 2020 年创新开展"传承红色基因培育时代新人"工程（以下简称红培工程），狠抓"五个红"建设，包括红色课程体系、红色品牌活动、红培实践教育基地、红培思政工作室、红培校园文化体系，整合校内十大渠道"三全育人"，让"大思政"概念深入人心，将新时代十年的中国伟大变革作为"大思政课"生动教材。经过持续建设，"红培工程"入选教育部 2021 年度高校思想政治工作精品项目。

二是打造"祖国大地上行走的思政课"。学校将全国大学生红色旅游创意策划大赛、全国大学生漫画创意策划大赛打造为国内知名、在社会和业界拥有一流影响力的全国性品牌赛事，打造为针对新时代师生特点的生动"思政大课"。其中，由学校牵头发起的"全国大学生红色旅游创意策划大赛"（以下简称"红旅大赛"），已经连续举办 12 届。大赛的成功举办，让广大青年师生走进革命老区、为地方文旅事业发展贡献青春智慧，三年来已吸引千余所高校、近 10 万名师生参与，被誉为"祖国大地上行走的思政大课"；2021 年，中国共产党成立 100 周年之际，红旅大赛在浙江嘉兴举办，面向全国青年学子举办了一场"南湖边上的微党课"，受到各方高度关注。

（三）推动"世界语者"工程，培养"讲好中国故事"的国际传播人才

一是坚持"以文育人、以文化人"，对外传播中华优秀传统文化。近 3 年，学校已带领千余名中外学生讲述新时代中国发展、对外传播中华优秀传统文化。其中，与中国网联合主办《我眼中的中国》专栏，已推出系列短视频节目 13 期，海外受众超过 2 亿人次；师生原创十语种版微视频《明月几时有》《难忘今宵》等，被《人民日报》、新华社等媒体广泛传播，并登上微博、抖音等平台热搜榜前十；组织外国留学生"我在北京过大年"系列活动，登上《俄罗斯龙报》头版头条，受到数十家海外主流媒体广泛关注，取得较好国际社会反响；积极参与"爱上北京的 100 个理由"、国际青年北京论坛等活动，为讲好新时代中国故事、北京故事贡献青春力量。

二是上好冰雪思政大课，用世界语言讲好中国故事。北京 2022 年冬奥会和冬残奥会期间，学校拓展"大思政"育人格局，依托"环内教师＋环外导师＋朋辈学长"的三重联系人机制，开设"冰雪语者"冬奥志愿训练营，建立"1+8"冬奥志愿者培训体系，从理论学习、冬奥文化宣讲、专业语言、专业技能等开展全面培训。在冬奥会、冬残奥会期间，学校志愿服务师生发挥专业优势，以"冰雪语者"的专业和热情，用语言助力北京冬奥，化身中国文化传播使者讲述中国故事，闪耀冬奥赛场。

二、关于"大思政"育人格局的几点思考

进入新时代,高校需要不断改进思想政治工作的方式方法,持续推动思政工作创新发展,着力提升思政工作的质量和水平。① 既要转变传统的育人模式,充分调动各种资源要素,谋求育人合力,形成长效育人机制;更要扎根京华大地,对照党的教育方针,选对科学的育人方法,找准具体的实践路径。

(一)在育人机制上,要注重结合时代大变局,精心谋划"大思政"育人格局的顶层设计

构建"大思政"育人格局,学校党委坚持高站位、强设计、重落实,坚持以习近平新时代中国特色社会主义思想为指导,立足"两个大局",心怀"国之大者",培养具有家国情怀、国际视野的复合型人才。学校一体谋划思政课、课程思政、大思政课,发挥红色资源育人和志愿服务育人特色,将课程、科研、实践、文化、网络、心理、管理、服务、资助、组织十大系统相整合,形成学校特色化"大思政"育人格局。

(二)在育人策略上,要用好红色历史资源,用核心价值观铸魂育人

习近平总书记在2021年中央政治局第三十一次集体学习时指出,"用好红色资源,赓续红色血脉,努力创造无愧于历史和人民的新业绩"。红色历史资源中所蕴含的文化与社会主义核心价值观的内容高度契合,对完善高校思想政治工作体系的思想内核十分必要。学校创新开展的"红培工程",是以中国共产党领导人民在革命和建设时期建树丰功伟绩所形成的纪念地、标志物等红色旅游资源,充分显示伟大民族精神的重大事件、重大活动和重要人物事迹的历史文化遗存以及当代中国特色社会主义伟大实践中的重大事件、活动、人物事迹的纪念地为载体,以其所承载的革命历史、革命事迹和革命精神为内涵,融课堂教学、实践教学和创新研究于一体的针对以大学生为主体的青少年爱国主义教育培养体系。②

(三)在育人环境上,要善用社会大课堂,发挥志愿服务实践育人作用

习近平总书记在全国高校思想政治工作会议上强调,"社会是个大课堂,青年要成长为国家栋梁之材,既要读万卷书,又要行万里路"。志愿服务等社会实践活动,对拓展学生眼界和能力等十分有益。学校重视培养学生的社会责任、国际视野、实践能力和创新精神,坚持教学与社会实践相结合、传授知识与培养能力相结合,开展丰富多

---

① 张微,杨威.新时代构建高校"大思政"育人格局的价值意蕴与实践路径[J].思想政治教育研究,2022,38(6):79-83.
② 霍彬涛,耿思嘉."传承红色基因 培育时代新人"红色文化育人模式研究——以北京第二外国语学院人才培养为例[J].北京教育(高教),2022(7):37-39.

彩的国际志愿服务和校园文化活动，创造广阔的空间和舞台，全面提高学生的综合素质，培养适应社会发展需要的国际化、高层次、复合型、应用型人才。近年来，学校学子圆满完成庆祝中国共产党成立 100 周年群众游行活动和北京 2022 年冬奥会和冬残奥会服务保障工作，在国家重大活动中得到了锻炼、增长了才干，这将是他们终生难忘的美好回忆和精神财富。

论科技创新理念融入思政课的理论内涵

陈伟功[①]

习近平总书记指出:"科技创新能够催生新产业、新模式、新动能,是发展新质生产力的核心要素。"[②]"发展新质生产力是推动高质量发展的内在要求和重要着力点"[③],党的二十大报告强调"高质量发展是全面建设社会主义现代化国家的首要任务"[④],这三个重要论断层层相因,环环相扣,突出了科技创新的重要地位、关键作用和历史意义。为此,高校思政课理当发挥历史主动性,把科技创新理念融入教学科研,践行习近平总书记的重要指示:"新时代新征程上,思政课建设面临新形势新任务,必须有新气象新作为。"[⑤]本文围绕把科技创新理念融入高校思政课这个主题,对习近平总书记关于科技创新的系列重要论述进行研究,重点讨论把科技创新理念融入高校思政课的理论内涵,即针对高校大学生,在思政课上应当融入科技创新理念的哪些内容,简言之,就是融入什么的问题。

一、科技创新理念

关于创新,习近平总书记从实质效果、作用、意义等多个层面指出了创新概念的内涵:从实质效果维度来看,创新就是优胜劣汰、破旧立新[⑥];从作用维度来看,在国际竞争中,只有创新者才能取得进步、成为强者、赢得胜利;从意义维度来看,创新是民族进步的灵魂,是国家兴旺发达的不竭动力。[⑦]这些论断立足于辩证唯物主义和历史唯物主义的世界观和方法论,明确揭示了创新的理论内涵与实践意义,是对马克思

[①] 作者:陈伟功,北京第二外国语学院马克思主义学院讲师。
[②] 习近平.发展新质生产力是推动高质量发展的内在要求和重要着力点[J].求是,2024(11).
[③] 同上.
[④] 习近平著作选读(第一卷)[M].北京:人民出版社,2023:23.
[⑤] 习近平对学校思政课建设作出重要指示强调 不断开创新时代思政教育新局面 努力培养更多让党放心爱国奉献担当民族复兴重任的时代新人 丁薛祥出席新时代学校思政课建设推进会并讲话[N].人民日报,2024-5-12.
[⑥] 中共中央文献研究室.习近平关于科技创新论述摘编[M].北京:中央文献出版社,2016:55.
[⑦] 习近平谈治国理政(第一卷)[M].北京:外文出版社,2018:59.

主义关于创新思想的丰富和发展。

习近平总书记多次强调，科技创新就是"牛鼻子"[1][2][3]。这是习近平总书记用中国人民喜闻乐见的民族语言来阐述马克思主义基本原理的一个典型例子，突出了科技创新在国家整个发展战略中的核心地位和关键作用，生动地反映了马克思主义关于科技在人类社会历史发展中的推动作用和革命力量的思想，形象地再现了邓小平关于"科学技术是第一生产力"的重要论断。

科技属于国之重器、国之大者，科技创新是整个创新领域中的重中之重，那么，作为教育战线重要阵地的思政课，就有责任把科技创新理念融入教学，提高思政课的针对性和吸引力，在同学们心中播撒下科技报国的理想种子，让他们勇攀科技高峰，将来在自己的专业领域为国争光，实现自己的人生价值。

二、历史规律：科技兴则民族兴，科技强则国家强

习近平总书记指出："生产力是人类社会发展的根本动力，也是一切社会变迁和政治变革的终极原因。"[4]纵观人类社会的历史，只有生产力得到了发展，社会才能得到发展；反之，一旦生产力受到束缚，那么，社会就会停滞、落后甚至崩溃。究其根本原因，正如恩格斯指出："劳动创造了人本身"[5]"劳动是从制造工具开始的"[6]，那么，社会生产力的发展和劳动生产率的提高就决定性地制约着人类社会的命运，作为第一生产力的科学技术，因此就成为影响一个国家和民族的历史性关键因素。

（一）在历史上，中国科技处于世界领先地位

习近平总书记指出，创新是中华民族最深沉的民族禀赋。[7]在历史上，我国拥有农业技术、"四大发明"及漆器、丝绸、瓷器、生铁和制钢技术等重大成果，它们有力地推动了国家的富强和人民的幸福，也为人类文明进步作出突出贡献。例如，正是由于拥有发达的农业技术，才使我国的农耕文明长期居于世界领先水平[8]；正是由于拥有发达的航海技术，我国明代航海家郑和下西洋时率领的是当时世界最庞大的舰队，给沿

---

[1] 中共中央文献研究室.习近平关于科技创新论述摘编［M］.北京：中央文献出版社，2016：17.
[2] 习近平在中共中央政治局第三十四次集体学习时强调 把握数字经济发展趋势和规律 推动我国数字经济健康发展［N］.人民日报，2021-10-20.
[3] 习近平在重庆考察时强调 进一步全面深化改革开放 不断谱写中国式现代化重庆篇章 蔡奇陪同考察［N］.人民日报，2024-4-25.
[4] 习近平.发展新质生产力是推动高质量发展的内在要求和重要着力点［J］.求是，2024（11）.
[5] 马克思恩格斯选集［M］.北京：人民出版社，2012：988.
[6] 同上，994。
[7] 中共中央文献研究室.习近平关于科技创新论述摘编［M］.北京：中央文献出版社，2016：3.
[8] 习近平谈治国理政（第二卷）［M］.北京：外文出版社，2018：246.

途各国人民带去了丝绸、茶叶、瓷器和友谊,促进了中外文明交流互鉴;正是中国的造纸术、火药、印刷术、指南针四大发明,带动了世界变革,推动了欧洲文艺复兴①。

培根认为,印刷术、火药、指南针"这三种发明曾改变了整个世界事物的面貌和状态,以致没有一个帝国、教派和人物能比这三种发明在人类事业中产生更大的力量和影响"②。李约瑟也在《中国科技史》中总结了中国古代科技发展的成就。习近平总书记指出:"一些资料显示,十六世纪以前世界上最重要的三百项发明和发现中,我国占一百七十三项,远远超过同时代的欧洲。"③"北宋时,国家税收峰值达到1.6亿贯,是当时世界上富裕的国家。"④总之,我们可以通过大量的丰富实例充分证明,中国古代拥有先进的科学技术,由此才使中国在诸多方面居于世界前列,充分展示了中华民族的智慧和力量。

(二)近代以来,中国输在科技落后上

习近平总书记指出:"科学技术必须同社会发展相结合。"⑤"一个国家长期落后归根到底是由于技术落后,而不取决于经济规模大小。"⑥从世界历史来看,"罗马帝国、波斯帝国、阿拉伯帝国、奥斯曼帝国等古代大帝国最终走向衰败和解体,除了政治、军事、地缘上的原因外,创新不足和技术停滞也是重要原因。"⑦从我国的历史情况来看,虽然我国实际上一直是经济大国,但近代以来屡屡受到经济总量差我们很远的国家的侵略,这说明,在激烈的国际竞争当中,只有科学技术而非经济总量才是决定性因素。

回顾近代以来的历史,我们没有抓住科技发展的机遇,渐渐落伍了⑧。具体而言,有三个历史机遇,我们没有抓住:一是从18世纪中叶到19世纪中叶,这一百年是世界工业革命大发展时期,而当时的清朝政府闭关锁国,导致我国经济技术进步大大落后于世界发展步伐;二是从19世纪中叶到20世纪中叶,这一百年时间里,我国沦为了半殖民地半封建国家,没有条件搞国家建设;20世纪六七十年代,国际上兴起一场科技革命和产业变革浪潮,我们因为"文革"而错失良机。所以,习近平总书记强调抓住机遇、赶上时代的极端重要性。⑨这些重要论断具体地体现了社会历史发展的必然性和偶然性相统一的辩证关系,一方面体现了对科技力量具有重要意义的规律性认识,

---

① 习近平谈治国理政(第一卷)[M].北京:外文出版社,2018:261.
② 同上,427。
③ 同上。
④ 习近平谈治国理政(第二卷)[M].北京:外文出版社,2018:246.
⑤ 中共中央文献研究室.习近平关于科技创新论述摘编[M].北京:中央文献出版社,2016:61.
⑥ 同上,23。
⑦ 同上,30-31。
⑧ 同上,61。
⑨ 同上,79。

另一方面体现了科技发展要抓住历史机遇的时代要求。

（三）新中国成立以来特别是改革开放以来，中国取得了一系列重大科技突破

在中国共产党的领导下，我们在科技方面取得了重大成就，令世人瞩目。例如，我们取得了"两弹一星"、载人航天、载人深潜、超级计算等一系列重大科技突破，极大提升了我国国际地位[①]。习近平总书记总结了三条最重要的经验："一是发挥社会主义制度优越性，集中力量办大事，抓重大、抓尖端、抓基本。二是坚持以提升创新能力为主线，把其作为科技事业发展的根本和关键。三是坚持人才为本，充分调动人才的积极性、主动性、创造性，出成果和出人才并举、科学研究和人才培养相结合。"[②] 这些重要经验强调了制度保障、创新推动、人才为本的重要意义，明确揭示了取得重大科技成就须具备的基本条件。

（四）党的十八大以来，中国科技事业取得历史性成就、发生历史性变革

这些成就和变革具体表现为以下五方面：（1）基础前沿研究实现新突破；（2）战略高技术领域迎来新跨越；（3）创新驱动引领高质量发展取得新成效；（4）科技体制改革打开新局面；（5）国际开放合作取得新进展。习近平总书记还具体强调了前三方面取得的相应的重大科技成果：第一方面，在量子科技、生命科学、物质科学、空间科学等领域取得一批重大原创成果，微分几何学两大核心猜想被成功证明，化学小分子诱导人体细胞实现重编程，二氧化碳人工合成淀粉实现"技术造物"；第二方面，有"嫦娥"揽月、"天和"驻空、"天问"探火、"地壳一号"挺进地球深处、"奋斗者"号探秘万米深海、全球首座第四代核电站商运投产；第三方面，集成电路、人工智能等新兴产业蓬勃发展，第一颗6G卫星发射成功，北斗导航提供全球精准服务，国产大飞机实现商飞，高铁技术树起国际标杆，新能源汽车为全球汽车产业增添新动力，生物育种、新药创制、绿色低碳技术助力粮食安全和健康中国、美丽中国建设。[③] 有这些重大科技成果作为坚实的基础，有新型举国体制为科技人才搭建的科研平台，在党中央对科技工作的集中统一领导下，我国的科技事业发展始终沿着正确方向前进，一定能够实现建成科技强国的战略目标。

当今世界正在掀起新一轮科技革命大潮，对于我们而言，这既是历史机遇，又是严峻挑战。正所谓历史潮流，浩浩荡荡，不进则退。从历史正反两方面的经验来看，遵循科技事业发展的内在规律，我们只有抓住机遇，迎难而上，发挥我们的制度优势，以创新驱动为先导，为优秀人才实现自身价值提供广阔平台，才能推动国家高科技取

---

① 中共中央文献研究室. 习近平关于科技创新论述摘编［M］. 北京：中央文献出版社，2016：23.
② 同上，39.
③ 习近平. 在全国科技大会、国家科学技术奖励大会、两院院士大会上的讲话［N］. 人民日报，2024-6-25.

得重大突破。

三、现实机遇和挑战

（一）世界形势

习近平总书记指出："世界百年未有之大变局加速演进，科技革命与大国博弈相互交织，高技术领域成为国际竞争最前沿和主战场，深刻重塑全球秩序和发展格局。"①从发展形势来看，世界一方面正在经历新一轮的科技革命和产业变革，另一方面正在经历新一轮大发展大变革大调整，前者是决定后者的根本动力。因此，在国际赛场上，国家之间综合国力的竞争，其关键因素在于科学技术，只有抢占了高科技的制高点，才能赢得先机，才能赢得主动权。

从国内看，我国经济总量已跃居世界第二位，科技事业也取得了辉煌的成就。正如习近平总书记指出："我们有改革开放三十多年来积累的坚实物质基础，有持续创新形成的系列成果，实施创新驱动发展战略具备良好条件。"②"在一些科技领域，我国正在由'跟跑者'变为'同行者'，甚至是'领跑者'"。③这说明，在党中央对科技工作集中统一领导下，我们发挥了新型举国体制优势，高水平科技得到了有目共睹的推进。在看到我们取得的伟大成就，进一步增强我们对科技创新自立自强的信心时，我们也应当保持清醒的头脑，正视自己的不足。正如习近平总书记指出："虽然我国科技事业发展取得了长足进步，但原始创新能力还相对薄弱，一些关键核心技术受制于人，顶尖科技人才不足，必须进一步增强紧迫感，进一步加大科技创新力度，抢占科技竞争和未来发展制高点。"④

（二）现实机遇

习近平总书记指出："目前，即将出现的新一轮科技革命和产业变革与我国加快转变经济发展方式形成历史性交汇，为我们实施创新驱动发展战略提供了难得的重大机遇。"⑤这个论断强调了历史机遇的重要意义，高屋建瓴地指明了我们正身逢其时，应当以十足的干劲，发挥历史主动性，积极抓住这次重大机遇。这一轮科技革命和产业变革的主要特点是"重大颠覆性技术不断涌现，科技成果转化速度加快，产业组织形式和产业链条更具垄断性"⑥，因此，要把握住这次重大机遇，就要实施与此特点相适应的

---

① 习近平.在全国科技大会、国家科学技术奖励大会、两院院士大会上的讲话［N］.人民日报，2024-6-25.
② 中共中央文献研究室.习近平关于科技创新论述摘编［M］.北京：中央文献出版社，2016：9.
③ 同上，24。
④ 习近平.在全国科技大会、国家科学技术奖励大会、两院院士大会上的讲话［N］.人民日报，2024-6-25.
⑤ 中共中央文献研究室.习近平关于科技创新论述摘编［M］.北京：中央文献出版社，2016：24.
⑥ 习近平著作选读（第一卷）［M］.北京：人民出版社，2023：427.

重大举措。

历史规律表明，每一次科技革命都会催生产业变革，由此推动经济迅猛发展，谁抓住这种机遇，谁就可以获得历史主动权。比如，在世界历史上，发生了近代物理学诞生、蒸汽机和机械、电力和运输、相对论和量子论、电子和信息技术发展等科技革命，由此推动了机械化、电气化、自动化、信息化等产业革命，英国正是抓住了第一次产业革命的机遇而成为世界霸主，而美国则抓住了第二次产业革命的机遇成为世界第一[①]。

总结历史经验，研判当下实际情况，习近平总书记明确指出，创新在新发展理念"创新、协调、绿色、开放、共享"中居于核心地位，强调创新对于国家和民族前途命运的重要意义。显然，在理论、制度、科技、文化等领域的创新中，科技创新是极为重要的，是决定整个经济社会发展的"牛鼻子"。只有掌握了最先进的科学技术，才能获得发展的主动权，才能把握住当下的历史发展机遇。

（三）现实挑战

习近平总书记指出，我国这个经济大块头的"阿喀琉斯之踵"就是"创新能力不强"[②]，这也就是说，我国与发达国家科技实力的差距，主要体现在创新能力上。尤其是，"我国科技创新的基础还不牢固，创新水平还存在明显差距，在一些领域差距非但没有缩小，反而有扩大趋势"[③]。这些表现足以引起我们的高度重视，必须严肃对待这些问题，认真分析其中的原因，为采取科学对策提供建设性意见。

首先，重引进、轻消化的问题还大量存在。习近平总书记指出，过去，我国的发展主要靠引进上次工业革命的成果，早期引进的是二手技术，后期引进的是同步技术。然而，当今世界科学进步日新月异，技术更替周期越来越短。一味靠技术引进，就难以摆脱跟着别人后面跑、受制于人的局面。如此一来，就形成了"引进—落后—再引进"的恶性循环。[④]

其次，真正的核心技术是买不来的。西方发达国家依靠高端科技垄断的优势，在世界上长期处于领先地位，但这些高端科技我们是引进不来、买不来的。因为，他们正是由于掌握了高端科技，才在世界市场上站立在产业分工格局的高端，怎么可能把其看家本事分享给别人呢？所以，习近平总书记指出："在日趋激烈的全球综合国力竞争中，我们没有更多选择，非走自主创新道路不可。我们必须采取更加积极有效的应

---

① 习近平著作选读（第一卷）[M].北京：人民出版社，2023：426.
② 同上，427.
③ 中共中央文献研究室.习近平关于科技创新论述摘编[M].北京：中央文献出版社，2016：24.
④ 同上，41-42。

对措施，在涉及未来的重点科技领域超前部署、大胆探索。"①

最后，我国人才培养与科技创新供需不匹配的结构性矛盾比较突出。实施科技创新驱动发展战略，需要大量的科技人才。然而，现实问题是，正如习近平总书记指出："我国一方面科技人才总量不少，另一方面又面临人才结构性不足的突出矛盾，特别是在重大科研项目、重大工程、重点学科等领域领军人才严重不足。"② 显然，要解决这种结构性矛盾，就必须在人才培养和教育方面狠下功夫，遵守科技人才成长规律，推进实施高科技人才培养的系统工程。所以，习近平总书记强调："要增强系统观念，深化教育科技人才体制机制一体改革，完善科教协同育人机制，加快培养造就一支规模宏大、结构合理、素质优良的创新型人才队伍。"③

四、创新决定未来

（一）谋创新就是谋未来

历史经验告诉我们，世界经济的发展趋势，主要取决于科技创新。由于科技革命必然带来产业变革，因而世界经济也一定要面临新旧动能转换，从而给人类生活带来翻天覆地的变化。目前新一轮科技主要表现为人工智能、大数据、量子信息、生物技术等，由此而推动新产品、新产业、新业态、新模式的迅猛发展，为世界经济的发展、转型提供了强劲的新动能。正如习近平总书记指出："科技进步造就的新产业和新产品，是历次重大危机后世界经济走出困境、实现复苏的根本。"④ 面对处于低迷期的当今世界经济，面对处于百年未有之大变局的当今世界，科技创新就成为人类文明走出困境的一条必经之路。

与西方发达国家的现代化相比，中国式现代化表现出诸多不同。习近平总书记把前者比作是一个"串联式"的发展过程，即工业化、城镇化、农业现代化、信息化顺序发展，而我国的发展必然是一个"并联式"的过程，即工业化、信息化、城镇化、农业现代化是叠加发展的。⑤ 这就说明，我国可以利用先进的科学技术发挥后发优势，通过较短的时间实现西方发达国家用二百年时间才达到的目标。当然，这里的前提和根本是要掌握先进的科学技术，抓住历史机遇顺势而为、乘势而上。

---

① 中共中央文献研究室. 习近平关于科技创新论述摘编［M］. 北京：中央文献出版社，2016：35.
② 同上，41-42。
③ 习近平. 在全国科技大会、国家科学技术奖励大会、两院院士大会上的讲话［N］. 人民日报，2024-6-25.
④ 中共中央文献研究室. 习近平关于科技创新论述摘编［M］. 北京：中央文献出版社，2016：9.
⑤ 同上，25。

（二）增强自主创新能力

由于科学技术成为推动世界经济发展的新动能，在世界赛场上，各国都把拥有高科技作为自己实现发展主动权、话语权的看家本领，因而"国之利器，不可以示人"。正因为如此，我国要占领科技制高点，在国际竞争中立于不败之地，必须实现科技自立自强，增强自主创新能力。习近平总书记指出："我们要全面研判世界科技创新和产业变革大势，既要重视不掉队问题，也要从国情出发确定跟进和突破策略，按照主动跟进、精心选择、有所为有所不为的方针，明确我国科技创新主攻方向和突破口。"① 这就是在强调，我们实施科技创新战略必须具有全球视野，追踪进而引领全球科技发展方向，通过创新突破发展瓶颈，从根本上增强科技自主创新能力，关注科技创新对全球经济结构的重塑。

为了实现我国2035年建成科技强国的奋斗目标，为了进一步落实创新驱动发展战略，习近平总书记强调"八个坚持"的宝贵经验：坚持党的全面领导，坚持走中国特色自主创新道路，坚持创新引领发展，坚持"四个面向"的战略导向，坚持以深化改革激发创新活力，坚持推动教育科技人才良性循环，坚持培育创新文化，坚持科技开放合作造福人类②。过去，我们之所以能够取得令世人瞩目的成就，成功经验就在于这"八个坚持"，展望未来，我们为了实现既定的战略目标，必须长期坚持并在实践中不断丰富发展这些经验，使这些经验成为我们增强科技创新能力的科学指导。

（三）科技的未来在青少年

在实现我国科技创新自立自强的新征程中，只有现在的青少年才能承担起未来的使命，只有他们才能接起可持续发展的接力棒，因为他们是未来国际竞争赛场上的主力军。习近平总书记指出："我国教育是能够培养出大师来的，我们要有这个自信！"③ 树立起这个自信，承担起培养大师的责任，这是当前我国教育的一个极为重要的任务。习近平总书记提到："有人说，现在是科技进步和教育在赛跑，结果是科技跑赢了，教育跑输了。"④ 我们应当严肃地对待这个问题，也许有人作出的这个判断并不准确，也许并不符合事实，但给我们敲响了警钟。如果教育真的跑输了，那可不是一个小问题，而是关系到国家和民族未来的大问题。我们要有忧患意识，从中发掘出正面的、积极的资源，转化为"为国培养创新人才责任在我"的动力。具体到思政课，我们必须承担起习近平总书记强调的"把道理讲深讲透讲活，守正创新推动思政课建设内涵式发

---

① 中共中央文献研究室.习近平关于科技创新论述摘编［M］.北京：中央文献出版社，2016：49.
② 习近平.在全国科技大会、国家科学技术奖励大会、两院院士大会上的讲话［N］.人民日报，2024-6-25.
③ 习近平著作选读（第二卷）［M］.北京：人民出版社，2023：474.
④ 中共中央文献研究室.习近平关于科技创新论述摘编［M］.北京：中央文献出版社，2016：18.

展，不断提高思政课的针对性和吸引力"①责任，把科技创新理念融入到教学中。

首先，要把科技创新理念讲深。始终坚持以马克思主义为指导，立足于辩证唯物主义和历史唯物主义的世界观和方法论，讲清科学技术是第一生产力的原理。生产力是人类社会发展的根本动力，随着人类认识世界、改变世界的知识和能力的增长，科技在生产力要素中越来越占有极其重要的地位。因此，科技创新就成为提高社会生产力和综合国力的战略支撑，成为发展新质生产力的核心要素，而新质生产力本身就是由科技革命推动生成的。习近平总书记强调"全面深化科技体制机制改革，充分激发创新创造活力。"②充分体现了对生产力与生产关系对立统一规律的把握，立足于唯物辩证法的高度给第一生产力的发展创造条件。

其次，要把科技创新理念讲透。中国特色社会主义取得的举世瞩目成就充分证明，始终坚持把解放生产力、发展生产力作为发展的第一要务，以创新驱动发展战略为目标，充分释放科技创新的根本动力和活力，这是发展的关键。在日趋激烈的国际竞争中，科技创新成为最主要且最重要的主战场，谁掌握了高水平科技，谁就赢得了发展的主动权、话语权，就可以为本国人民、造福人类作出更大的贡献。反之，历史教训也告诉我们，如果没有先进的科学技术，那就要受制于人，处于世界价值链的低端，甚至会被动挨打，沦为被别人剥削和压迫的对象。在全球化的世界经济大潮中，如逆水行舟，不进则退，也可以说，莫道君行早，更有早行人。既然机遇时时有，挑战也天天在，那么，就应当激活科技创新动力，把命运掌握在自己手中。

最后，要把科技创新理念讲活。青少年充满活力，对未来和未知总是充满好奇，为了满足这种求知的本能需要，他们出于把握宇宙和人生规律的本能冲动，愿意如饥似渴地学习，不断地更新知识。而科技创新方面的知识总是能够强烈地激发青少年的求知欲，思政课正好可以顾及他们这方面的兴趣，吸引他们了解我国已取得的科技成就，让他们了解我国科技在哪些方面引领世界，提升其自信，同时也让他们了解我们在哪里还有不足，急需艰苦奋斗，迎头赶上世界先进水平。通过这个途径启发青少年坚持面向现代化、面向世界、面向未来，不断提高自己与时代发展相适应的素质和能力。在此基础上，进一步激发青少年的勇于创新的积极性和主动性，把个人的禀赋充分发挥出来，开拓进取，敢为人先。总之，思政课也应该积极响应习近平总书记的号

---

① 习近平对学校思政课建设作出重要指示强调 不断开创新时代思政教育新局面 努力培养更多让党放心爱国奉献担当民族复兴重任的时代新人 丁薛祥出席新时代学校思政课建设推进会并讲话[N].人民日报，2024-5-12.

② 习近平.在全国科技大会、国家科学技术奖励大会、两院院士大会上的讲话[N].人民日报，2024-6-25.

召,"营造见贤思齐、埋头苦干、攻坚克难、创新争先的浓厚氛围"①,激发广大青少年树立科技报国、为民造福的理想,坚定自立自强的信心,在不远的将来为以中国式现代化全面推进强国建设、民族复兴伟业作出自己应有的贡献。

五、结语

习近平总书记提出新质生产力概念和发展新质生产力的重大任务,在关于科技创新领域所作的重要论述丰富和发展了马克思主义关于科技是生产力的重要论断,为立足于辩证唯物主义和历史唯物主义的世界观和方法论研究科技创新理念提供了科学指导,为马克思主义中国化、时代化作出了重大贡献。思政课应当及时将这些重大理论成果转化为课堂教学内容,构成把科技创新理念融入思政课的理论内涵,巩固思政课已取得的重要成果,从而激发广大青少年崇尚科学创新,为民造福、为国争光的昂扬斗志。

---

① 习近平在"国家工程师奖"首次评选表彰之际作出重要指示强调 坚定科技报国为民造福理想 加快实现高水平科技自立自强服务高质量发展 蔡奇出席"国家工程师奖"表彰大会并讲话 丁薛祥出席[N].人民日报,2024-1-20.

后 记
EPILOGUE

一本书总是承载着一定的使命。

在微观层面，本书收录了课题组成员围绕"中国道路国际传播"课题而开展研究的主要学术成果，现在结集出版，抛砖引玉，以正式的公共文化产品形式就教于方家，期待进一步推动社会各界对这个重要的时代课题的研究。本课题在郑承军教授的主持和领导下，按照既定的课题任务和研究方向投入紧张而有序的研究，形成了丰富的成果。这些成果中，有一部分论文在研究期间得以公开发表，可圈可点；还有一些论文尚未发表，系课题组成员在一定领域内的最新研究，弥足珍贵。

在宏观层面，本课题以中国道路国际传播为方向，从理论和实践两个方面以研究习近平总书记指出的"更加主动地宣介中国主张、传播中华文化、展示中国形象"为使命展开研究。这就不仅要求研究总结中国式现代化的实践成就和经验，运用习近平新时代中国特色社会主义思想观察时代，生动诠释新时代中国精神；同时也要放眼世界，尤其面对世界百年变局，开展传播手段和话语方式创新研究，让世界加深对当今中国的认知和理解，如此才能更好地为人类和平和发展事业贡献中国智慧、中国方案。

《中国道路国际传播：新时代中外人文交流理论与实践》这部论文集凝聚了很多人的心血，开启了一段汇集众多智慧、共同探索时代课题的心路历程。为此，课题组特向有关领导和专家学者表示诚挚的谢意和敬意！首先，要感谢北京市委宣传部的科学领导和管理；其次，要感谢有关专家学者提供宝贵的咨询、支持和指导；再次，要感谢本课题组成员郑承军、庄文城、石晓虎、邹统钎、巩琳萌、王海文、于淼、罗立彬、肖洋、刘东梅、宋紫珍、任祎卓、霍彬涛、张迪、古瀚、谢双、陈兴裕、任佳琳、邵华清等严谨而富有专业精神的研究；最后，要感谢旅游教育出版社编辑团队高效的工作和大力支持。

这只是个开始，我们将接力奋斗下去。

陈伟功